高中生生涯规划与发展

许海文 ◇ 编著

U0911989

中南大學出版社
www.csupress.com.cn
·长 沙·

前言
FOREWORD

亲爱的同学：

当你看到本书时，你已进入了高中，恭喜你成为一名高中生，迈上新的台阶，开启新的人生篇章。

台湾生涯专家金树人曾说过，生涯是一个与我们“如影随形”却又“视而不见”的事物。在成长的过程中，你是否曾有意或无意地思考过关于“生涯”的话题呢？比如，“我从哪里来?”“我要到哪里去?”“我以什么样的方式去那里?”人有三命：生命、天命和使命。你对此了解吗？进行过自我探索吗？找到人生答案了吗？独属于你的人生密码，即你的安身立命之本，是什么呢？

生涯规划是一个探索生命、珍爱生命，了解天命、敬畏天命，树立使命、实现使命的过程，由内而外、由终而始。它贯穿人的一生，从出生到死亡，涵盖生活的各个方面，如学习、工作、事业、休闲娱乐、人际交往、恋爱婚姻家庭、亲子教育等。

生涯规划亦是一个动态变化的过程。我们要学会自我领导，学会应变与适应，做中学、玩中学、错中学，勤于反思、勇于实践，在不断往复的过程中，了解自己、成为自己、成就自己，如其所是地生活，自性生长，实现与生俱来的人生使命，为人类社会的发展带来福祉。

当今处于数字时代，数字化、智能化、个性化是其显著特点。云计算、大数据、物联网、人工智能等新一代数字技术对职业发展、社会变迁、人类生活形态的影响已初见端倪。如何唤醒生涯意识，激活内在潜能，赋能生涯行动，理性选科决策，提升综合素养和信息素养，与数字时代接轨，为实现生涯使命而做好生涯准备，是本书探讨的主要话题。

亲爱的同学，你准备好了吗？让我们满怀鸿鹄志，厚植家国情，立足当下，携手同行，共同开启生涯探索之旅吧！

目录
CONTENTS

第一篇　唤醒生涯意识

第二篇　激活生涯潜能

第三篇　赋能生涯行动

第一篇

唤醒生涯意识

第一课　学校适应

生涯阅读

开学第一封信

亲爱的同学们：

你们好！

带着对高中生活的美好憧憬和向往，怀着对新学校、新环境、新老师、新同学的好奇，你们来到了学校，开始了高中生活。在欣喜的同时，有些同学内心充满了忐忑、害怕，担心自己适应不了集体生活，难以融入新集体，跟不上学校的生活节奏。不管怎样，既来之，则安之。适应是你们开学初期最重要的事情。当然，适应情况会因人而异：有的人适应良好，有的人适应困难；有的人适应快，有的人适应慢。但是，终有一天，你们都会适应高中生活，开启新的人生篇章。

老师在此诚祝同学们：健康快乐，学业有成！

生涯知识

学校适应

适应(adaptation)一词源自拉丁语adaptare。许海文(2011)认为心理适应是指当外部环境发生变化时，个体通过自我调节系统运用同化和顺应的方式做出能动、有效的反应，从而在认知、情绪情感和行为方面更加符合环境变化的要求，与环境重新达到一种新的平衡，最终促进自身的发展。

学校适应(school adjustment)是一个广义的多维概念。林崇德认为学校适应是指学生对学校的学习环境、气氛、条件和学习节奏等方面的适应，具体表现为学生能掌握学习和人际交往的各种技能，能遵守学校的各种规范要求。其评定指标具体包括：①学生学业完成情况；②学生对行为的自我约束能力，注意的持续时间，以及遵守行为规则的能力；③在社交情感方面，学生能否与团体中的其他成员正常交往并遵守团体规范。

学生对学校的适应是一个动态过程，适应的快慢因人而异。

高一新生学校适应策略

一、饮食适应

1. 荤素搭配，多吃高蛋白食物（如豆制品、肉类、乳制品等）以及新鲜蔬果。

2. 若饭菜不合个人口味，可把它想象成美味食物，伴着美好的想象享用。

二、作息适应

1. 睡子午觉，保障充足睡眠。

2. 利用零碎时间完成生活事务，如个人卫生清洁、内务整理等。

三、情绪适应

可用多种方式调节情绪，如打电话、写信、写日记、向人倾诉、运动、唱歌、积极参加集体活动、投入学习等。

四、人际适应

1. 初来乍到，人生地不熟，唯有主动敞开心扉、扩大交际圈，方能认识更多人。

2. 与人礼貌交往，积极参加各种活动，收获友谊。

3. 在与人交往过程中，尊重对方，边界清晰，给对方空间和自由。

4. 结交知心朋友靠缘分，不强求。

五、角色适应

初中生活已成过往，辉煌也好，平凡也罢，进入高中就开启了新的人生篇章。要学会与过去告别，保持空杯心态，自主学习，自主管理，劳逸结合。

生涯体验

成长五部曲

一、活动目的

1. 在活动中体悟成长过程，明白成长过程中的艰难与反复，体会不同的成长方式。

2. 在觉察自己和观察他人反应时，体悟到不同的人生态度对个人成长产生的影响。

二、活动规则

1. 所有同学都需要完成“蛋—小鸡—鸟—猴子—人”的五级进化过程。

2. 每级生物都有自己独特的代表性动作。其中，“蛋”是蹲下抱头，“小鸡”是半蹲着左右舞动双手，“鸟”是站着左右舞动双手，“猴子”是单足立着和一只手在额前，“人”是直立行走。

3. 活动过程中，同学以身体姿势代表每级生物所处的阶段，不能用语言交流。

4. 每一次进化采用“石头”“剪刀”“布”的方式进行。两个同级生物猜拳竞争，谁赢了谁就往上进化一级；输的一方仍然要找同级生物进行猜拳，赢的一方往上进化，直到进化为人；任何阶段，输的一方都要退回到“蛋”，再找处在“蛋”这一级的同学进行猜拳，直至往上进化到“人”。

5. 进化到“人”的同学可先站到场地一边，观察活动的进行情况。

6. 活动后期，已完成进化的同学可申请再体验、再进化，或是帮助其他同学完成进化。

三、活动时间

5~8 分钟。

四、活动场地

宽阔的室内或室外。

五、分享交流

1. 在进化游戏过程中，让你印象最深刻的是什么？当时的你有什么感受和想法？

2. 这个游戏给你带来了哪些启发或体悟？

高中生活面面观

自我觉察：已经开始高中生活的你，对学习、人际交往(同学、室友、老师)、饮食作息等方面已经有了初步体验。请你回忆这段生活，留意自身情绪情感、思想、行为和身体方面的变化，完成下列任务。

1. 画出你进入高中以来的心路历程图。

2. 回想你的高中生活，感受最强烈的是什么？(关键词表达)

3. 在适应高中生活的过程中，哪件(些)事让你印象深刻？理由是什么？

4. 现在的你面临哪些挑战？可用什么方法来解决？(可借鉴过往生活中类似经历的有效做法和经验)如果高中生活适应良好，请梳理你的宝贵经验。

5. 你的身边有哪些资源可以帮助你更好地适应高中生活？你打算怎样利用这些资源？

温馨提示：在学校适应的过程中，若是碰到的挑战超出自己的能力范围，可寻求班主任、家人、同学、朋友以及心理老师的帮助。

________的高中生活

“告别过去”练习

坐姿调整：双脚自然张开，平放在地上，与肩同宽；大腿、小腿自然弯曲成90°，双手平放在膝盖上或大腿上，或重叠放于腹部；头部中正，背部挺直，头部、颈部、背部保持一条直线，上半身的身体重心落在臀部与凳子接触的部位，练习过程中尽量保持端正的姿势；闭上双眼，把注意力放在自己的呼吸上，感受并调整自己的呼吸，保持平静、安宁的状态。

自我对话指导语：现在，我已开始高中生活，即将开启新的人生篇章。无论我以前多么成功、多么优秀，或多么平凡、多么普通，这一切都属于过去的我，不属于现在的我，也不属于将来的我。我和这以前的一切说声“谢谢”，道声“再见”。感谢以前的我成就了今日的我，我会好好珍藏这段美好的回忆。现在的我将要扬帆起航，踏上新的征程，开始新的生活。再见了，我的初中生活。

同学们根据指导语进行自我对话，和过去的“我”告别，这些话可以在心里说或写在纸上。如果你的心被触动了，可以充分地释放当下的情绪。

生涯行动

高中，梦想起航

展望未来：同学，新的生活在等着你。现在请你闭上眼睛，全身心放松，让心平静下来。若是你内心激动，可以进行3~4次深呼吸。当你越来越平静时，问问自己：

1. 三年后，你希望自己有哪些方面的成长和变化？（学习能力，人际交往，沟通与合作，情绪管理，自我认识，世界观、人生观、价值观，思维训练等）

2. 你打算进入哪所大学深造？就读什么专业？

3. 你打算从哪些方面开始准备？具体的行动计划是什么？

同学，大胆设想你的美好未来吧。只有敢想敢做，未来才有无限可能。当你想好了，就睁开眼睛，回到现实生活中来，回到课堂中来，把你想到的美好未来用你喜欢的方式表达出来。

______________的美好未来

第二课　了解生涯规划

生涯阅读

案例：2022年9月，来自贵州的某大一新生，开学三天便选择退学复读，只因对临床医学专业不感兴趣，其父母支持他的决定。[①]

故事中的主人公选择退学复读，是为了什么？你对此有什么看法？

生涯知识

西方人的生涯定义

生涯(career)，从其特性来看，是一个与我们“如影随形”但又经常被我们“视而不见”的事物。“如影随形”是指“生涯”与我们的生活经历、发展经验密不可分；“视而不见”是指一旦我们想要具体勾勒出它的轮廓，却又觉得模糊不清，像是雾里看花、水中望月。

从字源看，career来自罗马字via carraria和拉丁字carrus，二者均指古代战车。在希腊，career有疯狂竞赛的精神。在西方人的概念中，“生涯”一词如同在赛马场上驰骋竞技，隐含有未知、冒险和克服困难的精神。

目前，大多数西方学者公认的是舒波(Super，1976)的观点：生涯是生活中各种事态的连续演进方向(方向性)，它统合了人一生中依序发展的各种职业和生活角色(时间性)，是由个人对工作的投入而流露的独特的自我发展形式(独特性)。它是人生自青春期以来至退休之后，一连串有酬或无酬职位的综合。除了职业之外，还包括任何与工作有关的角色，如学生、受雇者、领退休金者，甚至也包含了家庭、公民的角色(空间性)。生涯是以人为中心的，只有在个人寻求它的时候，它才存在(现象性、主动性)。

---

① 大一新生开学三天就要退学，只因所选专业无法适应，你怎么看？[EB/OL].(2022-09-14)[2024-01-25]. https://baijiahao.baidu.com/s?id=1743914306124834505&wfr=spider&for=pc.

中国人的生涯概念

在中国人的观念中，生涯与生计、志业、命运等词所指陈的概念有些相通，但又不能全然画上等号。

一、抓周习俗

中国人对未来的重视，最早体现在新生儿满周岁时的“抓周”习俗。北齐颜之推《颜氏家训·风操篇》记录如下：

江南风俗，儿生一期为制新衣，盥浴装饰，男则用弓矢纸笔，女则刀尺针缕，并加饮食之物，及珍宝服玩，置之儿前，观其发意所取，以验贪廉愚智，名之为试儿。亲表聚集，致燕享焉。

二、生涯与生计

在古代，人们把生涯看成“人生的极限”，如“吾生也有涯，而知也无涯”(战国庄子)，“生涯本漫漫，神理暂超超”(南朝沈炯)。

中国文人从生活体验的视角提出生涯即生活、生活的方式或生计、谋生之业的观点，如“杜门成白首，湖上寄生涯”(唐刘长卿)，“正式番家无产业，弓矢是生涯”(元马致远)等。

三、生涯与志业

从 career 的本意去追溯生涯的中文含义，可以发现生涯与志向或志业的意思更贴近。志，上为士，下为心，意为士人之心。

儒吏或仕是士人的生涯目标，举荐或考试(以前是科举，现在是高考)是他们实现生涯目标的基本途径。“学而优则仕”乃彰显家族荣耀、生涯荣显之道。

通才取向、反职业主义是中国士人的生涯观念。儒家提倡“君子不器”。严几道曾言：“中国帝王，下至守宰，皆以其身兼天地君亲师之众责。”

四、生涯与命运

中国人的命运论认为，个人的“命”若与大环境的“命”关系和谐，就会产生好运，即若个人特质与环境特质适配，就会产生良好的生涯适应。而且后天之命属“自定之命”，可以克服先天之命的“注定之命”。生涯是可以主动塑造的，个人是生涯的主导者和决定者。

中国人的集体生涯意识

1. 以考试为晋身之阶，只有“升学目标”，而无“求学目标”，忽视了考试以外的多元化的生涯选择。

2. 存在性别刻板印象，“男主外，女主内”的传统角色职能观念根深蒂固地影响着当今时代两性的生涯发展。

3. 服从权威，循例重俗。为了家族声望或荣耀，必须子承父业，世代相传，导致年轻一代无法自主选择生涯发展的方向。

4. 相信命定，发展自定。主动配合环境的“命”，发展后天的自定之命。谋事在人，成事在天。

生涯规划的含义

生涯规划是一个探索生命、珍爱生命，了解天命、敬畏天命，树立使命、实现使命的过程。它是由内而外、由终而始的。它贯穿人的一生，从出生到死亡，涵盖生活的各个方面，如学习、工作和事业、休闲娱乐、人际交往、恋爱婚姻和家庭、亲子教育等。

生涯规划也是一个动态变化的过程。它让我们学会自我领导，学会应变与适应，在做中学、玩中学、错中学，勤于反思，勇于实践，在不断往复的过程中，了解自己、成为自己、成就自己，如其所是地生活，自性生长，实现与生俱来的人生使命。

生涯规划的内容包括人生规划、职业规划、专业规划和学业规划。路径是唤醒生涯意识、激活生涯潜能、赋能生涯行动、实现生涯使命。终极目标是解决“我是谁?”“我要去哪里?”“以什么方式去那里?”的哲学终极问题。

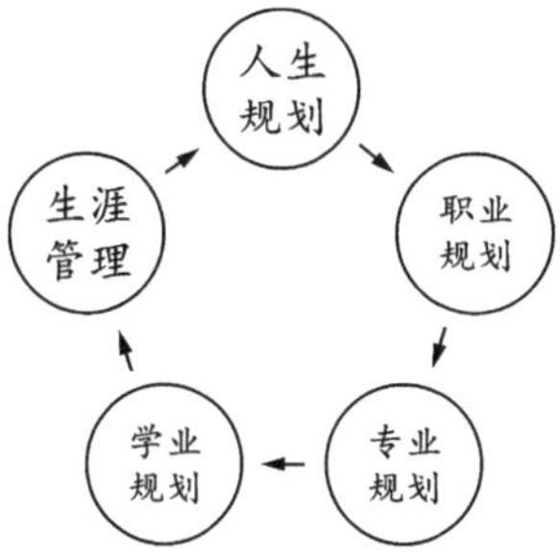

生涯规划内容

生涯规划路径

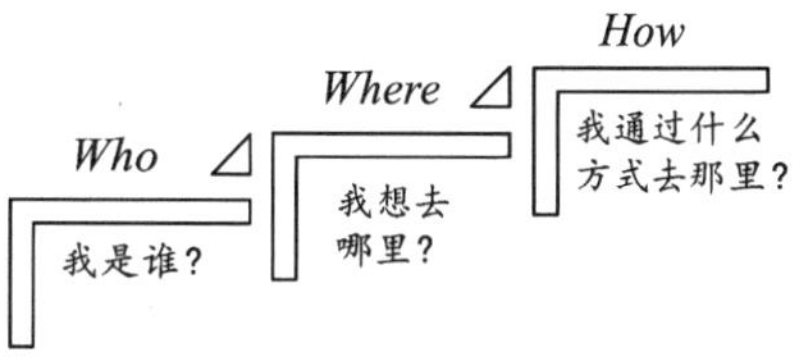

生涯规划终极目标

生涯体验

生涯规划预热

小时候，你的梦想是什么？这些年你所做的一切，是为它而准备的吗？它在你的心中是越来越清晰、明确，还是越来越模糊甚至消失不见？

梳理生涯规划困惑

《礼记·中庸》曰："凡事豫则立，不豫则废。言前定则不跲(jiá)，事前定则不困，行前定则不疚，道前定则不穷。"

你想拥有什么样的人生？你想过什么样的生活？你想成为什么样的自己？对于你的人生、你的未来、你的职业生涯，以及高中阶段的学习、选科和志愿填报，你有哪些思考，存在哪些困惑？请把它们整理出来。

____________的生涯规划困惑

1.

2.

3.

4.

5.

6.

生涯行动

生涯启程宣言

同学们，让我们一起开始本学期的生涯探索之旅吧。

在这里，我们将会亲身体验一系列生涯活动，逐步认识自己、了解自己，逐步清楚自己的气质类型和性格特点，逐步了解自己的职业兴趣类型和能力分布特点，清楚自己的价值追求，以及相对应的职业发展领域。

我们将会通过网络查找信息，逐步了解行业、职业、大学、专业及专业选科要求，慢慢找到自己感兴趣的职业群和意向专业群；并在了解自己稳定的学科兴趣和优势学科后，结合专业选科要求，做出选科决策。

在此基础上，我们将绘制自己的人生蓝图，制定具体、可行的规划路线和行动路线，并付诸日常学习生活中，做中学、玩中学、错中学，以行生慧，为未来的自己做好充分的生涯准备！

同学们，美好生活在向我们招手。未来已来，让我们带着初心、带着好奇、带着憧憬，相伴同行吧。

探索者：

见证人：

年　月　日

第三课　生命的诞生和成长

生涯阅读

为天命而活

[日]天明茂

“为天命而活”被认为是一种理想的生活方式，但没人告诉我们“天命”是什么，怎样才能为天命而活。

日本人间力大学理事长、宫城大学名誉教授天明茂先生将天命定义为“历代先辈对后辈的愿望和希冀的累加”。

即使时代、地域发生了变迁，父母对子女的愿望和希冀的分量也不会变。历代祖先的愿望和希冀一直在我们的生命故事里演绎、流传，他们的灵魂一直活在后辈子孙的身上。

了解自己的天命，并为天命而活的方法是进行“血统分析”。

首先是绘制家谱图。家谱图中涉及的先祖，只需向上追溯三代，即父母、祖父母、曾祖父母，共 14 位祖先。可向尚健在的父母、祖父母或曾祖父母调查这些先祖在世时的生活状况。大部分人在了解到自己所不知道的大量先祖的生活故事之后，都非常吃惊：“是吗？祖先们原来是经历过那么多艰辛的啊！”

任何一个家庭都有这样那样的问题。诸如夫妻离婚、孩子早夭、年幼时被过继给别人当养子、英年早逝、战死或事业破产等。当了解到先祖是在经历如此多痛苦和悲伤之后，才将血脉延续到自己身上的时候，谁能不无限感慨呢？“无论如何都要让自己的这条命对社会有所贡献”——这种报效社会的愿望就会空前强烈起来。这就是了解和意识到自己天命的表现。所谓“为天命而活”，就是贡献社会，实现有意义的人生。

另外，通过分析血缘关系，还可以知道自己继承了先祖的所有遗德(优点)。“哦，我之所以有如此强悍的构思能力，原来是爷爷的基因在帮我。”于是我们会称赞、感谢祖先的遗德，并努力继承，使其成为自己的美德，这就是人品。

“生命的奇迹”不仅培养孩子们的悲悯之心，让他们牢记父母以及先祖的模样和思想，还让他们成为能理解众人愿望和期待的人。这样的孩子长大后想必会成为“为天命而活”

的人吧。希望大家的尊祖、敬祖之心从家庭到地区，再从国家到世界，不断扩展开去。

生涯知识

马克思主义生命观

恩格斯认为，一切生命的本质均以蛋白质为存在方式，并通过物料交换来生存。首先，人具有自然属性，是一种自然存在物。其次，人必须处于一定的社会关系当中，和其他人一起生活、劳动和相处，成为现实的人，这是其社会属性的具体体现。人的存在形式是自然属性和社会属性的叠加。

生涯体验

了解生命的诞生

从小到大，你思考过有关“生命”的问题吗？人是怎样来到这个世界的？

叙说生命故事

在你成长的过程中，发生了哪些故事呢？请跟你的同学叙说自己的生命故事。

听了同学分享的生命故事，你有什么感悟？

______________的生命故事

绘制家谱图

家谱图中涉及的先祖，只需向上追溯三代。

________的家谱图

史迁祖/发祥祖：

迁徙时间、路线：

家谱图：

分享交流：

1. 在查阅、调查和绘制家谱图的过程中，你感触最深的是什么？

2. 除夕、清明节、中元节、重阳节是汉族传统节日里的四大祭祖节日，各地会举行传统的民俗活动。请问这些仪式活动表达和寄托了人们怎样的情感？具有什么意义？

传承优良家风家训

所欲常常告诫诸弟与子侄者，惟星冈公之八字、三不信及余之八本、三致祥而已。八字曰“考、宝、早、扫、书、蔬、鱼、猪”也，三不信曰“药医也，地仙也，僧巫也”，八本曰“读书以训诂为本，作诗文以声调为本，事亲以得欢心为本，养生以少恼怒为本，立身以不妄言为本，居家以不晏起为本，做官以不爱钱为本，行军以不扰民为本”，三致祥曰“孝致祥，勤致祥，恕致祥”。（节选自《曾国藩家书》：《致诸弟》，咸丰十一年三月初四日）

1. 你家的家风家训是什么？它与社会主义核心价值观有哪些相似之处？

2. 你打算通过哪些实际行动传承祖辈们的优良家风家训，并把它们融入当今时代国家、民族和人类社会的发展之中？

生涯行动

1. 利用课余时间查阅自家的家谱或族谱，将三代以内直系亲属的名字、关系写下来，画好家谱图。

2. 向健在的长辈们了解三代以内先辈们的人生故事，并填写先辈人生故事调查表（若涉及个人隐私信息，可适当进行处理）。

先辈人生故事调查表

调查者		班级		调查日期	
调查对象		与调查者的关系			
你了解到的先辈的人生故事(选择印象深刻、打动你的故事写下来)					
你的感悟					

第四课　生命成长的最后阶段

生涯阅读

安徽小伙带抗癌妈妈“唱”游全国①

2023 年 2 月 26 日，汪明辉发布的一则名为“带着母亲游览天安门”的视频走红，视频画面中的汪妈妈笑靥如花。很难想象，3 年前她被确诊为鼻咽癌晚期。历经 6 个月的治疗，汪妈妈战胜了病痛。喜爱音乐的汪明辉决定关掉音乐工作室，卖掉城里的房子，还清治疗欠下的债，带妈妈“唱”游中国。

自“唱”游中国后，汪妈妈状态越来越好，笑容越来越灿烂。不变的是，她还是会一边唱歌，一边转头温柔地看向身旁弹唱的儿子。他们视频中的背景，有山川湖泊、繁花似锦、牛羊成群……母子俩从身穿短袖到羽绒服，步履不停。

生涯知识

生命关怀

“生命关怀”一词的含义有狭义和广义之分。其狭义是指对生命晚期患者及其家属的照顾，目的是让每个进入生命晚期的人得到关爱和帮助，舒适、安详、有尊严地走完生命的最后旅程；同时对其亲属给予心理支持，使他平安渡过哀伤期，并在最短的时间内重新回归社会、回归生活。其广义是指对个体一生的全程关怀，包括生理、心理、社会、伦理道德诸多方面、诸多层次，具体又可分为婴幼儿阶段、青少年阶段、中年阶段、老年阶段和临终阶段的关怀等。

---

① 安徽小伙带抗癌妈妈“唱”游全国！拍下了这一幕又火了……[EB/OL].(2023-03-01)[2024-01-25].http://ah.ifeng.com/c/8NnO1euhayS.

生命成长的最后阶段——临终关怀

临终关怀(hospicecare)是一种照护方案，指与医生或社区中的巡回医护协会互相配合，为濒死的患者及其家属提供缓和性和支持性的照顾。

一、临终关怀的目的

1. 希望帮助走到生命最后阶段的个体了解死亡，进而接纳死亡的事实，使他们活得更像真正的自己。

2. 希望给予家属精神上的支持，给予他们承受所有事实的力量，进而坦然接受一切即将面对的问题。

二、临终关怀的理念

1. 以照顾为主，尽量按照生命走到最后阶段的个体及其家属的愿望来进行护理。

2. 重视生命品质，尊重生命尊严，尊重濒死生命个体的权利。生命的存在并非只有肉体活动，还有高尚的精神生活。人在濒死阶段，应受到“全然的人”的尊重和关怀，这些权利不该因他们生命的殆尽而减少。临终关怀应着重于死亡前疼痛的控制及情绪的支持，并以濒死的生命个体要求为服务重点，为他们提供安适、有意义、有尊严、有希望的生活。让他们在生命剩余的有限的日子里，与家人共度温暖生活，接受关怀，享受余晖。同时，还应对经历丧失亲友者的人进行心理援助和支持。

濒死的心理反应阶段

库柏勒-罗斯(Kubler-Ross，1969)把绝症患者从获知病情到临终时的心理反应过程分成五个阶段：震惊与否认阶段、愤怒阶段、讨价还价阶段、沮丧阶段、接纳阶段。

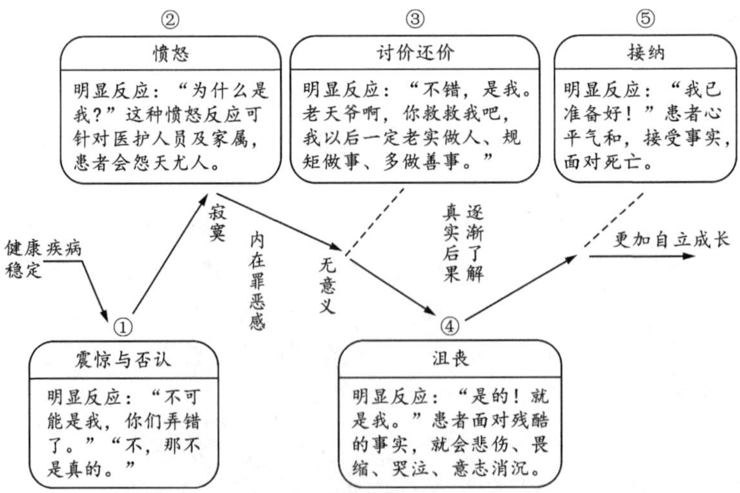

绝症患者从获知病情到生命终了时的心理反应过程图

丧失至亲者的悲伤过程

卡瓦纳(Kavanaugh)曾用七个阶段描述丧失至亲者从悲伤到平复的过程。

第一阶段：震惊(shock)。突然得知亲友去世，可能出现反常举止和谈吐怪异的迹象，并可能拒绝相信事实。

第二阶段：解组(disorganization)。震惊过后，可能有不知所措的心态，无法做理性选择。

第三阶段：反复无常的情绪(volatile emotions)。痛失亲友的人，除了对死者感到气愤、怨恨，还会对自己有无助、痛苦和挫折的感觉。

第四阶段：罪恶感(guilt)。觉得应该在死者生前善待他，甚至觉得自己对死者的死亡要负责。

第五阶段：失落与孤单(loss and loneliness)。这种感觉会出现在生活的任何细节上，会带来全面的伤感和难过。比如空的床位、留下来的照片及物件，都令人难以适应。

第六阶段：解脱(relief)。认清逝者已逝，意识到死者已经成为过去。有时候，死亡不仅对死者本人是解脱，也对服侍他的人是解脱，包括精神和经济的解脱。

第七阶段：重组(reorganization)。重组的过程是渐进的，指个人重新寻找生活的方向，并准备过新的日子。

上述各阶段的情绪反应并非都必然发生，其发生的次序可能有所变化。

生涯体验

人的一生

你认为人的一生是什么样子的？你会如何看待生命的衰老和死亡？

临终关怀

头脑风暴：

1. 当一个人的生命走到最后阶段的时候，他/她的亲人能做些什么来帮助他/她有尊严地、平静地离开？

2. 作为旁人，我们能为他/她的亲人提供哪些心理支持？

假如生命只剩下三天

人的生命是有限的。人生苦短，假如你的生命只剩下三天，你会想做些什么？

假如生命只剩下一天，你会想做些什么？

将两者进行对比，你发现了什么？你在乎的是什么？

向死而生

若干年后，你的生命走到了尽头，离开了人世。追悼会上，你的家人、朋友或同事将为你致悼词。你希望悼词的内容是什么？他们眼中的你是个什么样的人？

生涯行动

亲情与感恩体验

百善孝为先。亲恩难报，莫等到“子欲养而亲不待”再后悔，要及时行孝。同学们，请珍惜你和家人相处的时光，以自己喜欢的方式，通过实际行动表达你对家人和长辈们的感恩之情，表达你的仁爱孝悌，并将之变成生活习惯、塑造成美好品质。

电影赏析《寻梦环游记》

赏析电影《寻梦环游记》，与同学分享观后感，包括感动的人物、故事情节和个人感悟。

《寻梦环游记》内容简介：

该片的灵感来源于墨西哥亡灵节，讲述了鞋匠家庭出身的12岁小男孩米格尔勇敢追求音乐梦想的故事。米格尔从小拥有一个音乐梦想，但他的家人却坚决反对他的梦想，因为他们认为整个家庭被音乐诅咒了。米格尔在秘密追寻音乐梦想时，不小心进入了死亡之地。在这里，他遇见了已经去世的家人们的灵魂，并得到了他们的祝福，最终重返人间。

补充资料：

墨西哥传统节日亡灵节，于每年11月1日至2日举办。按古老的印第安人的说法，死亡并不是生命的终结，逝者会进入宇宙天际的无限循环中，而且依旧活在群体的精神和记忆里。

在墨西哥人的眼中，死亡才是生命的最高意义，生与死互为补充才完成了一个生命周期。因此，每年亡灵节时，墨西哥人都会祭奠亡灵，载歌载舞，通宵达旦，纪念逝去的亲人，并与他们共同欢度、团聚。

第五课　生命的价值和意义

生涯阅读

“81192，收到请返航”①

2001 年 4 月 1 日，美国一架侦察机侵犯我南海领空，我军派出两架飞机跟踪拦截。美机突然调转方向，将飞行员王伟驾驶的飞机撞毁。王伟被迫跳伞坠海，壮烈牺牲。

“81192 收到，我已无法返航，你们继续前进！”这是他留给这个世界的最后的声音。中央军委追授王伟同志“海空卫士”荣誉称号和一级英模奖章。

如今，更多的“81192”正守卫着这片碧海蓝天：

“81192！增援已到！我是歼-10，由我接替你执行任务，请立即返航！”

“81192！增援已到！我是歼-15，由我接替你执行任务，请立即返航！”

“81192！增援已到！我是歼-20，由我接替你执行任务，请立即返航！”

生涯知识

马克思主义生命观

一、生命的本质

人的生命的本质在于实践，在于在实践中不断实现自我否定、自我超越，从而实现生命层次和生命质量的提高，实现人的“美好生活”，实现人与人、人与自然、人与社会之间的和谐统一。

① 81192，收到请返航！［EB/OL］.（2023-04-01）［2024-01-25］. https://baijiahao. baidu. com/s? id = 1761948605970937702&wfr = spider&for = pc.

二、生命的价值实现

人的生命的意义在于真正地参与实践。个体只有顺应历史发展规律，自觉自发地将自己的生命投入人类生产力的发展过程中，将完善自我与奉献社会有机地结合起来，才能最大限度地发挥生命的价值。

狄尔泰的生命哲学

“体验”是生命哲学的主旨。狄尔泰认为，“体验”可以更好地诠释生命，展示生命的连续性和完整性，探寻生命本身的价值和意义，最终实现人类整体价值。

“体验”不仅存在于认识活动中，还存在于意志活动和情感活动中。哲学体验引发个体反思，宗教体验引发个体直感，艺术体验引发个体想象。

生涯体验

电影赏析：《长空之王》

观看电影《长空之王》精彩片段，留意内心情绪情感的变化，并就此展开分享交流：

1. 让你印象深刻的画面或片段是什么？它对你有什么触动？

2. 在生死抉择时刻，试飞员义无反顾地选择“牺牲小我，维护国家利益”，是什么力量驱使着他们做出这样的决定？

探讨生命的价值和意义

人，最宝贵的是生命。生命对每个人只有一次。这仅有的一次生命应当怎样度过呢？每当回忆往事的时候，能够不为虚度年华而悔恨，不因碌碌无为而羞愧；在临死的时候，他能够说：“我的整个生命和全部精力，都已经献给了世界上最壮丽的事业——为人类解放而进行的斗争。”

人，应当赶紧地、充分地生活，因为意外的事故随时可以突然结束他的生命。（节选自保尔《生命的意义》）

讨论交流：

1. 人的一生，短暂也好，漫长也罢，作为平凡的我们，怎样活着才算是“来过人间一趟”？

2. 你与生俱来的使命是什么？也就是说，你的人生价值和意义是什么？

3. 你打算如何将自己与生俱来的人生使命融入“全面建成社会主义现代化强国、实现中华民族伟大复兴”的时代使命中呢？

诗朗诵：《热爱生命》（汪国真）

我不去想是否能够成功
既然选择了远方
便只顾风雨兼程

我不去想能否赢得爱情
既然钟情于玫瑰
就勇敢地吐露真诚

我不去想身后会不会袭来寒风冷雨
既然目标是地平线
留给世界的只能是背影

我不去想未来是平坦还是泥泞
只要热爱生命
一切，都在意料之中

生涯行动

寻找生命的价值和意义

1. 请你利用闲暇时间，有意识地寻找周围生命个体（人类、动物和植物）所展现出来的生命价值和意义的画面、场景或情境，拍照留存，做好记录，并于“5·25 心理健康月”主题活动时参加“生命的价值和意义”作品展。

2. 请你以“生命”为主题，自主设计漫画，突显生命的价值和意义。

第二篇

激活生涯潜能

第六课　气质与生涯发展

生涯阅读

"知人者智，自知者明。胜人者有力，自胜者强。知足者富，强行者有志。不失其所者久，死而不亡者寿。"(《道德经》三十三章)

相传，阿波罗神庙有三句箴言："认识你自己""凡事勿过度""承诺带来痛苦"。

生命的终极命题："我是谁?""我从哪里来?""我往哪里去?"

生涯知识

认识自我——人格

人格(personality)一词，最初源于古希腊语 persona，原指希腊戏剧中演员戴的面具。面具随人物角色的不同而变换，体现了角色的特点和人物性格，如同我国戏剧中的脸谱。

心理学沿用了面具的含义，将该词转义为人格，主要包含两层意思：一是指一个人在人生舞台上所表现出来的种种言行，即人遵从社会文化习俗的要求而做出的反应，表现为一个人外在的人格品质；二是指一个人由于某种原因不愿展现的人格成分，即面具后的真实自我，这是人格的内在特征。

人格的结构：气质、性格、自我调控(自我认知、自我体验、自我控制)。

气质

气质(temperament)是表现在心理活动的强度、速度、灵活性与指向性等方面的一种稳定的心理特征，即我们平时所说的脾气、秉性。"江山易改，本性难移"就是说的气质的稳定性特征。人的气质差异是先天形成的，无好坏之分。

现代气质学说[①]

现代气质学说将气质分为四种类型：胆汁质、多血质、黏液质、抑郁质。现实生活中，单一气质的人并不多，绝大多数人是多种气质类型的混合。

气质类型	气质类型特点	典型人物
胆汁质	情绪体验强烈、爆发迅猛、平息快速，思维灵活但粗枝大叶，精力旺盛、争强好斗、勇敢果断，为人热情直率、朴实真诚、表里如一，行动敏捷、生机勃勃、刚毅顽强；但遇事常欠思量，鲁莽冒失，易感情用事，刚愎自用	项羽 张飞 鲁智深 孙悟空
多血质	情感丰富、外露但不稳定，思维敏捷但不求甚解，活泼好动、热情大方、善于交往但交情浅薄，行动敏捷、适应力强；但缺乏耐心和毅力，稳定性差，见异思迁	刘邦 王熙凤 猪八戒
黏液质	情绪平稳、表情平淡，思维灵活性略差但考虑问题细致而周到，安静稳重、沉默寡言、喜欢沉思，自制力强、耐受力高、内刚外柔，交往适度、交情深厚；行为主动性较差，缺乏生气，行动迟缓	张良 诸葛亮 沙僧 薛宝钗
抑郁质	情绪体验深刻、细腻持久，情绪抑郁、多愁善感，思维敏锐、想象力丰富，不善交际、孤僻离群，踏实稳重、自制力强，但行为举止缓慢，软弱胆小，优柔寡断	杜甫 林黛玉

气质与职业选择

气质类型	职业选择方向
胆汁质	喜欢从事与人打交道、工作内容不断变化、环境不断转换并且热闹的职业。如导游、推销员、节目主持人、公共关系人员等，不适合做整天待在办公室的工作
多血质	适合从事与外界打交道、灵活多变、富有刺激性的工作，如外交、管理、记者、演员、律师、销售人员、拓展培训师、驾驶员、运动员等，不适合从事单调机械、要求细致的工作
黏液质	不仅能从事学术、教育、研究、技术、医生等内向型职业，而且可以活跃在政治外交、商场、法律等外向型职业领域。无论地位高低，他们都能在自己的行业中占有重要位置。他们不适合做富于变化和挑战性大的工作
抑郁质	在只需一个人刻苦奋斗、不需要人际交往的学术、教育、研究、医学等要求慎重、细致、周密思考的职业领域往往有较好的发展，此外校对、打字、排版、检验、化验、登记、保管、机要文秘等工作也比较适合他们。不适合从事需与各类人物打交道、变化多端、大量消耗体力和脑力的工作

① 彭聃龄. 普通心理学(第四版)[M]. 北京：北京师范大学出版社，2012，5：509.

生涯体验

自画像

一、活动准备

纸和笔。

二、活动要求

1. 5 分钟内在白纸上完成一幅“自画像”。

2. 自由表达，形式不限，如漫画、白描等。

3. 独立自主完成，不影响或干扰别人。

4. 在自愿的前提下，小组内部进行分享交流，组员之间互相给予鼓励、支持和认可。在此基础上，还可以进行班内展示交流。

____________的自画像

气质测验量表①

指导语：认真阅读下列 60 题，根据自身实际情况作答。每一道题花费的时间不要太多，测验结果没有对错、好坏之分。“-1”“-2”中的“-”仅代表“不符合”的情况，只是为了便于区分，没有其他含义。

① 张拓基，陈会昌. 关于编制气质测验量表及其初步试用的报告[J]. 山西大学学报，1985，4：74-76.

条目	完全符合	比较符合	不确定	比较不符合	完全不符合
1. 做事力求稳妥，一般不做无把握的事	2	1	0	−1	−2
2. 遇到可气的事就怒不可遏，要把心里话全说出来才痛快	2	1	0	−1	−2
3. 宁肯一个人做事，不愿很多人在一起	2	1	0	−1	−2
4. 到一个新环境很快就能适应	2	1	0	−1	−2
5. 厌恶那些强烈的刺激，如尖叫、噪声、危险的镜头等	2	1	0	−1	−2
6. 和人争吵时，总是先发制人，喜欢挑衅	2	1	0	−1	−2
7. 喜欢安静的环境	2	1	0	−1	−2
8. 善于和人交往	2	1	0	−1	−2
9. 羡慕那种能克制自己感情的人	2	1	0	−1	−2
10. 生活有规律，很少违反作息制度	2	1	0	−1	−2
11. 在多数情况下，情绪是乐观的	2	1	0	−1	−2
12. 碰到陌生人觉得很拘束	2	1	0	−1	−2
13. 遇到令人气愤的事，能很好地自我克制	2	1	0	−1	−2
14. 做事总是有旺盛的精力	2	1	0	−1	−2
15. 遇到问题常常举棋不定，优柔寡断	2	1	0	−1	−2
16. 在人群中从不觉得过分拘束	2	1	0	−1	−2
17. 情绪高昂时，觉得干什么都有趣；情绪低落时，又觉得什么都没意思	2	1	0	−1	−2
18. 当注意力集中于某一件事时，别的事很难使我分心	2	1	0	−1	−2
19. 理解问题总比别人快	2	1	0	−1	−2
20. 碰到危险情境，常有一种极度恐怖感	2	1	0	−1	−2
21. 对学习、工作、事业怀有很高的热情	2	1	0	−1	−2
22. 能够长时间从事枯燥、单调的学习和工作	2	1	0	−1	−2
23. 符合兴趣的事情，干起来劲头十足，否则就不想干	2	1	0	−1	−2
24. 一点小事情就能引起情绪波动	2	1	0	−1	−2
25. 讨厌那些需要耐心、细致的工作	2	1	0	−1	−2
26. 与人交往不卑不亢	2	1	0	−1	−2
27. 喜欢参加热闹的活动	2	1	0	−1	−2
28. 爱看感情细致、描写人物内心活动的文学作品	2	1	0	−1	−2
29. 工作、学习时间长了，常感到疲倦	2	1	0	−1	−2

续上表

条目	完全符合	比较符合	不确定	比较不符合	完全不符合
30. 不喜欢长时间谈论一个问题，愿意实际动手干	2	1	0	−1	−2
31. 宁愿侃侃而谈，不愿窃窃私语	2	1	0	−1	−2
32. 别人说我总是闷闷不乐	2	1	0	−1	−2
33. 理解问题常比别人慢一些	2	1	0	−1	−2
34. 疲倦时只要短暂的休息就能精神抖擞，重新投入工作	2	1	0	−1	−2
35. 心里有话宁愿自己想，不愿说出来	2	1	0	−1	−2
36. 认准一个目标就希望尽快实现，不达目的，誓不罢休	2	1	0	−1	−2
37. 学习、工作一段时间后，常比别人更疲倦	2	1	0	−1	−2
38. 做事有些莽撞，常常不考虑后果	2	1	0	−1	−2
39. 老师或师傅讲授新知识、新技术时，总希望他能讲慢些、多重复几遍	2	1	0	−1	−2
40. 能够很快地忘记那些不愉快的事	2	1	0	−1	−2
41. 做作业或完成一件工作，花的时间总比别人多	2	1	0	−1	−2
42. 喜欢运动量大的剧烈的体育活动	2	1	0	−1	−2
43. 不能很快把注意力从一件事转移到另一件事上	2	1	0	−1	−2
44. 接受一个任务后，希望把它迅速完成	2	1	0	−1	−2
45. 认为墨守成规比冒风险好	2	1	0	−1	−2
46. 能够同时注意几件事物	2	1	0	−1	−2
47. 当我烦闷的时候，别人很难使我高兴起来	2	1	0	−1	−2
48. 爱看情节起伏跌宕、激动人心的小说	2	1	0	−1	−2
49. 对学习和工作抱着认真严谨、始终如一的态度	2	1	0	−1	−2
50. 和周围的人总是相处不好	2	1	0	−1	−2
51. 喜欢复习学过的知识，重复做已经掌握的工作	2	1	0	−1	−2
52. 希望做变化大、花样多的工作	2	1	0	−1	−2
53. 小时候背的诗歌，现在似乎比别人记得清楚	2	1	0	−1	−2
54. 别人说我“出语伤人”，可我并不觉得这样	2	1	0	−1	−2
55. 在体育活动中，常因反应慢而落后	2	1	0	−1	−2
56. 反应敏捷，头脑机智	2	1	0	−1	−2
57. 喜欢有条理而不太麻烦的工作	2	1	0	−1	−2

续上表

条目	完全符合	比较符合	不确定	比较不符合	完全不符合
58. 兴奋的事常使我失眠	2	1	0	−1	−2
59. 老师讲新概念时，常常听不懂，但是弄懂以后很难忘记	2	1	0	−1	−2
60. 假如学习和工作枯燥无味，马上就会情绪低落	2	1	0	−1	−2

气质测验计分：

胆汁质：2，6，9，14，17，21，27，31，36，38，42，48，50，54，58。（　　）

多血质：4，8，11，16，19，23，25，29，34，40，44，46，52，56，60。（　　）

黏液质：1，7，10，13，18，22，26，30，33，39，43，45，49，55，57。（　　）

抑郁质：3，5，12，15，20，24，28，32，35，37，41，47，51，53，59。（　　）

计分标准：

1. 如果一种气质类型的得分比其他三种的得分明显高（高出 4 分以上），则可定为该气质类型。

2. 如果两种气质类型的得分接近（两者之差不超过 3 分），而又明显高于其他两种（高出 4 分以上），则可定为这两种气质类型的混合型。

3. 如果三种气质类型的得分均高于第四种（高出 4 分以上），且接近（三者之差不超过 3 分），则可定为这三种气质类型的混合型。

可能测量出的 13 种气质类型：

1. 胆汁质；2. 多血质；3. 黏液质；4. 抑郁质；5. 胆汁－多血质；6. 多血－黏液质；7. 黏液－抑郁质；8. 胆汁－抑郁质；9. 胆汁－多血－黏液质；10. 多血－黏液－抑郁质；11. 胆汁－多血－抑郁质；12. 胆汁－黏液－抑郁质；13. 胆汁－多血－黏液－抑郁质。

了解气质与职业选择

1. 独立完成气质测验，统计分数，根据计分标准确定自己的气质类型。

2. 查阅气质类型及其特点、气质与职业选择方面的资料，完成下列任务：

你的气质类型（气质测验结果）	
你的气质类型特点	
对应的职业选择	
你感兴趣的职业	

情景剧：迟到了，咋办？

角色扮演（自愿原则）

地点：星星剧场门口

时间：演出开始10分钟后

人物：查票员，4位迟到的观众

情节：星星剧场规定，演出开始10分钟后不许入场。4位迟到者面对查票员的说明表现各不相同。

第一位（大吵大闹）："你看看，这是我的票，你为什么不让我进去？迟到了10分钟？路上塞车啊，你不知道吗？车子那么多，交警也不管，我好不容易赶到这里，你竟然不许我进去？今儿个你必须得让我进去。"说罢，开始用力挤进去。

第二位（微笑，笑得可甜了）："叔叔，你看我这紧赶慢赶，还是晚了几分钟，真是运气不好啊。今天为了看这演出，同学邀我逛街都拒绝了，特意早点出发，哪晓得对这儿不熟悉，找这个地方转了好多个圈圈，还问了好几个人，一路边走边问才算找到了这儿。您就看在我的这份诚心上，行行好呗，叔叔？"

第三位找到工作人员说明情况，看到他没有同意，便在剧场附近找一个地方坐下来，等待下一场演出。

第四位听说迟到了，不能进去，感到十分沮丧，自言自语道："唉，我总是很倒霉，好不容易来看个剧，都不让进，算了，不看了。"说完，他悻悻而归。

分析：这四位迟到者的气质类型分别是什么？你是依据什么做出判断的？

序号	气质类型	判断依据
1		
2		
3		
4		

生涯行动

运用气质方面的知识，分析你的家人、朋友或同学的气质类型及其特点，并说给他们听，倾听他们的反馈意见，检验自己的分析是否符合他们的实际情况。

姓名	气质类型	气质类型特点	吻合程度
			☆☆☆☆☆
			☆☆☆☆☆
			☆☆☆☆☆
			☆☆☆☆☆

第七课　性格与生涯发展

生涯阅读

偶然，还是必然？

王强，某艺术学校高中生，从小喜欢绘画，想报考中央美术学院。为提升专业成绩，他投入了大量的时间、精力和心血，甚至利用文化课的时间进行专业练习，因此文化成绩一直处于劣势，高三时达到了“听不懂课”“不想听、不想学”“一提学习就烦”的程度。他总是借画画来排解心中的焦虑和恐慌。结果，他的高考成绩没有达到中央美术学院文化控制分数线，多年的期望变成了失望，这让他心灰意冷。他终究为自己的任性付出了代价。

生涯知识

性格

性格是指人对现实世界比较稳定的态度和与之相适应的习惯性行为方式，主要表现在对自己、他人、事物的态度和所采取的言行上。

性格表现了一个人的品格，受个体价值观、人生观、世界观的影响。它是在后天社会环境中逐渐形成的，是人最核心的人格差异。

性格有好、坏之分，能最直接地反映一个人的道德风貌。

性格与人生

古语云：积行成习，积习成性，积性成命。性格对个体发展的影响主要体现在生活方式、家庭、人际关系、职业、恋爱与婚姻等方面。青少年正是自我塑造的好时期，应从现在开始培养良好的性格，为幸福的人生奠基。

行为、习惯与性格

性格与职业

性格与职业的关系是动态发展的。职业环境或个人的主观调节都会改变性格，持续不断地对人格特质的塑形和修正会使人格特质逐渐发生转变。

例如：内向、害羞的人做了接待员之后，表达能力提升，与人交往更自然；本来粗心、马虎的人从事校对工作，会变得认真、细心。

个体在思考、选择适合自己性格的职业方向和人生发展路线时，不必受限于当下的性格特点。毕竟人生有多种可能性，只要个体愿意改变，付出行动，一切皆有可能。

乔哈里视窗

乔哈里视窗(Johari window)是一种关于沟通的技巧和理论，被称为“自我意识的发现-反馈”模型，由美国心理学家乔瑟夫(Joseph Luft)和哈里(Harry Ingham)于20世纪50年代提出。他们从自我概念的角度对人际沟通进行深入研究，根据“自己知道—自己未知”和“他人知道—他人未知”两个维度，依据人际传播双方对传播内容的熟悉程度，将人际沟通信息划分为四个区：开放区、盲目区、隐藏区、未知区，认为人的有效沟通就是这四个区域的有机融合。

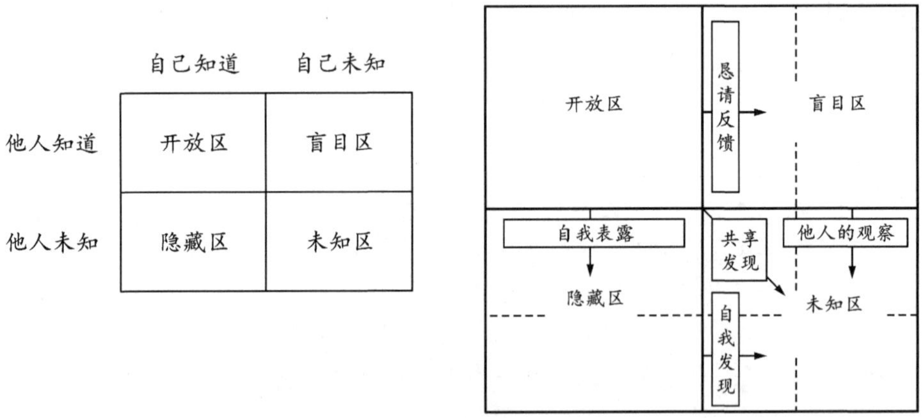

乔哈里视窗

这四个区是动态变化的。比如，通过自我表露、分享交流增进了解，减少隐藏区；自我反思，正确看待他人反馈、建议和评价，学会鉴别和分析，虚心接受中肯意见并改进，缩小盲目区；积极参加各种活动，不断尝试和挑战自我，减少未知区；从多种渠道不断扩大开放区，增强个人信息公开度，有利于人和人之间的交往。

生涯体验

林黛玉的工作

假设林黛玉穿越到了今天，你觉得她找什么工作比较合适？理由是什么？

性格特质树

1. 自评：仔细想想你具备哪些性格特点，用笔为自己具有的性格特点涂上颜色。如果你拥有的性格特点没有列出，请补充在空白的“♡”里。

性格特质树

2. 他评：邀请1~2位同学对自己的性格特点进行评价，请他们从“性格特质树”中圈出符合自己的各项性格特点。如果你发现好友没有列出你拥有的某个/些性格特点，请填在空白的“♡”里。

温馨提示：评价他人时秉持公正、客观、实事求是的原则，不要带个人感情色彩，也不要借此攻击他人。

性格特质树

3. 根据“乔哈里视窗”整理自评和他评结果。

说明：对于他人评价的内容，认同的部分可直接填写到“乔哈里视窗”中的相关区域，不认同的部分可持保留态度，留待今后生活中验证。

开放我：	盲目我：
隐藏我：	未知我：

4. 思考：怎样扩大开放区，减少隐藏区、盲目区和未知区，增进自我了解和他人熟悉的程度？

生涯行动

性格的自我完善

1. 回顾你的人生之路，你认为哪些性格特点对你产生了重要影响？这些影响主要表现在哪些方面？

2. 你认为哪些性格特点需要发扬？哪些需要完善？具体的行动计划是什么？

第八课　兴趣与生涯发展

生涯阅读

幸福人生密码

比尔·盖茨的办公桌有五只带锁的抽屉，分别贴着财富、兴趣、幸福、荣誉、成功五个标签。盖茨总是只带一把钥匙，而把其他四把钥匙锁在抽屉里。请问盖茨带的是哪一把钥匙？

幸福的生活有三个不可或缺的因素：一是有希望；二是有事做；三是能爱人。（爱尔兰巴克莱《花香满径》）

一生中最大的幸福是找到自己想做的事，而最大的困惑就是寻找的过程。（周国平）

生涯教育的核心理念是要给学生一个希望或愿景。（金树人）

找到你的兴趣，尤其是志趣所在，它是你安身立命的根本。

生涯知识

兴趣

兴趣是个体力求认识某种事物或从事某项活动的心理倾向。它表现为个体对某种事物或从事某种活动的选择性态度和积极的情绪反应。

人的兴趣是在需要的基础上，在活动中发生、发展起来的。在生理性需要（饮食、运动等方面的需要）基础上产生的兴趣是暂时的兴趣。在社会性需要（劳动、交往、求知等方面的需要）基础上产生的兴趣是稳定的兴趣。

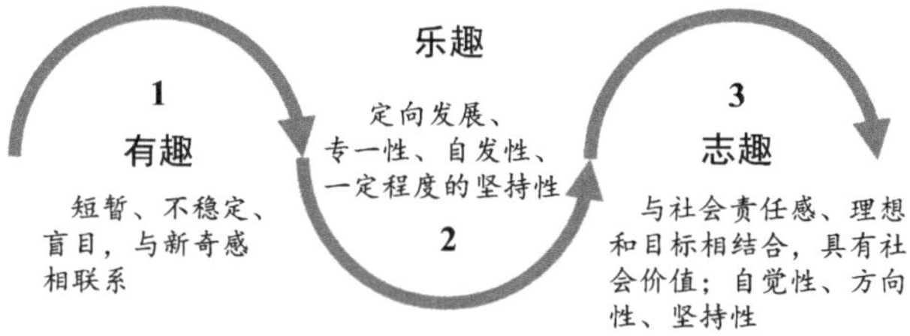

兴趣的发展水平

流畅感

流畅感(flow)一词由米哈伊·麦克·奇克森特米哈伊(Mihaly Csikszentmihalyi)于1975年首次提出，指当个体从事某项活动时，个体知觉到的挑战与自身具备的技能匹配时所产生的注意力高度集中、全身心投入、自我意识丧失(忘我)、时间感消失的即时体验状态或生命状态，又称心流体验。

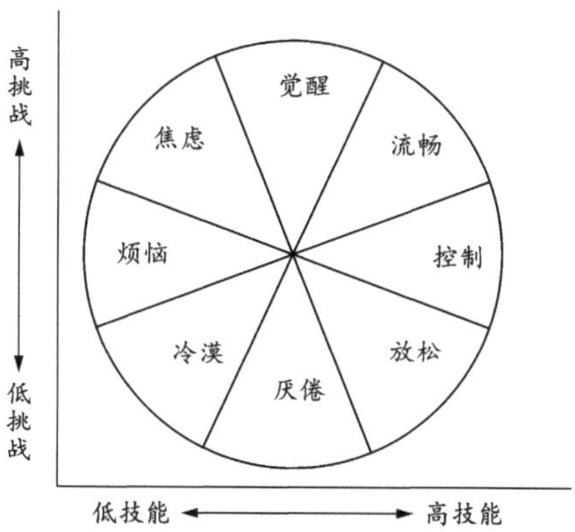

在技能和挑战水平上流畅感与其他状态的相关性

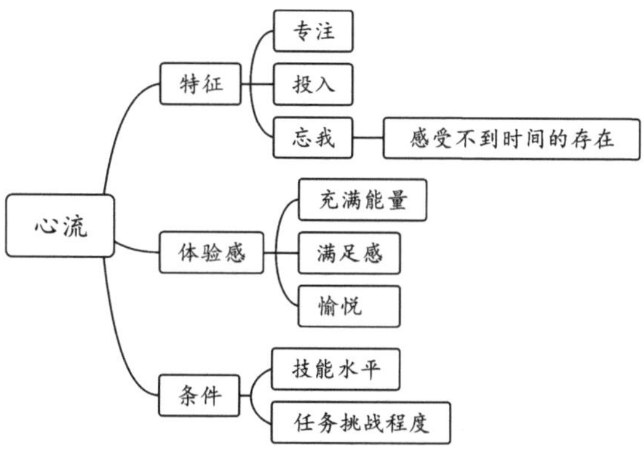

心流体验

霍兰德职业兴趣分类

约翰·霍兰德(John Holland)，美国著名的职业指导专家，于1959年提出了具有广泛社会影响的职业兴趣理论。他认为人的人格类型、兴趣与职业密切相关。职业可以改变人，人可以改变环境，三者之间交互影响。霍兰德认为人格可分为现实型(realistic type，R)、研究型(investigative type，I)、艺术型(artistic type，A)、社会型(social type，S)、企业型(enterprising type，E)和常规型(conventional type，C)六种类型。

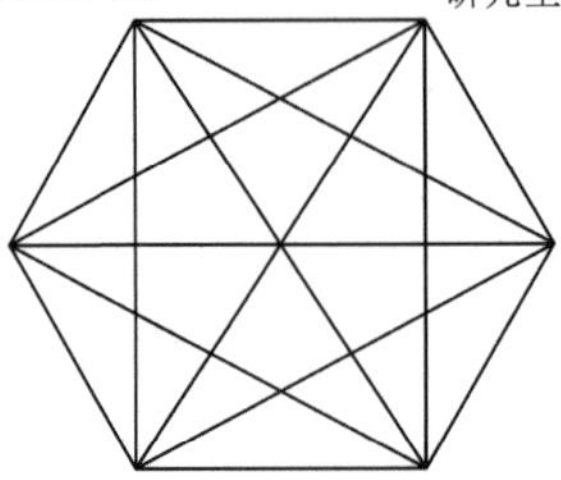

霍兰德的六边形模式

职业兴趣类型	人格特征	喜欢从事的职业	工作环境
现实型（R 型）	情绪稳定、忍耐力强，给人的印象是诚实、谦和、节俭、脚踏实地；喜欢用实际行动代替言语表达，重视现在胜于重视未来	对于操作机械、修理仪器等需要技术、体力的活动表现出浓厚的兴趣，喜欢从事机械、电子、建筑、农事等方面的工作，较不喜欢需要社交、与人接触的活动	工作场合较多运用到身体的实际操作。通常需要运用到某些特殊的技术，以便进行机器的修理、电子器材的维护、汽车的驾驶或动物的畜养等。在这类工作环境中，处理与物接触的问题比处理人际问题还重要。此类工作环境如高楼建筑工地、管线装设、户外油漆作业等易造成生理伤害或意外事件
研究型（I 型）	个性独立、温和、谨慎、保守、内向，头脑聪明，思考理性，有逻辑，擅长运用心智能力观察、分析、推理，喜欢与符号、概念、文字、抽象思考有关的活动。在工作上，表现出优异的科学能力，能提出新的想法和策略	喜欢从事理化、生物、医药、程序设计等需要动脑的研究工作，较不喜欢领导、竞争等需要企业能力的工作	工作场合通常需要运用复杂抽象的思考能力，常采用数学或科学的知识寻求问题的解决，如计算机程序设计师、医师、数学家、生物学家、大型企业的研究发展部门等。此类环境不太需要处理复杂的人际关系，必须独立解决工作上的问题
艺术型（A 型）	个性热情、冲动，对美的事物有敏锐的直觉，有丰富的想象力和创造力，喜欢借助文字、声音、动作或色彩表达内心想法和对美的感受；工作上，乐于独立思考和创作，不喜欢受人支配	喜欢从事音乐、文学、戏剧、舞蹈、美术等艺术气息浓厚的工作，较不喜欢从事文书处理等传统性工作，如艺术家、音乐家、自由文字工作者等	喜欢自由自在、富有创意和个人表现能力的工作环境，能提供开发新产品与创造性解答的自由空间，可以无拘无束地进行创作，没有上下班时间的束缚，来去自如。工作环境鼓励感性与情绪的充分表达，不要求逻辑形式；经常使用到的工具也是为了传达内心的情绪或创意，如琴棋书画等

续上表

职业兴趣类型	人格特征	喜欢从事的职业	工作环境
社会型（S型）	个性温暖、友善，乐于助人，容易与人相处。对人慷慨、仁慈，喜欢倾听和关心别人，能敏锐察觉别人的感受。在团体中，乐于与人合作，有责任感，不爱竞争。他们关心人胜于关心与物接触	喜欢从事与人接触的职业，如各级学校的教师、婚姻咨询师、咨询心理学家、牧师、精神科医师等；较不喜欢从事需要技术、体力等机械操作方面的工作	社会型的工作场合鼓励人和人之间的和谐相待、互相帮助、和睦相处。工作场所中充满了有教无类的经验指导与交流、心灵沟通、灵性扶持等。工作氛围强调人类的核心价值，如理想、仁慈、友善和慷慨等
企业型（E型）	精力充沛、生活紧凑，个性积极、有冲劲；社交能力强，善于沟通协调；喜爱冒险和竞争，在工作上表现出强烈的野心，希望拥有权力、受人注意并成为团体领导者。做事有组织、有计划，喜欢立刻采取行动，领导人们达成工作目标、赚取利益	喜欢销售、管理、法律、政治等方面的活动，不喜欢花太多时间做科学研究。如企业经营、保险业务、政治活动、证券市场、公关部门、营销部门、房地产销售等	企业型的工作场合经常管理与鼓舞其他人，力图达成组织或个人目标。工作场所中充满了权力、金融或经济方面的议题，甚至为了达成预期绩效，不惜冒点风险。工作氛围重视升迁、绩效、权力、说服力与推销能力；非常强调自信、社交手腕与当机立断
常规型（C型）	个性保守谨慎，注意细节，有责任感。做事按部就班、精打细算，清清楚楚；喜欢安定，奉公守法，不喜欢改变、创新和冒险。工作上，表现出有秩序、做事仔细、有效率、尽本分、值得信赖；喜欢在别人的领导下工作，乐于配合和服从	喜欢从事会计、秘书、银行等数字计算、文书数据处理方面的工作，较不喜欢从事艺术活动	传统型的工作场合注重组织与规划。工作场所包括了办公室的基本工作，如档案管理、数据记录、进度管控等；需要运用到数字与人事行政的能力，典型部门包括秘书处、人事部门、会计部门、总务部门等

资料来源：金树人. 生涯咨询与辅导[M]. 北京：高等教育出版社，2007：49-52.

生涯体验

寻找兴趣所在

同学们，你知道自己的兴趣聚焦在哪些方面吗？你稳定的兴趣是什么？请联系自身实际情况，完成下列内容，并将结果呈现在“兴趣六边形”图中。

________的兴趣清单

1. 业余时间你喜欢从事的休闲活动：

2. 你(想)参加的社团：

3. 你平时喜欢浏览的网站和内容：

4. 你喜欢的电视节目、电影类型：

5. 你喜欢的报纸、杂志及其风格：

6. 与人聊天时，你喜欢参与的话题：

7. 读过的系列书中，对自己影响较大的书：

8. 你发现自己的兴趣主要聚焦在：

寻找“流畅感”

搜索一下你的记忆，在你的成长过程中，出现过“聚精会神”“全身心投入”“忘我”的状态吗？一般出现在哪些情境中？发生的频率如何？这些活动是你的兴趣所在吗？请根据实际情况进行梳理，将结果呈现在“兴趣六边形”中。

1. 能引发“流畅感”体验的活动：

2. 发生的频率：

3. 上述活动中，有可能发展为“稳定兴趣”的活动：

职业兴趣测评[①]

指导语：仔细阅读下列条目，在你喜欢的活动项目后的括号内打“√”。请根据自身实际情况如实作答，答案没有好坏对错之分。

R 类

(1)装配修理电器(　　)
(2)修理自行车(　　)
(3)安装修理机器或机器零件(　　)
(4)做木工活(　　)
(5)驾驶卡车或拖拉机(　　)
(6)开机床(　　)
(7)开摩托车(　　)
(8)上金属工艺课(　　)
(9)上机械制图课(　　)
(10)上木工手艺课(　　)
(11)上电气自动化技术课(　　)

I 类

(1)阅读科技书刊(　　)
(2)在实验室工作(　　)
(3)研究某个科研项目(　　)
(4)制作飞机、汽车模型(　　)
(5)做化学实验(　　)
(6)阅读专业性论文(　　)
(7)解一道数学或棋艺难题(　　)
(8)上物理课(　　)
(9)上化学课(　　)
(10)上几何课(　　)
(11)上生物课(　　)

A 类

(1)素描、制图或绘画(　　)
(2)表演戏剧、小品或相声节目(　　)
(3)设计家具或房屋(　　)
(4)在舞台上演唱或跳舞(　　)
(5)演奏一种乐器(　　)
(6)阅读流行小说(　　)
(7)听音乐会(　　)
(8)从事摄影创作(　　)
(9)阅读电影、电视剧本(　　)
(10)读诗、写诗(　　)
(11)上书法美术课(　　)

S 类

(1)给朋友们写信(　　)
(2)参加学校组织的正式活动(　　)
(3)加入某社会团体或俱乐部(　　)
(4)帮助别人解决困难(　　)
(5)照看小孩子(　　)
(6)参加宴会、茶话会或联欢晚会(　　)
(7)跳交谊舞(　　)
(8)参加讨论会或辩论会(　　)
(9)观看运动会或体育比赛(　　)
(10)寻亲访友(　　)

① 张万兴.学生心理健康辅导完全手册(第三册)[M].北京：中央民族大学出版社，2002，11：1193-1194.

(11)阅读与人际交往有关的书刊(　　)

E 类

(1)劝说别人(　　)
(2)买东西与人讨价还价(　　)
(3)讨论政治问题(　　)
(4)从事个体或独立的经营活动(　　)
(5)出席正式会议(　　)
(6)演讲(　　)
(7)在社会团体中做一名负责人(　　)
(8)检查与评价别人的工作(　　)
(9)结识名流(　　)
(10)带领一群人去完成某项任务(　　)
(11)参与政治活动(　　)

C 类

(1)保持桌子和房间整洁(　　)
(2)抄写文章或信件(　　)
(3)开发票、写收据或打回条(　　)
(4)打算盘或用计算器计算(　　)
(5)记备忘录(　　)
(6)上打字课或学速记法(　　)
(7)上会计课(　　)
(8)上商业统计课(　　)
(9)将文件、报告、记录分类与归档(　　)
(10)为上级写公务信函与报告(　　)
(11)检查个人收支情况(　　)

上述六类活动中，打“√”最多的是________类，其次是________类，再次是________类。按此顺序排列，你的职业兴趣代码是______________。请将你的职业兴趣代码用彩色笔标记在“兴趣六边形”图中。

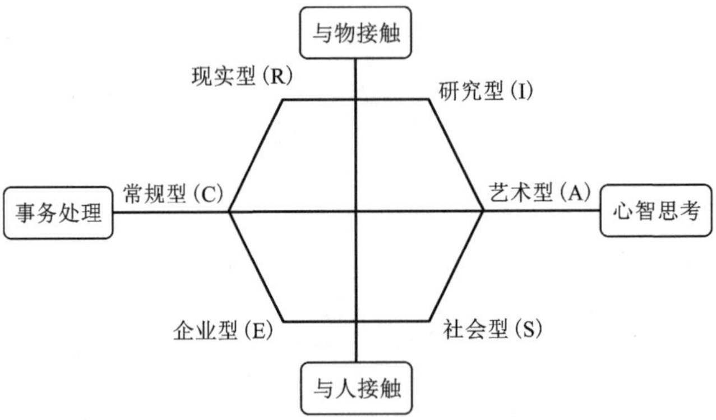

霍兰德职业兴趣六边形图(金树人，1993 年)

思考交流：

1. 根据职业兴趣六边形图，分析你兴趣聚焦范围内的活动和引发你产生“流畅感”体验的活动，请问它们分布最集中的区域所代表的职业兴趣代码分别是什么？

2. 结合职业兴趣测试中获得的职业兴趣代码，将三个职业兴趣代码进行比较，请问重复出现的职业兴趣代码是什么？对此，你有什么启发？

3. 根据你的职业兴趣代码，查看“职业兴趣测试”结果解析部分的内容，了解自己的人格特征、喜欢的专业和职业以及偏好的工作环境，并与组员分享交流。

“兴趣岛”游园会[1]

指导语：恭喜你获得了一次免费度假游的机会，可以根据你的喜好自由选择去下面六个岛屿中的任意一个岛屿旅游。每人拥有三次选择机会，唯一的要求是必须在选中的岛屿上和岛上居民一起生活半年以上的时间。请不要考虑其他因素，仅凭自己的兴趣挑选出你最想前往的岛屿。

R 岛：自然原始的岛屿。岛上自然生态非常好，植被茂盛，野生动物种类繁多。居民以手工见长，自己种植花果蔬菜、修缮房屋、打造器物、制作工具，喜欢户外运动。

I 岛：深思冥想的岛屿。岛上建有多处天文馆、科技博览馆和图书馆。岛上居民喜好观察、学习，崇尚真理，追求真知，常有机会聆听世界各地的哲学家、科学家、心理学家的学术讲座，并有机会面对面交流。

A 岛：美丽浪漫的岛屿。岛上美术馆、音乐厅、展览厅较多，街头雕塑和街边艺人随处可见，弥漫着浓厚的艺术文化气息。岛上居民保留了传统的舞蹈、音乐与绘画，许多文艺界的朋友都喜欢来这里找寻灵感。

S 岛：友善亲切的岛屿。岛上居民个性温和、友善、乐于助人，重视互助、合作，重视教育，关怀他人，社区自成一个密切互动的服务网络，人情味浓厚。

E 岛：显赫富庶的岛屿。岛上居民善于企业经营和贸易，能言善道。岛上经济高度发展，处处是高级饭店、俱乐部、高尔夫球场。来往者多是企业家、经理人、政治家、律师等。

C 岛：现代井然有序的岛屿。岛上建筑十分现代化，以完善的户政管理、地政管理、金融管理见长。岛上居民个性冷静保守，处事有条不紊，善于组织规划，细心高效。

探索“兴趣岛”

度假时间	最想去的岛	第二想去的岛	第三想去的岛	“兴趣岛”代码
半年				
三年				
终身居住				
你的“兴趣岛”代码中重复出现的代码是：				

① 缪仁票. 成长自己的样子：高中生生涯规划[M]. 杭州：浙江大学出版社，2018：24-25.

思考交流：

1. 比较你的三个“兴趣岛”代码，请问它们前后一致吗？是什么因素促使你做出了改变？

2. 最终，你会选择哪个“兴趣岛”代码？

3. 你偏好的职业环境是怎样的？

人与职业的适配性

适配性(congruence)是指个人类型与环境特性配合适当的程度。这是霍兰德理论中重要的内容。霍兰德认为，适配性高低可以预测个人的职业满意度、职业稳定性及职业成就。

曾史二氏适配性指数①

	等级	适配程度	环境类型(“兴趣岛”)	个人类型(兴趣测试)
高	6	完全相同	RIE	RIE
	5	前两个代码相同	RIA	RIS
中上	4	三个代码相同但顺序不同	REI	IER(ERI)
普通	3	第一个代码相同	SIA	SER
	2	任两个代码相同	RIC	IER
低	1	任一代码相同	SEA	AIR
	0	无码相同	IRE	SEA

资料来源：Zener 和 Schnueile，1976 年。

① 金树人. 生涯咨询与辅导[M]. 北京：高等教育出版社，2007：57.

生涯行动

根据个人类型与环境类型的适配程度，思考你今后的人生发展方向，思考如何把自己稳定的兴趣培养成志趣，在实现人生价值的同时，为人类社会的发展带来福祉。

补充资料

中国高校各专业类主要兴趣代码

序号	专业类	兴趣代码
1	哲学类	AS
2	历史学类	ASI
3	体育学类，职业技术教育类	RSE
4	教育学类	SA
5	中国语言学类	AS
6	外国语言学类	AS
7	新闻传播学类	AS
8	艺术学类	AS
9	音乐与舞蹈学类	AS
10	戏剧与影视学类	ASE
11	美术学类	AS
12	设计学类	A(I，E，R)

续上表

序号	专业类	兴趣代码
13	经济学类	CES
14	财政学类	CRE
15	金融学类	EC
16	经济与贸易类	EC
17	工商管理类	CES
18	管理科学与工程类	ECR
19	农业经济管理类	SCE
20	图书情报与档案管理类	CAS
21	工业工程类	ERC
22	物流管理与工程类	EC
23	公共管理类	SEC
24	旅游管理类	SRE
25	法学类	SA
26	政治学类	SA
27	社会学类	SA
28	民族学类	SA
29	马克思主义理论类	SA
30	数学类	IRS
31	化学类	IRS
32	物理学类	RI
33	地球物理学类	IR
34	天文学类	IA
35	地理科学类	ISA
36	大气科学类	IAS
37	海洋科学类	IR
38	地质学类	IR
39	生物科学类	ISA
40	心理学类	SA
41	统计学类	CE
42	系统理论类	RI
43	机械类	RI

续上表

序号	专业类	兴趣代码
44	工程力学类	RI
45	武器类	RI
46	仪器仪表类	RI
47	电气类(自动化、光电)	RI
48	电子信息类	RI
49	能源动力类	RI
50	材料科学类	RIE
51	化工与制药类	RIC
52	航空航天类	RI
53	环境科学与工程类，环境与安全类	IRS
54	水利类	RIE
55	土木建筑类	RIE
56	海洋工程学类	RI
57	食品科学与工程类	RI
58	生物医学工程学类	RI
59	生物科技学类	RI
60	测绘类	RIA
61	计算机类(软件、网络、信息安全)	RI
62	建筑类	AR
63	交通运输类	RIE
64	轻工纺织类	IRS
65	生物工程类	IR
66	农业工程	IR
67	林业工程	AIR
68	公安技术类	IE
69	地矿类	RI
70	安全科学与工程类	ICR
71	植物生产类	RI
72	草业科学类	IRS
73	林学类	RI
74	森林资源类	I

续上表

序号	专业类	兴趣代码
75	环境生态类	IRA
76	动物生产类	RI
77	动物医学类	IRS
78	自然保护与环境生态类	IR
79	水产类	RIE
80	临床医学类，口腔医学类	SIA
81	基础医学，中医学类	ISA
82	公共卫生与预防医学类	SI
83	药学类/中药学类	ISR
84	医学技术类	IRC
85	护理学类	SA

资料来源：中国大学生专业类别职业兴趣代码 ppt 课件[EB/OL].(2020-05-30)[2024-01-25]. https://wenku.baidu.com/view/c92b4153ea7101f69e3143323968011ca300f792.html? _wkts_ = 1706062299959&bdQuery = %E4%B8%AD%E5%9B%BD%E9%AB%98%E6%A0%A1%E5%90%84%E4%B8%93%E4%B8%9A%E7%B1%BB%E4%B8%BB%E8%A6%81%E5%85%B4%E8%B6%A3%E4%BB%A3%E7%A0%81.

兴趣代码与相应职业对照表

兴趣代码	相应职业
RIA	牙科技术员、陶工、建筑设计人员、模型工、木工、制作链条人员
RIS	厨师、服务员、跳水员、潜水员、染色工、面包师傅、电器修理工、眼镜制作工、电工、纺织机器装配工、报务员、装玻璃工人、发电厂操作工人、焊接工
RIE	建筑和桥梁工程师、环境工程师、航空工程师、公路工程师、电力工程师、信号工程师、电话工程师、一般机械工程师、自动化工程师、矿业工程师、海洋工程师、交通工程技术人员、制图员、家政经济人员、计量员、打捞员、农民、农场工人、农业机械操作工、清洁工、无线电修理工、汽车修理工、手表修理工、钳子工、管工、线路装配和维修工、盖(修)房工、电子技术员、伐木工、机械师、锻压操作工、造船装配工、工具仓库管理员
RIC	船上工作人员、接待员、杂志保管员、牙医助手、制帽工、磨坊工人、石匠、机器制造工人、机车(火车头)制造工人、农业机器装配工人、汽车装配工、缝纫机装配工、钟表装配和检验工、电动器具装配工、鞋匠、锁匠、货物检验员、电梯机修工、托儿所所长、钢琴调音员、装配工、印刷拼版工人、建筑钢铁工人、卡车司机
RAI	手工雕刻师、玻璃雕刻师、制作模型人员、家具木工、制作皮革品工人、手工绣花工、手工钩针编织工、排字工人、印刷工作人员、图画雕刻工、装订工

续上表

兴趣代码	相应职业
RSE	消防员、交通巡警、警察、门卫、理发师、房间清洁工、屠宰工人、锻工、开凿工人、管道安装工、出租汽车驾驶员、仓库管理员
RSI	汽车驾驶员、货物搬运工、送报员、勘探员、娱乐场所服务员、起卸机操作工、灭害虫者、电梯操作工、厨房助手、纺织工、编织工、农业学校教师、某些职业课程教师(如艺术、商业、技术、工艺课程)、雨衣上胶工
REC	抄水表员、保姆、实验室动物饲养员、动物管理员
REI	轮船船长、航海领航员、大副、试管实验员
RES	旅馆服务员、家畜饲养员、渔民、渔网修补工、水手、收割机操作工、搬行李工人、公园服务员、救生员、登山导游、火车技术员、建筑工人、铺轨工人
RCI	测量员、勘测员、仪器操作者、农业工程技师、化学工程技师、民用工程技师、石油工程技师、资料室管理员、探矿工、煅烧工、烧窑工、矿工、保养工、磨床工、取样员、样品检验员、纺纱工、绕筒子工、炮手、漂洗工、电焊工、锯木工、刨床工、制帽工、手工缝纫工、油漆工、染色工、按摩师、木匠、农民、建筑工人、电影放映员、勘测员助手
RCS	公共汽车驾驶员、一等水手、游泳池服务员、裁缝、建筑工人、石匠、烟囱修理工、水磨石工、泥水匠、车工、混凝土工、电话修理工、爆炸手、邮递员、矿工、裱糊工人、纺纱工
RCE	打井工、吊车驾驶员、农场工人、邮件分类员、铲车司机、拖拉机司机
IAS	经济学研究人员、农业经济学研究人员、财政经济学研究人员、国际贸易经济学研究人员、实验心理学研究人员、工程心理学研究人员、心理学研究人员、哲学研究人员、内科医生、数学研究人员
IAK	人类学研究人员、天文学研究人员、化学研究人员、物理学研究人员、医学病理学研究人员、动物标本剥制者、化石修复者、艺术品管理员
ISE	营养学家、饮食顾问、火灾检查员、邮政服务检查员
ISC	侦探、电视播音室修理工、电视修理服务工、验尸员、编目录的人、医学实验室技师、调查研究者
ISR	水生生物学者、昆虫学研究人员、微生物学研究人员、配镜师、矫正视力者、细菌学研究人员、牙科医生、骨科医生
ISA	实验心理学研究人员、普通心理学研究人员、发展心理学研究人员、教育心理学研究人员、社会心理学研究人员、临床心理学研究人员、目录学研究人员、皮肤病学研究人员、神经病学研究人员、妇产科医生、眼科医生、五官科医生、医学实验室技术专家、民航医务人员、护士
IES	细菌学研究人员、生理学研究人员、化学研究人员、地质学研究人员、地球物理学研究人员、纺织技术专家、医院药剂师、工业药剂师、零售药商
IEC	档案保管员、保险统计员

续上表

兴趣代码	相应职业
ICR	质量检验技术员、地质学技师、工程师、法官、图书馆技术辅助员、计算机操作者、医院听诊员、家禽检查员
IRA	地理学研究人员、地质学研究人员、水文学研究人员、矿物学研究人员、古生物学研究人员、石油地质学研究人员、地震学研究人员、声学物理学研究人员、原子和分子物理学研究人员、电学和磁学物理学研究人员、气象学研究人员、设计查对员、人口统计学者、数理统计学者、外科医生、城市规划研究人员、气象员
IRS	流体物理学研究人员、物理海洋学研究人员、等离子体物理学研究人员、农业科学研究人员、动物科学研究人员、食品科学研究人员、园艺学研究人员、植物科学研究人员、细菌学研究人员、解剖学研究人员、动物病理学研究人员、作物病理学研究人员、药物学研究人员、生物化学研究人员、生物物理学研究人员、细胞生物学研究人员、临床化学研究人员、遗传学研究人员、分子生物学研究人员、质量控制工程师、地理学研究人员、兽医、放射治疗技师
IRE	化验员、化学工程师、纺织工程师、食品技师、渔业技术专家、材料和测试工程师、电气工程师、土木工程师、航空工程师、行政官员、冶金专家、原子核工程师、陶瓷工程师、地质工程师、电力工程师、口腔科医生
IRC	飞机领航员、飞行员、物理实验室技师、文献检查员、农业技术专家、动植物技术专家、生物技师、油管检查员、工商业规划者、矿藏安全检查员、纺织品检验员、照相机修理工、工程技术员、计算机程序编制者、工具设计者、仪器维修人员
CRI	簿记员、会计、计时员、铸造机操作工、打字员、按键操作工、复印机操作工
CRS	仓库保管员、档案管理员、缝纫工、讲述员、收款员
CRE	标价员、实验室工作者、广告管理员、自动打字机操作员、电动机装配工、缝纫机操作工
CIS	记账员、顾客服务员、报刊发行员、土地测量员、保险公司职员、会计师、估价员、邮政检查员、外贸检查员
CIE	打字员、统计员、支票记录员、订货员、校对员、办公室工作人员
CIR	校对员、工程职员、海底电报员、检修计划员、发报员
CSE	接待员、通信员、电话接线员、卖票员、旅馆服务员、私人企业职员、商业学校教师、旅游办事员
CSR	运货代理商、铁路职员、交通检查员、办公室通信员
CSI	簿记员、出纳员、银行财务职员
CSA	秘书、图书管理员、办公室办事员
CER	邮递员、数据处理员、航空邮件检查员
CEI	推销员、经济分析家
CES	银行会计、记账员、法人秘书、速记员、法院报告人
ECI	银行管理工作人员、审计员、信用管理员、地产管理员、商业管理员

续上表

兴趣代码	相应职业
ECS	信用办事员、保险商、各类进货员、海关服务经理、零售商、购买员、会计
ERI	建筑物管理员、工业工程师、农场管理员、护士长、农社经理
ERS	仓库管理员、房屋管理员、货栈监督管理员
ERC	邮政管理人员、渔船船长、机械操作领班、木工领班、瓦工领班、驾驶员领班
EIR	科学、技术和有关周期出版物的管理员
EIC	专利代理人、运输服务检查员、安全检查员
EIS	警官、侦察工作人员、交通检查员、安全咨询员、合同管理者、商人
EAS	法官、律师、公证人
EAR	展览室管理员、舞台管理员、播音员、驯兽员
ESC	理发师、裁判员、政府行政管理员、财政管理员、工程管理员、职业健康指导者、售货员、商业经理、办公室主任、人事负责人、调度者
ESR	家具售货员、书店售货员、公共汽车驾驶员、家用商品售货员、护士长、自然科学和工程的行政领导
ESI	博物馆管理员、图书馆管理员、古迹管理员、饮食业经理、地区安全服务管理员、技术服务咨询者、超级市场管理员、零售商店售货员、批发商、出租汽车服务站经理
ESA	博物馆管理人员、报刊管理员、音乐器材售货员、广告商、卖画商、导游、(轮船或班机上的)事务长、空乘服务员、船员、法官、律师
ASE	戏剧导演、舞蹈教师、广告撰稿人、报刊专栏记者、记者、演员、英语教师、外语翻译
ASI	音乐教师、器乐教师、美术教师、管弦乐指挥、合唱队指挥、演奏家、哲学家、作家、广告经理
AER	新闻摄影师、电视摄像师、艺术指导、录音指导、丑角演员、魔术师、木偶戏演员、骑士、跳水员
AEI	音乐指挥、舞台指导、电影导演
AES	流行歌手、舞蹈演员、电影导演、广播节目主持人、舞蹈教师、口技表演者、喜剧演员、模特
AIS	画家、剧作家、编辑、评论家、时装艺术大师、家具设计师、包装设计师、布景设计师、服装设计师、新闻摄影师、演员、文学工作者
AIE	花匠、皮衣设计师、工业产品设计师、剪影艺术家、复制雕刻品大师
AIR	建筑师、画家、摄影师、绘图员、环境美化工、雕刻家、包装设计师、陶瓷设计师、绣花工、漫画家
SEC	社会活动家、退伍军人服务官员、工商会事务代表、教育咨询者、宿舍管理员、旅馆经理、饮食服务管理员
SER	体育教练、游泳指导

续上表

兴趣代码	相应职业
SEI	行政管理人员、历史学家、家政经济学家、职业学校教师、资料员
SEA	娱乐活动管理员、国外服务办事员、社会服务助理、野营咨询者、一般咨询者
SCE	市级管理部门秘书、赡养服务职员、生产协调员、公共卫生服务官员、戏院经理、餐馆经理、售票员
SRI	外科医师助手、医院服务员
SRE	体育教师、职业病治疗者、体育锻炼者、专业运动员、房管员、儿童家庭教师、警察、引座员、传达员
SRC	护理人员、医院勤杂工、理发师，学校儿童服务人员
SIA	社会学者、心理咨询者、学校心理学者、政治科学家、大学或学院的教育学教师、大学农业教师、大学工程和建筑课程的教师、大学法律教师、大学数学教师、医学教师、物理教师、社会科学和生命科学的教师、研究生助教、成人教育教师
SIE	营养学家、饮食学家，海关检查员、安全检查员、税务稽查员、校长
SIC	描图员、兽医助手、诊所助理、体检检查员、监督缓刑犯的工作者、娱乐指导者、学生活动咨询者、社会科学教师
SIR	理疗员、救护队工作人员、手足病医生、职业病治疗助手
SAC	理发师、指甲修剪师、包装艺术家、美容师、整容专家、发型设计师
SAE	听觉病治疗者、演讲矫正者
SAI	图书馆管理员、小学教师、幼儿园教师、学前儿童教师、中学教师、教育学院的教师、盲人教师、智力障碍人的教师、聋哑人教师、牙科助理、警官、飞行指挥人员

资料来源：张万兴.学生心理健康辅导完全手册(第三册)[M].北京：中央民族大学出版社，2002，11：1195-1120.

第九课　能力与生涯发展

生涯阅读

神奇的果蔬①

退休后，布艺非物质文化遗产传承人赵志纯先生会收拾家里的零乱布头，做些布艺果蔬。每一件作品都按 1∶1 制作，从颜色到形状，甚至根须都十分逼真。

制作果蔬作品时，棉布的原色难以满足各种颜色的需求，她便尝试着先用白布角做好后，再用植物染色，比如布艺大蒜的颜色，是将紫色洋葱皮捻碎，加水放入微波炉烧开，晾凉后染的；将花盆里的泥土加水搅成稠泥浆，放入白棉线，取出晾干后，弹去粗颗粒土渣，又蘸米汤上浆，团成团，再晾干后，用针锥挑开一根根线，就是大蒜根；萝卜是用白布做好后，把切碎的菠菜叶子稍加一点盐揉搓，再加水，放进微波炉烧开放凉后染的。

慢慢地，她又制作出了柿子、茄子、辣椒、南瓜、丝瓜、蒜苔、甜瓜、西瓜、苹果、芒果等，作品品种不断丰富。

多年来，她积极参加省、市非物质文化遗产展演活动和非物质文化遗产进社区、进校园活动，已获 8 个国际奖。

生涯知识

能力

能力是指人们成功完成某种活动必须具备的个性心理特征。能力和活动紧密联系，并且具体表现为：①人的能力是在活动中形成、发展和表现出来的；②从事某种活动必须以

---

① 寻找济南文化符号——布艺非遗传承人赵志纯[EB/OL].(2021-11-24)[2024-01-25]. https://baijiahao.baidu.com/s? id=1717285729243114720&wfr=spider&for=pc.

一定的能力为前提。

能力的分类

划分标准	能力类型	定义	举例
能力是否获得或发展水平不同	实际能力	已经培养或表现出来的能力	中国人唱国歌
	潜能	尚未表现出来的一种可能性的能力	小明擅长打篮球，羽毛球可能也打得好
能力的倾向性	一般能力	即智力，指大多数活动共同需要的能力	观察力、记忆力、注意力、想象力、思维能力等
	特殊能力	某项专门活动必须具有的能力	数学能力、音乐能力、绘画能力、体育能力、写作能力等
活动中能力的创造性大小	模仿能力	仿效他人的言行举止而引起的、与之相类似的行为活动的能力	儿童模仿父母说话、动作的能力等
	创造能力	产生新思想、发现和创造新事物的能力	创造思维(发散思维和集中思维)与创造想象能力
功能	认知能力	接收、加工、储存和应用信息的能力	知觉、记忆、思维、注意和想象的能力
	操作能力	操纵、制作和运动的能力	劳动能力、艺术表现能力、体育运动能力、实验操作能力等
	社交能力	个人在社会交往活动中表现出来的能力	组织管理能力、语言感染能力等

多元智能与职业①

美国著名发展心理学家和教育学家霍华德·加德纳(Howard Gardner)提出了“多元智能理论”，指出人类智能是多元化而非单一的，主要有八大智能：语言、数理逻辑、空间、身体运动、音乐、人际、内省、自然观察智能。后来，他又补充了存在智能。他认为，每个人拥有不同的智能优势组合。

---

① 缪仁票.成长自己的样子：高中生生涯规划[M].杭州：浙江大学出版社，2018：34.

八大智能

智能类型	表现特点	反映此智能的日常事务	个人偏好或擅长领域	典型职业示例	典型专业示例
语言智能	对语言掌握和灵活运用的能力	倾听、阅读书写、演说	文学、外语、历史、社会、科学	诗人、作家、教师、演说家、律师、记者等	文学、语言学、新闻传播学
数理逻辑智能	对逻辑结构关系进行理解、推理和思维表达的能力	识数、计算、测量、推理、因果关系等	数学、物理、科学、化学、经济学、计算机编程	侦探、数学家、律师、科学家、经济学家、工程师、会计师	理学类、金融学类、统计学类
空间智能	对色彩、形状、空间位置等要素的准确感受和表达的能力	辨方向、走迷宫、玩拼图、想象、绘图、设计	绘画、工艺、摄影、雕塑	飞机导航员、棋手、雕刻家、建筑设计师、画家、视觉艺术工作者、航海家、军事战略家	地理科学类、测绘类、美术学类、设计学类、建筑类
身体运动智能	身体的各种感知能力、协调能力、平衡感，表现出高水平的运动的力量、速度和灵活性的能力	触摸、手势跳舞、表演操作、运动(比如打篮球、跑步、投掷标枪等)	舞蹈、戏剧影视表演、体育、烹饪	运动员、体育教练、健身指导、舞蹈家、厨师、外科医生、机械师	体育学类、土木类、地质类、舞蹈类、医学类
音乐智能	感受、辨别、记忆、表达音乐的能力	欣赏音乐、辨别音调、打节拍、唱歌、作词作曲、演奏乐器	音乐、舞蹈	歌手、指挥、作曲家、演奏家、舞蹈家、调音师、乐器制造者	音乐类、艺术教育、学前教育
人际智能	对他人表情、说话、手势动作的敏感程度以及做出有效反应的能力	理解他人，关心他人，分享交流，分工合作	文学、心理学、社会学、政治学	教师、管理者、临床医生、护士、心理咨询师、推销员、政治家、社会工作者	社会工作、教育学类、工商管理类、旅游管理类
内省智能	认识、洞察和反省自身的能力	认识自己、管理自己、提升自己、独处、反思	心理学、文学、哲学、宗教	作家、心理医生、宗教职业者、哲学家、思想家	心理学类、哲学类、社会学类、教育学类

续上表

智能类型	表现特点	反映此智能的日常事务	个人偏好或擅长领域	典型职业示例	典型专业示例
自然观察智能	辨别动植物，敏锐感知自然界其他事物如云、石头等特征的能力	认识动植物、识图、辨别、分类	天文、自然地理、环境保护、旅游	地质工作者、环保工作者、考古学家、生物学家、天文学家	生物科学类、植物生产类、自然保护与环境生态类、动物生产类

生涯体验

中国“雨人”周玮

周玮，从小被诊断为顽固性低血糖及神经发育障碍，却有着惊人的速算天赋，在《最强大脑》第一季第三期节目中，以满分 150 分晋级。

南京市脑科医院儿童心理卫生研究中心主任医师虞琳表示：周玮单方面有超常才能，但在一些平常事情上，达不到正常水平。她曾接触过类似病例，如听一遍写出交响乐谱、背字典和对日历有超强记忆等。他们在某一方面有特殊才能，靠训练是训练不出来的。(中国新闻网，2014 年)(“雨人”，指具有某种特殊才能但日常生活不能自理的人)

思考交流：

1. 周玮的挑战成功显示他具备什么样的能力？这种能力是先天的，还是后天的？
2. 他的故事带给你什么启发？

叙说成就故事

STAR 法则是一种讲述自己故事的方式，其中 STAR 是情境(situation)、任务(task)、行动(action)、结果(result)的缩写。有成就感的故事往往能体现出个人的能力。请根据 STAR 法则，整理你生命历程中的成就故事。

成就故事整理表

成就故事	预期目标/任务	面临的困难	采取的行动	运用的能力	取得的结果/成就

多元智能测评[①]

指导语：请仔细阅读每个项目，根据实际情况如实作答，在“是”或“否”选项打“√”。

序号	项目	是	否
1	对篮球或足球等集体运动的兴趣，胜过游泳等单人运动		
2	在说话或做事时，习惯澄清事情的因果关系		
3	对新鲜事物充满好奇和探索的欲望		
4	觉得几何比代数容易学		
5	常以打油诗、双关语自娱或娱人		
6	需要实际操作学习一种新技能，而不是光凭阅读材料		
7	喜欢甚至实际创作或编造过故事		
8	擅长逻辑思考，比如归纳、推理		
9	熟知并着迷于大自然中的秩序和形态		
10	拥有很好的嗓音		
11	有一些重大的人生目标，并经常思考自己的目标		
12	用某种方法对事物进行统计、归类、分析后，会感觉更加舒服		
13	与人交谈时，常使用肢体语言		
14	在读、说或写出文字之前，能在脑海中听到它们		
15	喜欢学习素描、雕塑或其他视觉艺术		
16	积极质问“我是谁”，以形成个人的生活态度		
17	学习时经常打拍子或唱出优美的旋律		
18	经常对自然界发生的事件发表评论		

① 朱凌云，等著. 中小学生涯教育理论与方法[M]. 北京：北京师范大学出版社，2015，12：75-78.

续上表

序号	项目	是	否
19	闭上眼睛能看见清晰的视觉形象，如一棵树、一只鸟		
20	经常参加至少一项运动或体育活动		
21	经常注意自然界中的新发现，如考古、植物新品种等		
22	同学朋友遇到问题，会第一个找你求助		
23	在散步、慢跑时，头脑特别灵活，能想出好点子		
24	学习语文、社会科学和历史比理科容易		
25	对色彩敏感，经常用相机捕捉事物		
26	喜欢并擅长辨识音调和声音		
27	喜欢运用演讲、对话、辩论等各种形式与人交流		
28	一首乐曲只要听过一两次，就能大致准确地哼唱		
29	在学校读书，最喜欢数学或自然科学		
30	能演奏一种乐器		
31	合作技巧很好，喜欢置身人群之中		
32	擅长运动，身体协调性好		
33	在复杂的社会中能够扮演好自己的角色		
34	方向感强，在陌生的地方不会迷路，有理解地图的天赋		
35	喜欢把自己的知识传授给其他人		
36	经常独自沉思默想，或思考重大的人生问题		
37	有丰富的动物、植物或矿物特征知识		
38	周末更愿意一个人看书，不愿与众人喧闹玩耍		
39	对科学的新发展很感兴趣，时常关注和搜集相关资料		
40	有自知之明，清楚了解自己的长处与短处		
41	喜欢看有图画的读物		
42	谈话中经常提到读过或听说过的内容		
43	亲自体验、接触，以了解动物、植物或矿物，甚至文物		
44	对他人的感受能体谅、理解		
45	如果没有音乐，生活将变得很枯燥乏味		
46	喜欢动手做作品，如雕刻、木工或制作模型		
47	会指出身边人在日常言行中的不合理和矛盾之处		
48	认识自己的品位，尊重自我的独特性		

计分标准：

选“是”计 1 分，选“否”计 0 分。统计八大智能得分，写在括号里。

语言智能：5，7，14，24，27，42。（　　）

数理逻辑智能：2，8，12，29，39，47。（　　）

空间智能：4，15，19，25，34，41。（　　）

身体运动智能：6，13，20，23，32，46。（　　）

音乐智能：10，17，26，28，30，45。（　　）

人际智能：1，22，31，33，35，44。（　　）

内省智能：11，16，36，38，40，48。（　　）

自然观察智能：3，9，18，21，37，43。（　　）

智能雷达图

统计各个维度得分，在智能雷达图中标出具体位置，将各点连接成线，生成独属于你的智能雷达图。

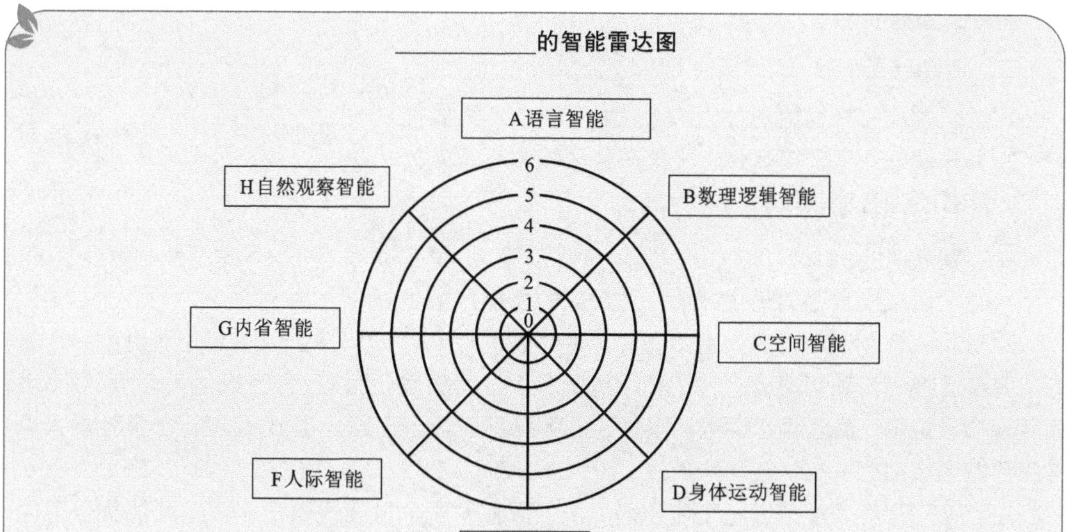

根据你的智能雷达图，参考“多元智能与职业”相关资料，完成下面内容。

优势智能 （得分排名前三的智能）	日常生活表现	对应职业	对应专业
你的智能分布特点			

智能擂台赛

一、活动场地

室内或室外皆可。

二、活动准备

1. 组织者提前将场地划分为八个区域，对应八大智能。
2. 事先做好八大智能名片，放置在各区域中心位置处。
3. 准备八大智能领域的擂主奖品。

三、活动过程

1. 同学们根据自己的最优智能，到相应的智能区域坐好。

2. 当同一智能区域内的人数不止一人时，需进行 PK。PK 方法：每人分别说出一个最能证明自己拥有该项智能的事件，然后请所有人进行投票（可以投自己或他人），票数多者获胜。如果持平，就继续列举生活事件，再次投票表决，直到分出胜负。最终获胜的人获得该智能区域的拥有权。

3. 当某一智能区域只有一个学生时，该生需列举一个最能代表个人该项智能优势的生活事件，然后由其他同学进行投票表决，票数过半则胜出，并且获得该智能区域的拥有权。若未通过，则需继续列举生活事件。每人均有两次机会，两次还未胜出者，需撤出该区域。

4. 挑战擂台：同学们可对任一智能区域的“擂主”发起挑战，挑战成功者成为“新擂主”。

四、挑战方式

（1）发起挑战的同学向“擂主”说出能证明自己在该智能上有更突出优势的事件，由其他同学投票表决，若票数超过原擂主，则意味着挑战成功，发起挑战者成为该智能区域新擂主。

（2）每人拥有两次攻擂机会。

五、颁奖

组织者为守擂成功的八大智能擂主颁发奖品。

六、分享交流

1. 活动过程中，你参与的角色（抢位者、挑战者、守擂者）有哪些？令你印象深刻的是什么角色？

2. 不同的角色体验，会带给你不一样的感受和想法，请具体说一说。

3. 现在的你，对自己的智能有哪些新的看法和认识？

生涯行动

兴趣与能力的整合

1. 梳理日常生活中的兴趣点和擅长的事务或学科，完成下表。

既感兴趣，又做得好的事务/学得好的学科	感兴趣，但做不好的事务/学不好的学科
不感兴趣，但做得好的事务/学得好的学科	不感兴趣，又做不好的事务/学不好的学科

兴趣与能力的关系

兴趣	能力	匹配结果	选科决策、志愿填报、职业选择
高	高	胜任愉快	优先考虑
高	低	吃力喜欢	挖掘潜能，弥补不足
低	高	胜任乏味	培养兴趣
低	低	痛苦不堪	回避

2. 子曰："君子不器。"你打算以什么样的方式方法提升优势智能，"扬长"发展，个性发展，进而将个人兴趣和能力整合到一起，发展成个人志趣，甚至是为之终生奋斗的人生使命？

第十课　发现和利用个人优势

生涯阅读

“韦神”的传奇①

数学天才韦东奕，以国际数学奥林匹克竞赛“满分”“金牌”的成绩被保送至北京大学，现为北京大学数学科学学院微分方程教研室研究员。

七岁时，父亲给他带回《华罗庚学校数学课本》，他爱不释手，沉迷其中，由此开启了数学王国的探秘之旅。恩师张永华发现他的数学天赋异于常人，便有意栽培。韦东奕充分挖掘个人优势，书写了自己在数学领域的传奇人生。

2010 年，丘成桐大学生数学竞赛，他以一己之力碾压清华大学和中国科学院大学的选手。

他担任北大助教时，教授向学生介绍他，这样说道：“你们有什么不懂的数学题目可以问我，我不懂的，问韦助教，韦助教不懂的，那一定是题目出错了。”

生涯知识

人类个人优势：“六大美德二十四项优势”

积极心理学核心发起人彼得森（Peterson）和塞利格曼（Seligman）通过调查研究，将人类个人优势归结为“六大美德二十四项优势”。

一、智慧——获取知识、运用知识的认知优势

1. 好奇心　2. 热爱学习　3. 判断力　4. 创造性　5. 社会智慧　6. 洞察力

---

① 蒋叔. 北大韦神被嘲无房无车？一张“工资表”曝光，扒光当下社会最虚伪的遮羞布[EB/OL].（2022－08－24）[2024－01－25]. https://mp. weixin. qq. com/s/2jcTOrPFyrCn2iRCD5_0DQ.

二、勇气——在实现目标的过程中，面对内部或外部压力仍坚持目标的情感优势

7. 勇敢　8. 毅力　9. 正直

三、仁爱——乐于照顾和帮助他人的人际优势

10. 仁慈　11. 爱

四、正义——能拥有健康、积极的团体生活的性格优势

12. 公民精神　13. 公平　14. 领导力

五、节制——具有自我约束的优势

15. 自我控制　16. 谨慎　17. 谦虚

六、精神卓越——能将个人生命的意义与更大的世界联系起来的优势

18. 美感　19. 感恩　20. 希望　21. 灵性　22. 宽恕　23. 幽默　24. 热忱

生涯体验

自由联想

当看到或听到“优势”“天赋”“潜能”这些词时，你会想到些什么？

寻找个人优势

1. 自评：请你从学习、生活、人际交往、个人成长等方面寻找你相对突出的，能让你投入更多时间、精力和心血并且感到身心愉悦的事件，写在下面的方框里。

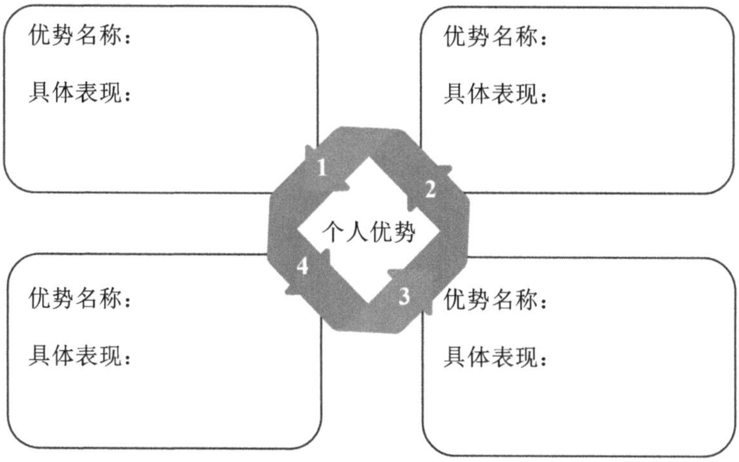

寻找优势痕迹

2. 他评：邀请班上同学、好友或老师帮你寻找个人优势，并写在下面的方框里。

优势名称：

具体表现：

青少年 VIA 美德与品格优势量表①

下面是青少年 VIA 美德与品格优势量表的纸质版，请你认真阅读下列条目，根据实际情况作答，答案没有好坏对错之分。

1. 好奇心

A. “即使一个人独处，我也不会觉得无聊”这句话：

5 非常符合我　　4 符合我

3 既没有符合也没有不符合　　2 不符合我　　1 非常不符合我

B. “如果我想获取知识和信息，我会查书或上网，我比同龄人更会这样做”这句话：

5 非常符合我　　4 符合我

3 既没有符合也没有不符合　　2 不符合我　　1 非常不符合我

请把上面两项的分数加起来写在这里________，这就是你的好奇心分数。

---

① 马丁·塞利格曼. 真实的幸福[M]. 洪兰，译. 沈阳：万卷出版公司，2010，7：237-248.

2. 热爱学习

A. “当我学新东西时，我会很兴奋”这句话：

5 非常符合我　4 符合我

3 既没有符合也没有不符合　2 不符合我　1 非常不符合我

B. “我很讨厌去博物馆”这句话：

1 非常符合我　2 符合我

3 既没有符合也没有不符合　4 不符合我　5 非常不符合我

请把上面两项的分数加起来写在这里________，这就是你的热爱学习分数。

3. 判断力

A. “当与朋友玩游戏发生争执时，我都能找出问题的原因”这句话：

5 非常符合我　4 符合我

3 既没有符合也没有不符合　2 不符合我　1 非常不符合我

B. “父母总说我做不了正确的判断”这句话：

1 非常符合我　2 符合我

3 既没有符合也没有不符合　4 不符合我　5 非常不符合我

请把上面两项的分数加起来写在这里________，这就是你的判断力分数。

4. 创造性

A. “我常常想出新的有趣的点子”这句话：

5 非常符合我　4 符合我

3 既没有符合也没有不符合　2 不符合我　1 非常不符合我

B. “我比同龄的其他人更有想象力”这句话：

5 非常符合我　4 符合我

3 既没有符合也没有不符合　2 不符合我　1 非常不符合我

请把上面两项的分数加起来写在这里________，这就是你的创造性分数。

5. 社会智慧

A. “不管我跟什么样的同龄人在一起，我都能立刻融入这个团体”这句话：

5 非常符合我　4 符合我

3 既没有符合也没有不符合　2 不符合我　1 非常不符合我

B. “当我觉得快乐、悲伤或愤怒时，我知道自己为什么会这样”这句话：

5 非常符合我　4 符合我

3 既没有符合也没有不符合　2 不符合我　1 非常不符合我

请把上面两项的分数加起来写在这里________，这就是你的社会智慧分数。

6. 洞察力

A. “大人常说我比我的实际年龄成熟”这句话：

5 非常符合我　4 符合我

3 既没有符合也没有不符合　2 不符合我　1 非常不符合我

B. “我知道哪些事对生活很重要”这句话：

5 非常符合我　4 符合我

3 既没有符合也没有不符合　　2 不符合我　　1 非常不符合我

请把上面两项的分数加起来写在这里________，这就是你的洞察力分数。

7. 勇敢

A.“即使我很害怕，我仍会坚持下去”这句话：

5 非常符合我　　4 符合我

3 既没有符合也没有不符合　　2 不符合我　　1 非常不符合我

B.“即使被人取笑，我仍会做我认为对的事”这句话：

5 非常符合我　　4 符合我

3 既没有符合也没有不符合　　2 不符合我　　1 非常不符合我

请把上面两项的分数加起来写在这里________，这就是你的勇敢分数。

8. 毅力

A.“我的父母总是赞美我做事有始有终”这句话：

5 非常符合我　　4 符合我

3 既没有符合也没有不符合　　2 不符合我　　1 非常不符合我

B.“因为我很努力去争取，所以我能得到想要的东西”这句话：

5 非常符合我　　4 符合我

3 既没有符合也没有不符合　　2 不符合我　　1 非常不符合我

请把上面两项的分数加起来写在这里________，这就是你的毅力分数。

9. 正直

A.“我从来不偷看别人的信件或日记”这句话：

5 非常符合我　　4 符合我

3 既没有符合也没有不符合　　2 不符合我　　1 非常不符合我

B.“我会用说谎以求脱身”这句话：

1 非常符合我　　2 符合我

3 既没有符合也没有不符合　　4 不符合我　　5 非常不符合我

请把上面两项的分数加起来写在这里________，这就是你的正直分数。

10. 仁慈

A.“我特意去向学校新来的人问好”这句话：

5 非常符合我　　4 符合我

3 既没有符合也没有不符合　　2 不符合我　　1 非常不符合我

B.“不用邻居或父母开口，我也会主动帮助他们”这句话：

5 非常符合我　　4 符合我

3 既没有符合也没有不符合　　2 不符合我　　1 非常不符合我

请把上面两项的分数加起来写在这里________，这就是你的仁慈分数。

11. 爱

A.“我知道自己是别人生命中最重要的人”这句话：

5 非常符合我　　4 符合我

3 既没有符合也没有不符合　　2 不符合我　　1 非常不符合我

B. “虽然我会与兄弟姐妹或同学、朋友争吵，但我仍很关心他们”这句话：

5 非常符合我　　4 符合我

3 既没有符合也没有不符合　　2 不符合我　　1 非常不符合我

请把上面两项的分数加起来写在这里________，这就是你的爱的分数。

12. 公民精神

A. “我很愿意属于某一个俱乐部或学校的某个社团”这句话：

5 非常符合我　　4 符合我

3 既没有符合也没有不符合　　2 不符合我　　1 非常不符合我

B. “在学校里，我能与团体合作得很好”这句话：

5 非常符合我　　4 符合我

3 既没有符合也没有不符合　　2 不符合我　　1 非常不符合我

请把上面两项的分数加起来写在这里________，这就是你的公民精神分数。

13. 公平

A. “即使我不喜欢某个人，我还是会很公平地对待他”这句话：

5 非常符合我　　4 符合我

3 既没有符合也没有不符合　　2 不符合我　　1 非常不符合我

B. “当我做错了事，我都会承认”这句话：

5 非常符合我　　4 符合我

3 既没有符合也没有不符合　　2 不符合我　　1 非常不符合我

请把上面两项的分数加起来写在这里________，这就是你的公平分数。

14. 领导力

A. “当我与别的同龄人玩游戏时，他们都让我当头儿”这句话：

5 非常符合我　　4 符合我

3 既没有符合也没有不符合　　2 不符合我　　1 非常不符合我

B. “作为头儿，我赢得了朋友或队友的信赖与尊敬”这句话：

5 非常符合我　　4 符合我

3 既没有符合也没有不符合　　2 不符合我　　1 非常不符合我

请把上面两项的分数加起来写在这里________，这就是你的领导力分数。

15. 自我控制

A. “如果必要，我随时都可以停下来，不玩电子游戏或不看电视”这句话：

5 非常符合我　　4 符合我

3 既没有符合也没有不符合　　2 不符合我　　1 非常不符合我

B. “我总是迟到，或迟交作业”这句话：

1 非常符合我　　2 符合我

3 既没有符合也没有不符合　　4 不符合我　　5 非常不符合我

请把上面两项的分数加起来写在这里________，这就是你的自我控制分数。

16. 谨慎

A. “我尽量不接触会带给我麻烦的环境或朋友”这句话：

5 非常符合我　　4 符合我
3 既没有符合也没有不符合　　2 不符合我　　1 非常不符合我
B.“大人常说我的所作所为都很恰当得体”这句话：
5 非常符合我　　4 符合我
3 既没有符合也没有不符合　　2 不符合我　　1 非常不符合我
请把上面两项的分数加起来写在这里________，这就是你的谨慎分数。

17. 谦虚

A.“相对于谈论我自己，我更喜欢听到别人谈论他们的事”这句话：
5 非常符合我　　4 符合我
3 既没有符合也没有不符合　　2 不符合我　　1 非常不符合我
B.“别人认为我是一个爱炫耀的孩子”这句话：
1 非常符合我　　2 符合我
3 既没有符合也没有不符合　　4 不符合我　　5 非常不符合我
请把上面两项的分数加起来写在这里________，这就是你的谦虚分数。

18. 美感

A.“我比同龄人更爱听音乐、看电影或跳舞”这句话：
5 非常符合我　　4 符合我
3 既没有符合也没有不符合　　2 不符合我　　1 非常不符合我
B.“我喜欢看树在秋天换颜色”这句话：
5 非常符合我　　4 符合我
3 既没有符合也没有不符合　　2 不符合我　　1 非常不符合我
请把上面两项的分数加起来写在这里________，这就是你的美感分数。

19. 感恩

A.“我发现生活中有许多我应该感恩的地方”这句话：
5 非常符合我　　4 符合我
3 既没有符合也没有不符合　　2 不符合我　　1 非常不符合我
B.“当别人帮助我时，我常忘了跟他们说谢谢”这句话：
1 非常符合我　　2 符合我
3 既没有符合也没有不符合　　4 不符合我　　5 非常不符合我
请把上面两项的分数加起来写在这里________，这就是你的感恩分数。

20. 希望

A.“当我考得不好时，我会想下一次会考好”这句话：
5 非常符合我　　4 符合我
3 既没有符合也没有不符合　　2 不符合我　　1 非常不符合我
B.“我想我会成为一个非常幸福的人”这句话：
5 非常符合我　　4 符合我
3 既没有符合也没有不符合　　2 不符合我　　1 非常不符合我
请把上面两项的分数加起来写在这里________，这就是你的希望分数。

21. 灵性

A. “我认为每个人都是特殊的，都有重要的生命意义”这句话：

5 非常符合我　　4 符合我

3 既没有符合也没有不符合　　2 不符合我　　1 非常不符合我

B. “当我遇到挫折时，我的宗教信仰常帮我渡过难关”这句话：

5 非常符合我　　4 符合我

3 既没有符合也没有不符合　　2 不符合我　　1 非常不符合我

请把上面两项的分数加起来写在这里________，这就是你的灵性分数。

22. 宽恕

A. “别人伤害了我，我并不会报复他”这句话：

5 非常符合我　　4 符合我

3 既没有符合也没有不符合　　2 不符合我　　1 非常不符合我

B. “我常原谅别人的过错”这句话：

5 非常符合我　　4 符合我

3 既没有符合也没有不符合　　2 不符合我　　1 非常不符合我

请把上面两项的分数加起来写在这里________，这就是你的宽恕分数。

23. 幽默

A. “大多数孩子会说，跟我在一起会很有趣”这句话：

5 非常符合我　　4 符合我

3 既没有符合也没有不符合　　2 不符合我　　1 非常不符合我

B. “当我的朋友心情不好时，我会说些笑话或做些好笑的事让他心情好起来”这句话：

5 非常符合我　　4 符合我

3 既没有符合也没有不符合　　2 不符合我　　1 非常不符合我

请把上面两项的分数加起来写在这里________，这就是你的幽默分数。

24. 热忱

A. “我热爱生命”这句话：

5 非常符合我　　4 符合我

3 既没有符合也没有不符合　　2 不符合我　　1 非常不符合我

B. “我每天早晨醒来时，都迫不及待开始新的一天”这句话：

5 非常符合我　　4 符合我

3 既没有符合也没有不符合　　2 不符合我　　1 非常不符合我

请把上面两项的分数加起来写在这里________，这就是你的热忱分数。

透视你的优势

请将上面得到的分数填入下面的表格，并由高到低排序。

- **智慧**

1. 好奇心________　　2. 热爱学习________　　3. 判断力________

4. 创造性________ 5. 社会智慧________ 6. 洞察力________

- **勇气**

7. 勇敢__________ 8. 毅力__________ 9. 正直__________

- **仁爱**

10. 仁慈_________ 11. 爱__________

- **正义**

12. 公民精神_____ 13. 公平_________ 14. 领导力_______

- **节制**

15. 自我控制_____ 16. 谨慎_________ 17. 谦虚_________

- **精神卓越**

18. 美感_________ 19. 感恩_________ 20. 希望_________ 21. 灵性_____
22. 宽恕_________ 23. 幽默_________ 24. 热忱_________

一般来说，你会有5项左右得到9分或10分，这些就是你的优势。你也会有几个项目的分数为4~6分，这些就是你的弱势。

优势同心圆

1. 将自评和他评的个人优势结果以及优势量表得到的结果进行整合，你发现重复出现的个人优势有____。

2. 请你将这些突出的个人优势进行排序，画出优势同心圆，并用彩笔将不同的优势同心圆涂上自己喜欢的颜色。

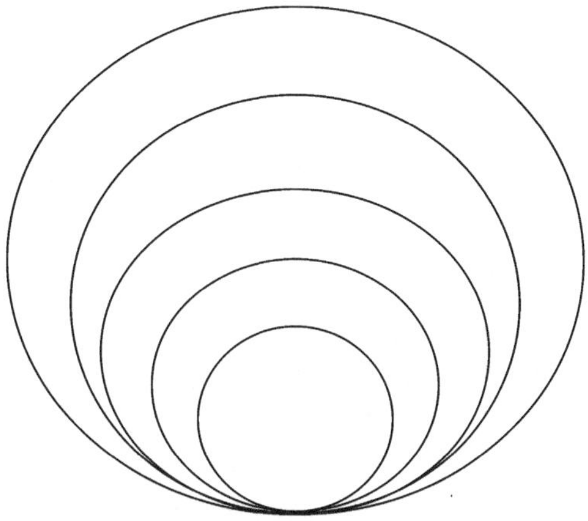

优势同心圆

3. 分享交流

（1）寻找和评估个人优势的过程中，你有什么感悟？最突出的感受是什么？

(2)对个人优势排序时，你依据的标准是什么？

(3)你的个人优势集中体现在哪些方面？

生涯行动

发扬优势，培育积极心理品质

一、思考

你打算以什么方式发挥个人优势，并落实在日常生活中，创造你的人生价值和意义？

例 1：如果你的个人优势是创造性，那么你可以每天尝试用不同的方法处理相同的事情或者进行创作。

例 2：如果你的突出优势是美感，那么你可以在休息时亲近大自然，欣赏自然风景，用心感受它们的美和变化。

例 3：如果你的突出优势是仁爱，那么你可以关爱身边的人，尽己所能帮助他们(前提是双方感到自在)。

温馨提示：同学们应用个人优势的途径和方法须符合社会主义核心价值观，有益于个人身心健康成长，即方向正确，使用节制，利人利己利家国。

二、知行合一

1. 从你的个人优势中选择一项，尝试着在日常生活中有意识地应用它，每天5次，持续5天，以强化优势并形成每天使用这一优势的习惯。

2. 留意并记录应用个人优势之前、之中和之后产生的感受、收获和变化。

第十一课　价值观与生涯发展

生涯阅读

中国脊梁“邓稼先”

邓稼先，安徽怀宁人，中共党员，核物理学家，中国科学院院士，“两弹一星功勋奖章”获得者，主要从事中国核武器的发展与研制工作。

“科学没有国界，但科学家有国籍。”1950 年 8 月 29 日，他毅然放弃国外优越条件，带着满脑子的关于原子核的知识和满腔的爱国热情，踏上了回国之路。

从此，他把全部心血倾注到原子弹研制中。从试验场地、柏油路、原子弹教学模型厅等设施建设，到原子弹理论探索和研究、数据运算等工作，他都亲力亲为，永远奋斗在第一线。1979 年，一次爆炸实验失败了，为了找到原因，他孤身一人走进无人区，在原子弹被摔碎的地方找到了核弹头，用手捧着，走了出来。

身为医学教授的妻子知道他“抱”了摔碎的原子弹，在他回京时强拉他去检查，结果发现他小便中带有放射性物质，肝脏受损，骨髓里也侵入了放射物。但是，邓稼先仍坚持回核试验基地，坚持自己去装雷管，并首次以院长的名义命令周围人：“你们还年轻，你们不能去！”

1985 年，邓稼先因长期接触核物质，患上了癌症。1986 年 7 月 29 日，这位中国的“两弹元勋”永远离开了我们，他临终时留下遗言：“不要让人家把我们落得太远。”①

① 汪玉燕. 邓稼先的故事［EB/OL］.（2023－02－12）［2024－01－25］. https://mp. weixin. qq. com/s/E9dLb1vY3HTVuPD0Lh2G4Q.

生涯知识

价值观

价值观是个体在日常生活和工作中看重的原则、标准和品质，是个体对周围事物的是非、善恶和重要性的评价。价值观不同，每个人表现出来的性格特点、生活方式、为人处世态度、人际交往模式也不同。坚守个人价值观的同时，还要学会尊重和接纳他人价值观。

价值观会因个体所处的生涯发展阶段、社会环境、需求、阅历等方面的变化而变化，需要不断审视、思辨和澄清。

价值观本身没有好坏之分，哪怕个体把金钱作为唯一的目的去追逐，也无可厚非，只要不触犯法律、不违背社会道德和社会主义核心价值观即可。

洛特克价值观理论

美国心理学家洛特克于 1937 年在《人类价值观的本质》中提出了十三种价值观。

1. 成就感：提升社会地位，得到社会认同；希望工作能得到他人认可，从工作的完成和挑战成功中得到满足。

2. 审美追求：能有机会多方面欣赏周围的人、事、物，或任何自己觉得重要、有意义的事物。

3. 挑战：会用聪明才智来解决问题，舍弃传统方法，选择创新方法处理事物。

4. 健康：包括身体和心理健康。工作能免于焦虑、紧张和恐惧。

5. 收入与财富：工作能明显、有效地改善自己的财务状况，收入和财富能满足自己的生活需求。

6. 独立性：工作有弹性，可充分掌握自己的时间和行动，自由度高。

7. 爱、家庭、人际关系：关心他人，与他人分享，协助他人解决问题，待人慷慨。

8. 道德感：价值观与工作目标、工作任务或使命不冲突。

9. 欢乐：享受生活，与他人共同享受美好时光。

10. 权力：能影响和控制他人，使他人按照自己的意愿行动。

11. 安全感：能满足基本需求，远离突如其来的变动。

12. 自我成长：能追求知识上的刺激，寻求更圆满的人生，在知识、智慧和人生体悟等方面有所提升。

13. 协助他人：认识到自己的付出对团体是有帮助的，他人会因你的行为而受惠。

职业价值观

职业价值观指与职业有关的价值观，反映了个体对职业优劣和重要性的评价。

职业锚理论

职业锚理论是由美国麻省理工学院斯隆商学院埃德加·施恩教授提出来的，指的是职业系留点、职业价值取向点，是个体选择和发展职业时，无论如何都不会放弃的职业中至关重要的价值取向点，其核心是职业的动机和需要、才干和能力、态度和价值观。

职业锚分为八种类型：自主/独立型、创业/创造型、挑战型、技术/职能型、生活型、服务型、管理型、安全/稳定型。

1. 自主/独立型：自主安排自己的工作时间、工作方式和生活方式，使工作和生活不相冲突。追求能施展个人能力的工作环境，最大限度摆脱组织的限制和约束。宁愿放弃提升或工作拓展，也不愿意放弃自由与独立。

2. 创业/创造型：有强烈的自我提升意识和团队精神，勇于创新实践，敢于克服困难。希望凭能力创建自己的公司、研发产品（或服务），愿意冒险和克服障碍。初期可能在别人的公司工作，同时会学习和评估将来的机会，一旦感觉时机成熟，便会独立创建公司。

3. 挑战型：追求新奇、创新和困难的目标，珍惜允许挑战各种不可能的工作机会，喜欢迎难而上，战胜挑战、实现突破，获得成就感。

4. 技术/职能型：追求技术/职能领域的成长、提高、突破和应用实践的机会，认可自己的专业水平，喜欢面对专业领域的挑战，不喜欢从事一般的管理工作。事业发展走技术成才的路线，力争发展成为技术权威，不愿放弃技术成就。

5. 生活型：追求工作与家庭生活的平衡，期望工作家庭能够兼顾，认为工作只是生活的部分，是生活稳定的保障。喜欢稳定且相对宽松的工作环境，愿意牺牲职业发展机会而兼顾和谐的生活状态，不愿意经常加班加点工作和付出。

6. 服务型：追求帮助他人克服困难、改善他人生存状态，关注弱势群体，喜欢志愿服务，参与社区公共事业，捐助受灾地区，期望在奉献中得到价值认可和发展机会。

7. 管理型：追求管理技能的提升和卓越，认可自我管理能力，喜欢全面管理，或独自负责一个部门，能够整合跨部门资源和成果，承担部门或单位的管理职责，致力于管理岗位的晋升发展。

8. 安全/稳定型：追求和保障工作的安全与稳定感，坚持对工作的诚信和忠诚，尽力完成工作职责，实现工作、财务、生活、生命的安全和稳定。

生涯体验

求职困扰

张露大学毕业找工作时，收到了两个单位的回复：一个是去小县城教书，一个是在大城市做普通职员。详细了解后，她得知教师工作任务重，工作时间长，升学压力大，月薪实发两三千，有寒暑假；公司职员发展空间比较大，发展机会多，人际关系复杂，月薪收入五六千。两份工作各有所长，如何抉择呢？她陷入了纠结。

如果你是张露，你会如何选择？理由是什么？

价值观垂钓

假设你和朋友去钓鱼，其中有13条鱼具有自己的特质，你可以钓5条你认为十分有价值的鱼，你会选哪5条？对于其中没有自己特质的鱼，你可以赋予它们你认为重要的特质。

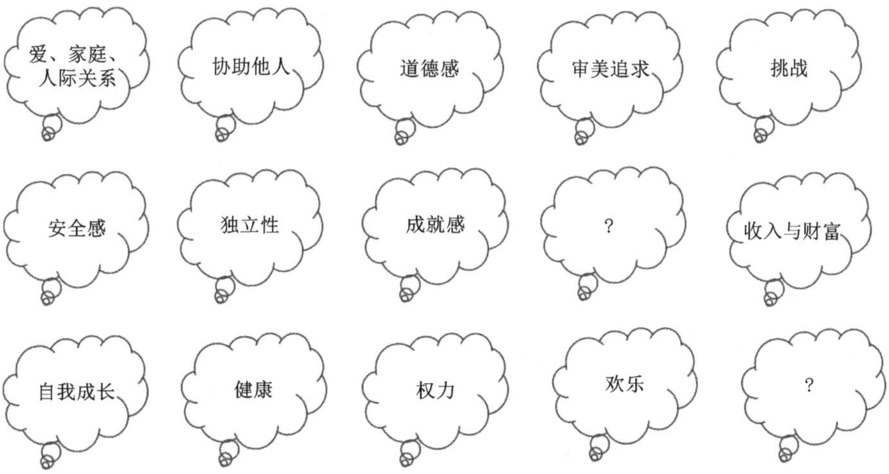

提着5条你认为十分有价值的鱼（价值观）____，你们打道回府。但是，回家之路并不顺畅，发生了一些意想不到的事情。

1. 渔网破了个洞，跑了一条鱼（价值观），你舍弃____________；
2. 回家路上不小心踉跄了一下，丢失了一条鱼（价值观），你舍弃____________；
3. 好朋友来了，你打算送他一条鱼（价值观），你舍弃____________；
4. 妈妈想拿一条鱼（价值观）做菜，你舍弃____________；
5. 最后，你留下的鱼（价值观）是____________。
6. 在陆陆续续的舍弃过程中，你最强烈、最突出的感受是____________，产生的想法有____。

7. 如果一个小组只能有一条鱼（价值观）存在，请小组组员集体讨论留下哪条鱼（价值观）。最终，你们组认为最值得留下的鱼（价值观）是____________________。你们组做出抉择的理由是____
____。

8. 此活动带给你的启发或感悟是____
____
____。

职业价值观探索

1. 有关职业的自由联想：我喜欢（期待）从事……的职业。两分钟内尽可能多地写下你头脑中想到的词语。例如：有挑战性、实现自我价值、帮助他人等。

我喜欢____
____的职业。

2. 思考：

（1）选择职业时，你看重的是什么？

（2）当你和他人（亲朋好友）看重的内容不一致时，你怎么办？

（3）拥有这样职业价值观的你，想往哪些方面发展？适合从事哪些职业？

WVI 职业价值观量表

指导语：请根据自身实际情况如实作答，答案没有好坏对错之分。

条目	非常不重要	比较不重要	一般	比较重要	非常重要
1. 工作必须经常解决新的问题	1	2	3	4	5
2. 工作能为社会福利带来看得见的效果	1	2	3	4	5
3. 工作奖金很高	1	2	3	4	5
4. 工作内容经常变换	1	2	3	4	5

续上表

条目	非常不重要	比较不重要	一般	比较重要	非常重要
5. 能在工作范围内自由发挥	1	2	3	4	5
6. 工作能使同学、朋友非常羡慕你	1	2	3	4	5
7. 工作带有艺术性	1	2	3	4	5
8. 工作能让你感觉到你是团体中的一分子	1	2	3	4	5
9. 不论你怎么干，总能和大多数人一样晋级和涨工资	1	2	3	4	5
10. 有可能需要经常变换工作地点、场所或工作方式	1	2	3	4	5
11. 工作中能接触到各种不同的人	1	2	3	4	5
12. 上下班时间比较随便、自由	1	2	3	4	5
13. 工作能使自己不断获得成功的感觉	1	2	3	4	5
14. 工作能赋予自己高于别人的权力	1	2	3	4	5
15. 工作中能试行一些自己的新想法	1	2	3	4	5
16. 工作中不会因为身体或能力等因素，被人瞧不起	1	2	3	4	5
17. 能从工作成果中，知道自己做得不错	1	2	3	4	5
18. 工作要求经常外出，参加各种集会和活动	1	2	3	4	5
19. 只要你干上这份工作，就不再被调到其他意想不到的单位和工种上去	1	2	3	4	5
20. 工作能使世界更美丽	1	2	3	4	5
21. 工作中不会有人常来打扰你	1	2	3	4	5
22. 只要努力，工资会高于其他同龄人，升级或涨工资的可能性比做其他工作大得多	1	2	3	4	5
23. 工作是一项对智力的挑战	1	2	3	4	5
24. 工作要求你把一些事务管理得井井有条	1	2	3	4	5
25. 工作单位有舒适的休息室、更衣室、浴室及其他设备	1	2	3	4	5
26. 工作有可能结识各行各业的知名人物	1	2	3	4	5
27. 能和同事建立良好的关系	1	2	3	4	5
28. 在别人眼中，你的工作是很重要的	1	2	3	4	5
29. 工作中经常接触到新鲜事物	1	2	3	4	5
30. 工作中能常常帮助别人	1	2	3	4	5
31. 在工作单位中，有可能经常变换工作	1	2	3	4	5
32. 你的工作作风能让你得到他人尊重	1	2	3	4	5

续上表

条目	非常不重要	比较不重要	一般	比较重要	非常重要
33. 同事和领导人品较好，相处比较随便	1	2	3	4	5
34. 工作会使许多人认识你	1	2	3	4	5
35. 工作场所很好，比如有适度的灯光，安静、清洁的工作环境，甚至恒温、恒湿等优越条件	1	2	3	4	5
36. 工作中能为他人服务，使他人感到很满意，自己也很高兴	1	2	3	4	5
37. 工作中需要计划和组织别人的工作	1	2	3	4	5
38. 工作中需要敏锐地思考	1	2	3	4	5
39. 工作能使你获得较多的额外收入，如常发实物、常购买打折商品、常发商品提货券、有机会购买进口货等	1	2	3	4	5
40. 工作中能不受别人差遣	1	2	3	4	5
41. 工作结果是一种艺术，而不是一般的产品	1	2	3	4	5
42. 工作中不必担心会因为所做之事令领导不满意而受到训斥或经济惩罚	1	2	3	4	5
43. 工作中能和领导有融洽的关系	1	2	3	4	5
44. 工作中能看到自己努力工作的成果	1	2	3	4	5
45. 工作中常常要提出许多新的想法	1	2	3	4	5
46. 工作中能经常获得许多人的感谢	1	2	3	4	5
47. 工作成果常能得到上级、同事或社会的肯定	1	2	3	4	5
48. 工作中可能担任负责人，虽然可能只领导几个人，但你信奉“宁做兵头，不做将尾”的俗语	1	2	3	4	5
49. 从事的工作，经常被报刊或电视提到，知名度高	1	2	3	4	5
50. 工作中有数量可观的夜班费、加班费、保健费或营养费	1	2	3	4	5
51. 工作比较轻松，精神上也不紧张	1	2	3	4	5
52. 工作需要和影视、戏剧、音乐、美术、文学等艺术打交道	1	2	3	4	5

资料来源：WVI 工作价值观量表[EB/OL].(2021-11-01)[2024-01-25].https://www.renrendoc.com/paper/160165144.html.

计分方法与结果解释：

工作价值观	题号	得分	排序	结果解释
利他主义	2，30，36，46			工作的目的和价值，在于直接为大众的幸福和利益尽一份力

续上表

工作价值观	题号	得分	排序	结果解释
美感	7，20，41，52			工作的目的和价值，在于能不断追求美的事物，得到美感的享受
智力刺激	1，23，38，45			工作的目的和价值，在于不断进行智力操作，思考，学习以及探索新事物，解决新问题
成就感	13，17，44，47			工作的目的和价值，在于不断创新，不断取得成就，不断得到领导与同事的赞扬，或不断实现自己想要做的事
独立性	5，15，21，40			工作的目的和价值，在于能充分发挥自己的独立性和主动性，按自己的方式、步调或想法去做，不受他人的干扰
社会地位	6，28，32，49			工作的目的和价值，在于所从事的工作在人们的心目中有较高的社会地位，从而使自己得到他人的重视与尊敬
管理	14，24，37，48			工作的目的和价值，在于获得对他人或某事物的管理支配权，能指挥和调遣一定范围内的人或事物
经济报酬	3，22，39，50			工作的目的和价值，在于获得优厚的报酬，使自己有足够的财力去获得自己想要的东西，生活过得较为富足
社会交际	11，18，26，34			工作的目的和价值，在于能和各种人交往，建立比较广泛的社会联系和关系，甚至能和知名人物结识
安全感	9，16，19，42			不管自己能力怎样，希望在工作中有一个安稳局面，不会因为奖金、涨工资、调动工作或领导训斥等经常提心吊胆、心烦意乱
舒适	12，25，35，51			希望能将工作作为一种消遣、休息或享受的形式，追求比较舒适、轻松、自由、优越的工作条件和环境
人际关系	8，27，33，43			希望一起工作的大多数同事和领导人品较好，相处在一起感到愉快、自然，认为这是很有价值的事，是一种极大的满足
变异性或追求新意	4，10，29，31			希望工作的内容经常变换，工作和生活显得丰富多彩，不单调枯燥

生涯行动

你打算以什么样的方式将个人发展与自己的兴趣能力、价值观相结合，一同融入未来国家、民族和人类社会甚至宇宙的发展之中？

第三篇

赋能生涯行动

第十二课　了解职业

生涯阅读

她为何频繁跳槽?①

毕业于某大学金融专业的张维维，大学期间勤奋努力，多元发展，兼修日语的同时，拿到了保险代理资格证、会计从业资格证和驾驶证。毕业后，她顺利找到了某私企的会计工作。试用期三个月后，她发现自己并不喜欢会计工作，于是辞职到保险公司，做起了销售，但两个月后由于没有业绩，被公司淘汰。接下来的半年时间里，张维维做过前台接待、理财顾问、电话销售、部门助理等工作，但均没超过三个月。

生涯知识

《国民经济行业分类》(GB/T 4754—2017，2019 年修订)②

门类代码	类别名称
A	农、林、牧、渔业： 农业、林业、畜牧业、渔业及辅助性活动
B	采矿业： 煤炭开采和洗选业，石油和天然气开采业，黑色金属矿采选业，有色金属矿采选业，非金属矿采选业，开采专业及辅助性活动，其他采矿业

① 职场员工频繁跳槽的现象解读[EB/OL]. https://wenku. baidu. com/view/e5c433ec82c4bb4cf7ec4afe04a1b0717ed5b31b. html? _wkts_ = 1706094802609&bdQuery =%E8%81%8C%E5%9C%BA%E5%91%98%E5%B7%A5%E9%A2%91%E7%B9%81%E8%B7%B3%E6%A7%BD%E7%9A%84%E7%8E%B0%E8%B1%A1%E8%A7%A3%E8%AF%BB.

② 关于执行国民经济行业分类第 1 号修改单的通知[EB/OL]. (2019-05-20)[2024-01-25]. https://www. stats. gov. cn/xxgk/tjbz/gjtjbz/201905/t20190521_1758938. html.

续上表

门类代码	类别名称
C	制造业： 农副食品加工业，食品制造业，酒、饮料和精制茶制造业，烟草制品业，纺织业，纺织服装、服饰业，皮革、毛皮、羽毛及其制品和制鞋业，木材加工和木、竹、藤、棕、草制品业，家具制造业，造纸和纸制品业，印刷和记录媒介复制业，文教、工美、体育和娱乐用品制造业，石油、煤炭及其他燃料加工业，化学原料和化学制品制造业，医药制造业，化学纤维制造业，橡胶和塑料制品业，非金属矿物制品业，黑色金属冶炼和压延加工业，有色金属冶炼和压延加工业，金属制品业，通用设备制造业，专用设备制造业，汽车制造业，铁路、船舶、航空航天和其他运输设备制造业，电气机械和器材制造业，计算机、通信和其他电子设备制造业，仪器仪表制造业，其他制造业，废弃资源综合利用业，金属制品、机械和设备修理业
D	电力、热力、燃气及水生产和供应业： 电力、热力生产和供应业，燃气生产和供应业，水的生产和供应业
E	建筑业： 房屋建筑业，土木工程建筑业，建筑安装业，建筑装饰、装修和其他建筑业
F	批发和零售业： 批发业，零售业
G	交通运输、仓储和邮政业： 铁路运输业，道路运输业，水上运输业，航空运输业，管道运输业，多式联运和运输代理业，装卸搬运和仓储业，邮政业
H	住宿和餐饮业： 住宿业，餐饮业
I	信息传输、软件和信息技术服务业： 电信、广播电视和卫星传输服务，互联网和相关服务，软件和信息技术服务业
J	金融业： 货币金融服务，资本市场服务，保险业，其他金融业
K	房地产业
L	租赁和商务服务业： 租赁业，商务服务业
M	科学研究和技术服务业： 研究和试验发展，专业技术服务业，科技推广和应用服务业
N	水利、环境和公共设施管理业： 水利管理业，生态保护和环境治理业，公共设施管理业，土地管理业
O	居民服务、修理和其他服务业： 居民服务业，机动车、电子产品和日用产品修理业，其他服务业
P	教育

续上表

门类代码	类别名称
Q	卫生和社会工作： 卫生，社会工作
R	文化、体育和娱乐业： 新闻和出版业，广播、电视、电影和录音制造业，文化艺术业，体育，娱乐业
S	公共管理、社会保障和社会组织： 中国共产党机关，国家机构，人民政协、民主党派，社会保障，群众团体、社会团体和其他成员组织，基层群众自治组织及其他组织
T	国际组织

资料来源：国家统计局官网。

《中华人民共和国职业分类大典(2022年版)》[①]

新版大典包括大类8个、中类79个、小类449个、细类(职业)1639个，新增"法律事务及辅助人员"等4个中类，"数字技术工程技术人员"等15个小类，"碳汇计量评估师"等155个职业。此次大典修订，围绕制造强国、数字中国、绿色经济、依法治国、乡村振兴等国家战略需要，专门增设和调整了相关中类、小类和职业。例如，围绕制造强国，把"工业机器人操作员"和"运维人员"纳入大典当中；根据乡村振兴需要，把"农业数字化技术员"和"农业经理人"纳入大典当中；根据数字中国，增设了"密码工程技术人员""碳管理工程技术人员""金融科技师"等29个新职业。

《中华人民共和国职业分类大典（2022年版)》之数字职业

序号	职业编码	职业名称
1	2-02-01-02	地球物理地球化学与遥感勘查工程技术人员
2	2-02-02-01	大地测量工程技术人员
3	2-02-02-02	工程测量工程技术人员
4	2-02-02-03	摄影测量与遥感工程技术人员
5	2-02-02-04	地图制图工程技术人员
6	2-02-02-05	海洋测绘工程技术人员
7	2-02-02-06	地理国情监测工程技术人员
8	2-02-02-07	地理信息系统工程技术人员
9	2-02-02-08	导航与位置服务工程技术人员

① 国家职业分类大典首次标识数字职业[EB/OL].(2022-10-28)[2024-01-25]. http://www.mohrss.gov.cn/SYrlzyhshbzb/dongtaixinwen/buneiyaowen/rsxw/202210/t20221028_489104.html.

续上表

序号	职业编码	职业名称
10	2-02-02-09	地质测绘工程技术人员
11	2-02-07-07	自动控制工程技术人员
12	2-02-09-03	雷达导航工程技术人员
13	2-02-09-05	广播视听设备工程技术人员
14	2-02-10-01	通信工程技术人员
15	2-02-10-03	计算机软件工程技术人员
16	2-02-10-04	计算机网络工程技术人员
17	2-02-10-05	信息系统分析工程技术人员
18	2-02-10-06	嵌入式系统设计工程技术人员
19	2-02-10-07	信息安全工程技术人员
20	2-02-10-08	信息系统运行维护工程技术人员
21	2-02-14-02	广播电视传输覆盖工程技术人员
22	2-02-18-05	工程勘察与岩土工程技术人员
23	2-02-22-01	海洋调查与监测工程技术人员
24	2-02-22-02	海洋环境预报工程技术人员
25	2-02-22-04	海洋工程勘察设计工程技术人员
26	2-02-25-01	气象观测工程技术人员
27	2-02-25-02	天气预报工程技术人员
28	2-02-25-03	气候监测预测工程技术人员
29	2-02-25-04	气象服务工程技术人员
30	2-02-25-05	人工影响天气工程技术人员
31	2-02-26-01	地震监测预测工程技术人员
32	2-02-30-02	物流工程技术人员
33	2-02-30-08	信息管理工程技术人员
34	2-02-30-09	数据分析处理工程技术人员
35	2-02-30-11	供应链工程技术人员
36	2-02-34-02	工业设计工程技术人员
37	2-02-38-01	人工智能工程技术人员
38	2-02-38-02	物联网工程技术人员
39	2-02-38-03	大数据工程技术人员
40	2-02-38-04	云计算工程技术人员

续上表

序号	职业编码	职业名称
41	2-02-38-05	智能制造工程技术人员
42	2-02-38-06	工业互联网工程技术人员
43	2-02-38-07	虚拟现实工程技术人员
44	2-02-38-08	区块链工程技术人员
45	2-02-38-09	集成电路工程技术人员
46	2-02-38-10	机器人工程技术人员
47	2-02-38-11	增材制造工程技术人员
48	2-02-38-12	数据安全工程技术人员
49	2-02-38-13	密码工程技术人员
50	2-06-07-13	数字化管理师
51	2-06-14-00	金融科技师
52	2-09-06-07	数字媒体艺术专业人员
53	2-10-02-04	数字出版编辑
54	2-10-02-05	网络编辑
55	4-01-06-01	电子商务师
56	4-01-06-02	互联网营销师
57	4-02-06-05	供应链管理师
58	4-04-02-01	信息通信网络机务员
59	4-04-02-03	信息通信网络动力机务员
60	4-04-02-05	无线电监测与设备运维员
61	4-04-04-01	信息通信网络运行管理员
62	4-04-04-02	网络与信息安全管理员
63	4-04-04-03	信息通信信息化系统管理员
64	4-04-04-04	信息安全测试员
65	4-04-04-05	数字化解决方案设计师
66	4-04-04-06	密码技术应用员
67	4-04-05-01	计算机程序设计员
68	4-04-05-02	计算机软件测试员
69	4-04-05-04	数据库运行管理员
70	4-04-05-05	人工智能训练师
71	4-04-05-06	区块链应用操作员

续上表

序号	职业编码	职业名称
72	4-04-05-07	服务机器人应用技术员
73	4-04-05-08	电子数据取证分析师
74	4-04-05-09	信息系统适配验证师
75	4-04-05-10	数字孪生应用技术员
76	4-04-05-11	虚拟现实产品设计师
77	4-06-01-04	智能楼宇管理员
78	4-07-02-05	商务数据分析师
79	4-08-01-01	航空气象员
80	4-08-03-01	大地测量员
81	4-08-03-02	摄影测量员
82	4-08-03-04	工程测量员
83	4-08-03-06	海洋测绘员
84	4-08-08-23	建筑信息模型技术员
85	4-08-08-26	工业设计工艺师
86	4-08-08-29	桌面游戏设计师
87	4-09-07-05	碳汇计量评估师
88	4-12-02-03	信息通信网络终端维修员
89	4-13-01-05	全媒体运营师
90	4-13-01-06	档案数字化管理师
91	4-14-05-07	电子竞技员
92	5-05-01-03	农业数字化技术员
93	6-11-01-03	化工总控工
94	6-18-01-13	增材制造设备操作员
95	6-31-07-01	工业机器人系统运维员
96	6-31-07-02	工业视觉系统运维员
97	6-31-07-03	工业机器人系统操作员

特别说明：

电子竞技员是从事不同类型电子竞技项目比赛、陪练、体验及活动表演的人员，主要工作任务包括：①参加电子竞技项目比赛；②进行专业化的电子竞技项目训练活动；③收集和研究电竞战队动态、电竞游戏内容，提供专业的电竞数据分析；④参与电竞游戏的设计和策划，体验电竞游戏并提出建议；⑤参与电竞活动的表演。

2022 年第四季度全国招聘大于求职的“最缺工”的 100 个职业排行

说明：本期数据来源于全国 102 个定点监测城市公共就业服务机构填报的人力资源市场招聘和求职数据。

序号	职业名称	职业定义
1	营销员	从事市场调查、商品与服务推销工作的人员
2	汽车生产线操作工	操作、调整汽车涂装、焊装、冲压、机加、热处理、锻造、铸造等生产线设备、工装以及加工汽车零部件的人员
3	快递员	从事快件揽收、派送和客户信息收集、关系维护及业务推广工作的人员
4	餐厅服务员	在餐饮场所中，安排顾客座位，点配菜，进行宴会设计、装饰、布置等就餐服务的人员
5	商品营业员	在零售实体店中，进行商品整理、销售、管理，并为客户提供服务的人员
6	家政服务员	从事家务料理、家庭成员照护、家庭事务管理等工作的人员
7	保洁员	从事公共场所、公共区域、公共设施、公共水域的水面以及建筑物内外清洁、维护工作的人员
8	保安员	为公民、法人和其他组织提供安全防范服务的人员
9	包装工	使用包装设备或手工使用包装材料，将包装物品装入包装容器和封缄、包扎包装物品的人员
10	车工	操作车床，进行工件旋转表面切削加工的人员
11	不便分类的其他从业人员	不便分类的其他从业人员
12	焊工	使用焊机或焊接设备，焊接金属工件的人员
13	机械制造工程技术人员	从事机械制造加工工艺、工艺装备品研发和生产技术组织的工程技术人员
14	养老护理员	从事老年人生活照料、护理服务工作的人员
15	客户服务管理员	在企业中，从事售前、售中、售后客户服务活动管理工作的人员
16	缝纫工	使用缝纫设备或工具，将纺织品、皮革等主、辅料裁片缝制成半成品或成品的人员
17	质检员	使用设备、工具或运用感官，检验、检查、确定原料、燃料、材料和半成品、成品等产品质量的人员
18	装配钳工	用机械或工装、工具，进行机械设备产品部件、组件或成品组合装配与调试的人员
19	市场营销专业人员	从事市场分析、产品宣传促销、生产经营决策咨询服务的专业人员

续上表

序号	职业名称	职业定义
20	客房服务员	在饭店、宾馆、旅游客船等住宿场所清洁和整理客房，并提供宾客迎送、住宿等服务的人员
21	电工	使用工具、量具、仪器、仪表，安装、调试、维护、修理机械设备电部分和电气系统线路及器件的人员
22	房地产经纪人	在房地产交易活动中，提供房源、客源及房地产交易等信息，协助实地查看房地产，代拟交易合同，代办贷款和不动产登记手续等服务工作的人员
23	保险代理人	从事保险业务代理、保险产品推介，协助客户办理保险业务手续的人员
24	装卸搬运工	使用工具、机具，进行车船货物装卸、堆垛、入库、出库等作业的人员
25	育婴员	在0~3岁婴幼儿家庭从事婴幼儿日常生活照料、护理和辅助早期成长的人员
26	前厅服务员	为宾客提供咨询、迎送、入住登记、结账等前厅服务的人员
27	铸造工	操作熔炼、造型等设备，混制造型材料，使用称重、测温、成分检测等仪器或工具熔炼金属原料，将熔融金属液浇注进模型形成铸件的人员
28	仪器仪表制造工	使用工具、机械设备、检测装备和工艺装备，进行仪器仪表产品及零部件或自动化控制系统加工生产组合装配、调试检测的人员
29	理货员	从事商品与货物的整理、拣选、配货、包装、复核、置唛和货物交接、验收、堆码、计量等工作的人员
30	化工单元操作工	操作过滤、换热、蒸发、蒸馏、萃取等化工单元设备，加工处理物料的人员
31	网约配送员	通过移动互联网平台等，从事接收、验视客户订单，并根据订单需求，按照平台智能规划路线，在一定时间内将订单物品递送至指定地点的服务人员
32	机械设计工程技术人员	从事机械设计技术方法研究、产品和工厂设计、产品性能测试、设计流程管理的工程技术人员
33	工程机械维修工	使用检测仪器、检修机具和诊断设备等，进行工程机械主机、总成件及主要零配件诊断、维修、试车和保养的人员
34	快件处理员	从事快件及总包的接收、卸载、分拨、集包、装载、发运等工作的人员
35	卫生检疫人员	在口岸从事检疫查验、卫生监督、传染病监测、卫生处理的技术人员
36	裁剪工	使用裁剪设备或专用工具，进行纺织品、皮革、复合材料等裁剪的人员

续上表

序号	职业名称	职业定义
37	道路客运汽车驾驶员	驾驶客运机动车运送乘客并提供服务的人员
38	机修钳工	使用工具、量具、仪器、仪表，维护和修理设备机械部分的人员
39	仓储管理员	从事仓储物品出入库、储存、账务等管理工作的人员
40	汽车零部件再制造工	使用设备或专用工装、手工工具进行回收汽车零部件拆解、清洗修复、加工、装调、检验的人员
41	冲压工	操作冲压、钣金、折弯、卷板等设备，加工处理金属板材、型材、管材及线材等的人员
42	收银员	在消费场所，从事顾客现金、支票收取或金融卡支付办理等工作的人员
43	电子商务师	在互联网及现代信息技术平台上从事商务活动的人员
44	液晶显示器件制造工	操作镀膜、曝光、显影等设备，制作、装配和调试液晶显示器的人员
45	工程机械装配调试工	使用专用器具，装配、安装和调试起重、混凝土、掘进及凿岩等工程机械的人员
46	企业经理	在企业中，经董事会或出资人聘任，或经职代会选举，或经上级任命的企业负责人
47	计算机软件工程技术人员	从事计算机软件研究、需求分析、设计、测试、维护和管理的工程技术人员
48	金属热处理工	操作热处理设备，进行金属材料、坯件或工件退火、正火、调质、表面淬火、回火、渗碳、渗氮等热处理加工的人员
49	半导体芯片制造工	操作外延炉、高温氧化扩散炉、光刻机、电击台等设备，制造半导体分立器件、集成电路、传感器芯片的人员
50	呼叫中心服务员	从事信息查询、业务咨询和受理投诉处理、客户回访及话务管理等工作的人员
51	机械设备安装工	使用工具、机具、检测器具等，安装、调试机械设备、生产线和静置设备，以及制作、安装非标准设备的人员
52	物业管理员	在物业管理区域内，组织安排物业设施的维修养护、环境卫生的美化绿化、公共秩序的维护等工作的人员
53	汽车工程技术人员	从事汽车产品、工艺、汽车商务研发、设计，并指导汽车产品生产和再制造的工程技术人员
54	化学研究人员	从事有机化学、无机化学、物理化学、分析化学、生物化学、核化学、化学物理学、高分子化学、药物化学、化学工程学等理论研究与应用研究的专业人员
55	采购员	从事市场供求信息调查、商品采购工作的人员

续上表

序号	职业名称	职业定义
56	行政办事员	在公共管理和社会组织机构中从事具体行政业务办理，以及基层人民政府和派出机构中从事司法助理、民政助理等行政业务的人员
57	多工序数控机床操作调整工	操作数控机加工生产线、数控组合机床、复合机床和加工中心等进行工件切削加工的人员
58	家畜饲养员	操作供料设备和圈养设施，饲喂家畜和收集乳、毛绒等产出品的人员
59	国际商务专业人员	从事国际间商品、技术贸易等商务活动的专业人员
60	道路货运汽车驾驶员	驾驶货运机动车运输货物并提供服务的人员
61	模具工	使用钻床、划规等常用钳工工具以及压力机或注塑机等成形设备，按技术要求对模具进行加工、装配、调试和维修的人员
62	起重装卸机械操作工	操作起重、装卸、吊运等机械设备，吊运、装卸物料的人员
63	金属材料工程技术人员	从事金属材料研究开发及生产技术应用的工程技术人员
64	电子元器件工程技术人员	从事电子元器件、电子封装和电子元器件试验与检测研发、设计、生产指导的工程技术人员
65	电子专用设备装调工	使用真空镀膜机、键合机等设备、仪器仪表和工具，装配、调试电子产品专用工艺设备和测试设备的人员
66	设备工程技术人员	从事设备管理、选购、更新改造方案编制、使用及维护指导的工程技术人员
67	商务策划专业人员	从事社会经济组织商务活动调查分析、设计的专业人员
68	会计专业人员	从事国家机关、社会团体、企事业单位和其他经济组织会计核算和会计监督的专业人员
69	化工生产工程技术人员	从事化工产品生产过程技术指导或生产技术组织的工程技术人员
70	电机制造工	使用绕线机、包带机、动平衡机、振动传感器、气体压力检测仪等专用设备和仪器，进行发电机、电动机、防爆电机等零部件的加工、组装和总成装配、调试的人员
71	工业机器人系统操作员	使用示教器、操作面板等人机交互设备及相关机械工具，对工业机器人、工业机器人工作站或系统进行装配、编程、调试、工艺参数更改、工装夹具更换及其他辅助作业的人员
72	集成电路工程技术人员	从事芯片需求分析、芯片架构设计芯片详细设计、测试验证、网表设计和版图设计的工程技术人员
73	电工电器工程技术人员	从事发电、输配电、用电电器设备和电气功能材料研发、设计、检验试验、技术服务的工程技术人员
74	中式烹调师	运用刀法与烹调技法，对原材料进行加工，制作中式菜肴的人员

续上表

序号	职业名称	职业定义
75	人力资源管理专业人员	从事企事业单位人力资源规划设计、招聘配置、培训开发、绩效考核、薪酬福利、劳动关系管理的专业人员
76	半导体分立器件和集成电路装调工	操作烧结炉、划片机、键合机、波峰焊机等设备，装配、测试半导体分立器件、集成电路、混合集成电路的人员
77	铣工	操作铣床，进行工件平面、沟槽曲面等型面切削加工的人员
78	计算机网络工程技术人员	从事互联网等计算机网络研究、设计、安装、集成、调试、维护、管理和服务的工程技术人员
79	社区工作者	从事社区居民政务和事务工作的人员
80	邮件分拣员	从事邮政函件分拣封发处理工作的人员
81	电池制造工	使用涂布机、绝缘电阻表、充放电等设备和仪器，制造电池负极、正极、隔膜、电解液及辅助组件，组装、测试电池和超级电容器的人员
82	办公设备维修工	使用万用表、数字逻辑表等仪表和工具，保养、修理复印机、打印机、投影机等办公设备的人员
83	磨工	操作磨床，使用磨料、磨具及专用工具，进行工件、光学玻璃等柱面平面、螺纹等型面磨削加工的人员
84	电子材料工程技术人员	从事半导体材料、光纤光缆材料、电子陶瓷、电子元件材料研发、设计、生产指导的工程技术人员
85	电子仪器与电子测量工程技术人员	从事电子仪器、电子测量仪器、医疗电子仪器和设备、系统研发、检测并指导生产、维修、应用的工程技术人员
86	工艺染织品制作工	操作手摇机等设备，采用传统手工工艺，进行纺织品织造、手绘、蜡染、泼染等制作的人员
87	制鞋工	使用黏合机、缝制机械、压合机、抛光机等设备或工具，将皮革、纺织品和塑料等材料制作成皮鞋、旅游鞋和布鞋的人员
88	废旧物资加工处理工	使用拆解、筛选等工具设备，处理回收废旧物资，加工成再生资源的人员
89	计算机硬件工程技术人员	从事计算机整机、主板、外设等硬件技术研究、设计、调试、集成、维护和管理的工程技术人员
90	铆工	操作锁铆、压铆设备及工具，铆接加工金属板材、型材零件的人员
91	家用电器产品维修工	使用万用表、定量充灌设备和工具，拆装、保养、修理家用电器产品的人员
92	纺纱工	操作细纱机、络筒机、并线机、捻线机、线团机等设备，将粗纱或纤维条、管纱、多根纱等分别加工制成细纱、筒子纱、线及线团的人员
93	锻造工	使用加热、锻造设备及辅助工具，进行金属毛坯的下料、加热、镦粗、拔长、预制坯、成形、冲孔、切边、校正、热处理、清理、检验等锻件加工的人员

续上表

序号	职业名称	职业定义
94	社区护士	从事个人、家庭和社区疾病预防、辅助治疗、康复、健康教育的专业人员
95	电子产品制版工	操作计算机辅助设计系统和照相制版等设备，制作印制电路、集成电路和荫罩的原图、母版和工作版的人员
96	化纤聚合工	操作聚合釜、切粒、萃取、干燥等设备，生产化学纤维及树脂材料用聚合物的人员
97	内科护士	从事内科疾病护理和健康教育，执行医嘱并配合医生完成患者的诊疗活动，对患者病情进行护理的专业人员
98	消防安全管理员	在国家机关、社会团体、企业、事业单位和其他组织中，实施日常消防安全管理、组织扑救初起火灾和应急疏散等消防管理工作的人员
99	印制电路制作工	操作丝网印刷、电镀及机械设备加工、制作印制电路板的人员
100	冷冻食品制作工	操作调配、灭菌、和面、成形、蒸煮、凝冻、速冻等设备，制作冷冻食品的人员

资料来源：人力资源社会保障部. 2022 年第四季度全国招聘大于求职“最缺工”的 100 个职业排行[EB/OL]. (2023-01-18)[2024-01-25]. http://www.mohrss.gov.cn/SYrlzyhshbzb/dongtaixinwen/buneiyaowen/rsxw/202301/t20230118_493691.html.

生涯体验

职业猜谜

请学生用肢体语言(不许说话)把某种职业的主要特征表现出来，让其他学生猜猜他(她)表达的是什么职业。

头脑风暴猜职业

一、活动准备

1. 分组：4~6 人一组，选好组长和记录员。

2. 材料：印制日常生活中各种常见事物的活动卡片多张(卡片主题和内容包括华为手机、婴幼儿、无人机、新农村建设、养老、医院、空军、粮食、互联网等)，绘制霍兰德职业兴趣六边形图的 A4 纸多张，空白纸多张。

二、活动过程

1. 认领任务：每组选派一个代表，到带领者处随机抽取一张活动卡片，向全班展示，公布本组研讨任务。

2. 头脑风暴猜职业：带领者宣布活动开始并计时。组长组织组员开动脑筋，发散思维，联想与卡片内容相关的各种职业，做好记录。

3. 统计结果：组长统计本组数据，上报给带领者，当众评选出获胜组。

4. 分享交流：获胜组向全班同学分享本组成果，其他同学补充发言。

5. 集体“头脑风暴”：带领者根据各组数据，选取数据最少的组的卡片任务，组织全体成员进行头脑风暴，老师安排专人记录并进行班内展示。

6. 分类整理：各组成员根据个人理解，将职业逐一写在霍兰德职业兴趣六边形图的相应区域内。

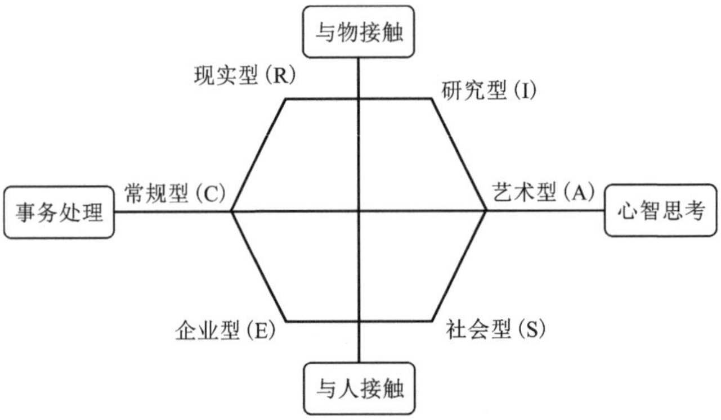

霍兰德职业兴趣六边形图

家族职业树

在一个人成长的过程中，家族资源带来的力量和支持是不可估量的。你清楚家族成员从事的职业吗？如果不太了解的话，先去做个调研，再整理成家族职业树。

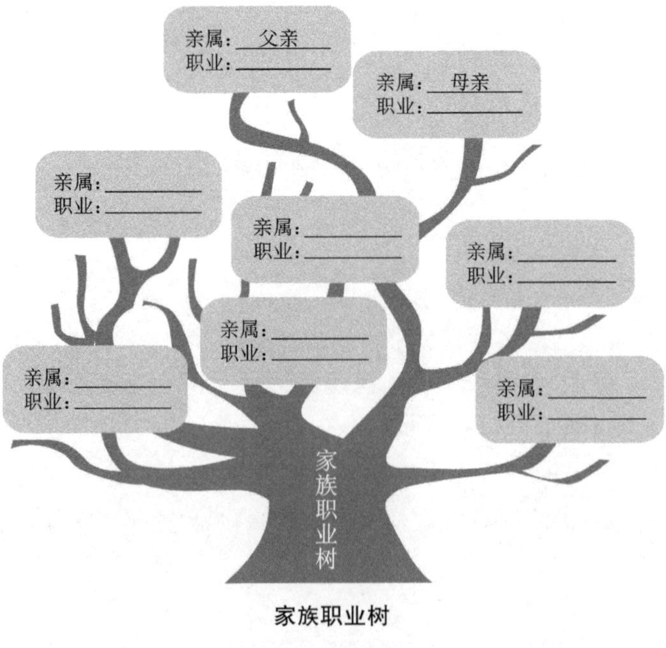

家族职业树

生涯行动

搜索感兴趣的行业和职业信息

一、内容

《国民经济行业分类》(2019年修订)；《中华人民共和国职业分类大典(2022年版)》；职业调查表。

二、任务

1. 自主阅读《国民经济行业分类》(2019年修订)目录，找到自己感兴趣的内容，对应查找《职业分类大典(2022年版)》，找到自己感兴趣的职业(可多个)。

2. 从感兴趣的职业范围中，挑选出自己最感兴趣的、最有意向从事的职业进行详细了解，完成职业调查表，并保存文档到个人文件夹中。

三、场地

计算机房，每人一台电脑，Wi-Fi流畅。

职业调查表

<table>
<tr><td>班级</td><td></td><td>姓名</td><td></td><td>感兴趣的行业</td><td></td></tr>
<tr><td colspan="2">感兴趣的职业(可多个)</td><td colspan="4"></td></tr>
<tr><td colspan="6">你最感兴趣的职业的详细调查</td></tr>
<tr><td>职业名称</td><td colspan="5"></td></tr>
<tr><td>工作任务</td><td colspan="5"></td></tr>
<tr><td>工作职责</td><td colspan="5"></td></tr>
<tr><td>知识背景</td><td colspan="5"></td></tr>
<tr><td>职业技能</td><td colspan="5"></td></tr>
<tr><td>从业资格</td><td colspan="5"></td></tr>
<tr><td>薪酬待遇</td><td colspan="5"></td></tr>
<tr><td>工作环境</td><td colspan="5"></td></tr>
<tr><td>发展前景</td><td colspan="5"></td></tr>
<tr><td>职业道德</td><td colspan="5"></td></tr>
</table>

第十三课　了解专业

生涯阅读

专业知多少

主人公一：天生喜爱动物，填报志愿时选择了畜牧业经济学专业。大一进校后，他发现所学专业与预想的相差甚远，如有一门课程是教他们如何维持农场经济效益，他对此完全不感兴趣。

主人公二：出生于农村，填报专业时，有人建议他填土木工程，可他和家人却认为“好不容易从农村跳出来，还要和土啊木啊之类的打交道，那可不行”，便没选这个专业。上大学后，他发现土木工程专业就业率高、薪资高，毕业后主要从事房屋建筑、隧道和地下建筑、公路与城市道路、桥梁、市政工程等方面的设计、施工、管理、研究和开发工作，当然，下工地，和泥土、钢筋、水泥打交道也是常态。

生涯知识

专业与职业的关系

专业和职业呈现出一对一、一对多、多对一等多种关系形态。

一对一：一个专业对应一个职业，常存在于中职或高职院校，培养目标单一明确，适合专业技术人员，技术含量较高。如数控机床专业对应的职业是企业数控机床的操作与维护。

一对多：普遍存在于普通高校中，特点是宽口径、厚基础，对应的职业目标有多个。如经济学专业毕业生既可在综合经济管理部门、政策研究部门、政府机关从事研究与管理工作，也可在科研机构、高等院校从事教学研究工作，还可在金融机构、企业从事经济分析、预测、规划和经济管理等工作。

多对一：多个专业都可以从事某一职业。如新闻记者、公务员、营销主管、企业管理人员等职业，专业为经济学、新闻、中文、哲学、历史，甚至是理工农医类的毕业生，只要拥有一定的语言文字能力和人际交往能力，都能应聘这些职位。

普通高等学校本科专业目录(2024 年)①

说明：

本目录是在《普通高等学校本科专业目录(2012 年)》基础上，增补历年来批准增设、列入目录的新专业，于 2024 年整理而成的。

专业目录包含基本专业和特设专业。基本专业一般指学科基础比较成熟、社会需求相对稳定、布点数量较多、继承性较好的专业。特设专业是为满足经济社会发展特殊需求所设置的专业，在专业代码后加“T”表示。

专业目录中涉及国家安全、特殊行业等专业由国家控制布点，称为国家控制布点专业，在专业代码后加“K”表示。

学科门类	专业代码及名称	学位授予门类	修业年限	增设年度
哲学				
哲学类	010101 哲学	哲学	四年	
哲学类	010102 逻辑学	哲学	四年	
哲学类	010103K 宗教学	哲学	四年	
哲学类	010104T 伦理学	哲学	四年	
经济学				
经济学类	020101 经济学	经济学	四年	
经济学类	020102 经济统计学	经济学	四年	
经济学类	020103T 国民经济管理	经济学	四年	
经济学类	020104T 资源与环境经济学	经济学	四年	
经济学类	020105T 商务经济学	经济学	四年	
经济学类	020106T 能源经济	经济学	四年	
经济学类	020107T 劳动经济学	经济学	四年	2016
经济学类	020108T 经济工程	经济学	四年	2017
经济学类	020109T 数字经济	经济学	四年	2018
财政学类	020201K 财政学	经济学	四年	

① 资料来源：中华人民共和国教育部. 教育部关于公布 2023 年度普通高等学校本科专业备案和审批结果的通知(教高函〔2024〕6 号. (2024－02－05)[2024－07－9]. http://www. moe. gov. cn/srcsite/A08/moe_1034/s4930/202403/t20240319_1121111. htm.

续上表

学科门类	专业代码及名称	学位授予门类	修业年限	增设年度
财政学类	020202 税收学	经济学	四年	
财政学类	020203TK 国际税收	经济学	四年	2021
金融学类	020301K 金融学	经济学	四年	
金融学类	020302 金融工程	经济学	四年	
金融学类	020303 保险学	经济学	四年	
金融学类	020304 投资学	经济学	四年	
金融学类	020305T 金融数学	经济学	四年	
金融学类	020306T 信用管理	管理学，经济学	四年	
金融学类	020307T 经济与金融	经济学	四年	
金融学类	020308T 精算学	理学，经济学	四年	2015
金融学类	020309T 互联网金融	经济学	四年	2016
金融学类	020310T 金融科技	经济学	四年	2017
金融学类	020311TK 金融审计	经济学	四年	2022
经济与贸易类	020401 国际经济与贸易	经济学	四年	
经济与贸易类	020402 贸易经济	经济学	四年	
经济与贸易类	020403T 国际经济发展合作	经济学	四年	2021
法学				
法学类	030101K 法学	法学	四年	
法学类	030102T 知识产权	法学	四年	
法学类	030103T 监狱学	法学	四年	
法学类	030104T 信用风险管理与法律防控	法学	四年	2017
法学类	030105T 国际经贸规则	法学	四年	2017
法学类	030106TK 司法警察学	法学	四年	2018
法学类	030107TK 社区矫正	法学	四年	2018
法学类	030108TK 纪检监察	法学	四年	2021
法学类	030109TK 国际法	法学	四年	2022
法学类	030110TK 司法鉴定学	法学	四年	2022
法学类	030111TK 国家安全学	法学	四年	2023
法学类	030111TK 海外利益安全	法学	四年	2023
政治学类	030201 政治学与行政学	法学	四年	
政治学类	030202 国际政治	法学	四年	

续上表

学科门类	专业代码及名称	学位授予门类	修业年限	增设年度
政治学类	030203 外交学	法学	四年	
政治学类	030204T 国际事务与国际关系	法学	四年	
政治学类	030205T 政治学、经济学与哲学	法学	四年	
政治学类	030206TK 国际组织与全球治理	法学	四年	2018
社会学类	030301 社会学	法学	四年	
社会学类	030302 社会工作	法学	四年	
社会学类	030303T 人类学	法学	四年	
社会学类	030304T 女性学	法学	四年	
社会学类	030305T 家政学	法学	四年	
社会学类	030306T 老年学	法学	四年	2019
社会学类	030307T 社会政策	法学	四年	2020
民族学类	030401 民族学	法学	四年	
马克思主义理论类	030501 科学社会主义	法学	四年	
马克思主义理论类	030502 中国共产党历史	法学	四年	
马克思主义理论类	030503 思想政治教育	法学	四年	
马克思主义理论类	030504T 马克思主义理论	法学	四年	2017
马克思主义理论类	030505TK 工会学	法学	四年	2022
公安学类	030601K 治安学	法学	四年	
公安学类	030602K 侦查学	法学	四年	
公安学类	030603K 边防管理	法学	四年	
公安学类	030604TK 禁毒学	法学	四年	
公安学类	030605TK 警犬技术	法学	四年	
公安学类	030606TK 经济犯罪侦查	法学	四年	
公安学类	030607TK 边防指挥	法学	四年	
公安学类	030608TK 消防指挥	法学	四年	
公安学类	030609TK 警卫学	法学	四年	
公安学类	030610TK 公安情报学	法学	四年	
公安学类	030611TK 犯罪学	法学	四年	
公安学类	030612TK 公安管理学	法学	四年	
公安学类	030613TK 涉外警务	法学	四年	
公安学类	030614TK 国内安全保卫	法学	四年	

续上表

学科门类	专业代码及名称	学位授予门类	修业年限	增设年度
公安学类	030615TK 警务指挥与战术	法学	四年	
公安学类	030616TK 技术侦查学	法学	四年	2016
公安学类	030617TK 海警执法	法学	四年	2016
公安学类	030618TK 公安政治工作	法学	四年	2018
公安学类	030619TK 移民管理	法学	四年	2018
公安学类	030620TK 出入境管理	法学	四年	2018
公安学类	030621TK 反恐警务	法学	四年	2020
公安学类	030622TK 消防政治工作	法学	四年	2020
公安学类	030623TK 铁路警务	法学	四年	2021
教育学				
教育学类	040101 教育学	教育学	四年	
教育学类	040102 科学教育	教育学	四年	
教育学类	040103 人文教育	教育学	四年	
教育学类	040104 教育技术学	工学，理学，教育学	四年	
教育学类	040105 艺术教育	艺术学，教育学	四年	
教育学类	040106 学前教育	教育学	四年	
教育学类	040107 小学教育	教育学	四年	
教育学类	040108 特殊教育	教育学	四年	
教育学类	040109T 华文教育	教育学	四年	
教育学类	040110TK 教育康复学	教育学	四年	2012
教育学类	040111T 卫生教育	教育学	四年	2016
教育学类	040112T 认知科学与技术	教育学	四年	2018
教育学类	040113T 融合教育	教育学	四年	2020
教育学类	040114TK 劳动教育	教育学	四年	2021
教育学类	040115T 家庭教育	教育学	四年	2022
教育学类	040116TK 孤独症儿童教育	教育学	四年	2022
体育学类	040201 体育教育	教育学	四年	
体育学类	040202K 运动训练	教育学	四年	
体育学类	040203 社会体育指导与管理	教育学	四年	
体育学类	040204K 武术与民族传统体育	教育学	四年	

续上表

学科门类	专业代码及名称	学位授予门类	修业年限	增设年度
体育学类	040205 运动人体科学	教育学	四年	
体育学类	040206T 运动康复	理学，教育学	四年	
体育学类	040207T 休闲体育	教育学	四年	
体育学类	040208T 体能训练	教育学	四年	2017
体育学类	040209T 冰雪运动	教育学	四年	2017
体育学类	040210TK 电子竞技运动与管理	教育学	四年	2018
体育学类	040211TK 智能体育工程	教育学，工学	四年	2018
体育学类	040212TK 体育旅游	教育学	四年	2018
体育学类	040213T 运动能力开发	教育学，理学	四年	2019
体育学类	040214TK 足球运动	教育学	四年	2023
体育学类	040215TK 马术运动与管理	教育学	四年	2023
体育学类	040216T 体育康养	教育学	四年	2023
文学				
中国语言文学类	050101 汉语言文学	文学	四年	
中国语言文学类	050102 汉语言	文学	四年	
中国语言文学类	050103 汉语国际教育	文学	四年	
中国语言文学类	050104 中国少数民族语言文学	文学	四年	
中国语言文学类	050105 古典文献学	文学	四年	
中国语言文学类	050106T 应用语言学	文学	四年	
中国语言文学类	050107T 秘书学	文学	四年	
中国语言文学类	050108T 中国语言与文化	文学	四年	2016
中国语言文学类	050109T 手语翻译	文学	四年	2016
中国语言文学类	050110T 数字人文	文学	四年	2022
中国语言文学类	050111T 中国古典学	文学	四年	2023
中国语言文学类	050112T 汉学与中国学	文学	四年	2023
中国语言文学类	050113T 应用中文	文学	四年	2023
外国语言文学类	050201 英语	文学	四年，五年	
外国语言文学类	050202 俄语	文学	四年	
外国语言文学类	050203 德语	文学	四年	
外国语言文学类	050204 法语	文学	四年	
外国语言文学类	050205 西班牙语	文学	四年	

续上表

学科门类	专业代码及名称	学位授予门类	修业年限	增设年度
外国语言文学类	050206 阿拉伯语	文学	四年	
外国语言文学类	050207 日语	文学	四年	
外国语言文学类	050208 波斯语	文学	四年	
外国语言文学类	050209 朝鲜语	文学	四年	
外国语言文学类	050210 菲律宾语	文学	四年	
外国语言文学类	050211 梵语巴利语	文学	四年	
外国语言文学类	050212 印度尼西亚语	文学	四年	
外国语言文学类	050213 印地语	文学	四年	
外国语言文学类	050214 柬埔寨语	文学	四年	
外国语言文学类	050215 老挝语	文学	四年	
外国语言文学类	050216 缅甸语	文学	四年	
外国语言文学类	050217 马来语	文学	四年	
外国语言文学类	050218 蒙古语	文学	四年	
外国语言文学类	050219 僧伽罗语	文学	四年	
外国语言文学类	050220 泰语	文学	四年	
外国语言文学类	050221 乌尔都语	文学	四年	
外国语言文学类	050222 希伯来语	文学	四年	
外国语言文学类	050223 越南语	文学	四年	
外国语言文学类	050224 豪萨语	文学	四年	
外国语言文学类	050225 斯瓦希里语	文学	四年	
外国语言文学类	050226 阿尔巴尼亚语	文学	四年	
外国语言文学类	050227 保加利亚语	文学	四年	
外国语言文学类	050228 波兰语	文学	四年	
外国语言文学类	050229 捷克语	文学	四年	
外国语言文学类	050230 斯洛伐克语	文学	四年	
外国语言文学类	050231 罗马尼亚语	文学	四年	
外国语言文学类	050232 葡萄牙语	文学	四年	
外国语言文学类	050233 瑞典语	文学	四年	
外国语言文学类	050234 塞尔维亚语	文学	四年	
外国语言文学类	050235 土耳其语	文学	四年	
外国语言文学类	050236 希腊语	文学	四年	

续上表

学科门类	专业代码及名称	学位授予门类	修业年限	增设年度
外国语言文学类	050237 匈牙利语	文学	四年	
外国语言文学类	050238 意大利语	文学	四年	
外国语言文学类	050239 泰米尔语	文学	四年	
外国语言文学类	050240 普什图语	文学	四年	
外国语言文学类	050241 世界语	文学	四年	
外国语言文学类	050242 孟加拉语	文学	四年	
外国语言文学类	050243 尼泊尔语	文学	四年	
外国语言文学类	050244 克罗地亚语	文学	四年	
外国语言文学类	050245 荷兰语	文学	四年	
外国语言文学类	050246 芬兰语	文学	四年	
外国语言文学类	050247 乌克兰语	文学	四年	
外国语言文学类	050248 挪威语	文学	四年	
外国语言文学类	050249 丹麦语	文学	四年	
外国语言文学类	050250 冰岛语	文学	四年	
外国语言文学类	050251 爱尔兰语	文学	四年	
外国语言文学类	050252 拉脱维亚语	文学	四年	
外国语言文学类	050253 立陶宛语	文学	四年	
外国语言文学类	050254 斯洛文尼亚语	文学	四年	
外国语言文学类	050255 爱沙尼亚语	文学	四年	
外国语言文学类	05025 马耳他语	文学	四年	
外国语言文学类	050257 哈萨克语	文学	四年	
外国语言文学类	050258 乌兹别克语	文学	四年	
外国语言文学类	050259 祖鲁语	文学	四年	
外国语言文学类	050260 拉丁语	文学	四年	
外国语言文学类	050261 翻译	文学	四年	
外国语言文学类	050262 商务英语	文学	四年	
外国语言文学类	050263T 阿姆哈拉语	文学	四年	2012
外国语言文学类	050264T 吉尔吉斯语	文学	四年	2012
外国语言文学类	050265T 索马里语	文学	四年	2013
外国语言文学类	050266T 土库曼语	文学	四年	2014
外国语言文学类	050267T 加泰罗尼亚语	文学	四年	2014

续上表

学科门类	专业代码及名称	学位授予门类	修业年限	增设年度
外国语言文学类	050268T 约鲁巴语	文学	四年	2014
外国语言文学类	050269T 亚美尼亚语	文学	四年	2015
外国语言文学类	050270T 马达加斯加语	文学	四年	2015
外国语言文学类	050271T 格鲁吉亚语	文学	四年	2015
外国语言文学类	050272T 阿塞拜疆语	文学	四年	2015
外国语言文学类	050273T 阿非利卡语	文学	四年	2015
外国语言文学类	050274T 马其顿语	文学	四年	2015
外国语言文学类	050275T 塔吉克语	文学	四年	2015
外国语言文学类	050276T 茨瓦纳语	文学	四年	2016
外国语言文学类	050277T 恩德贝莱语	文学	四年	2016
外国语言文学类	050278T 科摩罗语	文学	四年	2016
外国语言文学类	050279T 克里奥尔语	文学	四年	2016
外国语言文学类	050280T 绍纳语	文学	四年	2016
外国语言文学类	050281T 提格雷尼亚语	文学	四年	2016
外国语言文学类	050282T 白俄罗斯语	文学	四年	2016
外国语言文学类	050283T 毛利语	文学	四年	2016
外国语言文学类	050284T 汤加语	文学	四年	2016
外国语言文学类	050285T 萨摩亚语	文学	四年	2016
外国语言文学类	050286T 库尔德语	文学	四年	2016
外国语言文学类	050287T 比斯拉马语	文学	四年	2017
外国语言文学类	050288T 达里语	文学	四年	2017
外国语言文学类	050289T 德顿语	文学	四年	2017
外国语言文学类	050290T 迪维希语	文学	四年	2017
外国语言文学类	050291T 斐济语	文学	四年	2017
外国语言文学类	050292T 库克群岛毛利语	文学	四年	2017
外国语言文学类	050293T 隆迪语	文学	四年	2017
外国语言文学类	050294T 卢森堡语	文学	四年	2017
外国语言文学类	050295T 卢旺达语	文学	四年	2017
外国语言文学类	050296T 纽埃语	文学	四年	2017
外国语言文学类	050297T 皮金语	文学	四年	2017
外国语言文学类	050298T 切瓦语	文学	四年	2017

续上表

学科门类	专业代码及名称	学位授予门类	修业年限	增设年度
外国语言文学类	050299T 塞苏陀语	文学	四年	2017
外国语言文学类	050200T 桑戈语	文学	四年	2017
外国语言文学类	0502100T 语言学	文学	四年	2018
外国语言文学类	0502101T 塔玛齐格特语	文学	四年	2018
外国语言文学类	0502102T 爪哇语	文学	四年	2018
外国语言文学类	0502103T 旁遮普语	文学	四年	2018
新闻传播学类	050301 新闻学	文学	四年	
新闻传播学类	050302 广播电视学	文学	四年	
新闻传播学类	050303 广告学	文学	四年	
新闻传播学类	050304 传播学	文学	四年	
新闻传播学类	050305 编辑出版学	文学	四年	
新闻传播学类	050306T 网络与新媒体	文学	四年	
新闻传播学类	050307T 数字出版	文学	四年	
新闻传播学类	050308T 时尚传播	文学	四年	2017
新闻传播学类	050309T 国际新闻与传播	文学	四年	2018
新闻传播学类	050310T 会展	管理学，文学	四年	2019
		历史学		
历史学类	060101 历史学	历史学	四年	
历史学类	060102 世界史	历史学	四年	
历史学类	060103 考古学	历史学	四年	
历史学类	060104 文物与博物馆学	历史学	四年	
历史学类	060105T 文物保护技术	历史学	四年	
历史学类	060106T 外国语言与外国历史	文学，历史学	四年	
历史学类	060107T 文化遗产	历史学	四年	2015
历史学类	060108T 古文字学	历史学	四年	2020
历史学类	060109T 科学史	历史学	四年	2021
		理学		
数学类	070101 数学与应用数学	理学	四年	
数学类	070102 信息与计算科学	理学	四年	
数学类	070103T 数理基础科学	理学	四年	
数学类	070104T 数据计算及应用	理学	四年	2018

续上表

学科门类	专业代码及名称	学位授予门类	修业年限	增设年度
物理学类	070201 物理学	理学	四年	
物理学类	070202 应用物理学	理学	四年	
物理学类	070203 核物理	理学	四年	
物理学类	070204T 声学	理学	四年	
物理学类	070205T 系统科学与工程	理学	四年	2017
物理学类	070206T 量子信息科学	理学	四年	2020
化学类	070301 化学	理学	四年	
化学类	070302 应用化学	工学，理学	四年	
化学类	070303T 化学生物学	理学	四年	
化学类	070304T 分子科学与工程	理学	四年	
化学类	070305T 能源化学	理学	四年	2015
化学类	070306T 化学测量学与技术	理学	四年	2020
化学类	070307T 资源化学	理学	四年	2022
天文学类	070401 天文学	理学	四年	
地理科学类	070501 地理科学	理学	四年	
地理科学类	070502 自然地理与资源环境	管理学，理学	四年	
地理科学类	070503 人文地理与城乡规划	管理学，理学	四年	
地理科学类	070504 地理信息科学	理学	四年	
大气科学类	070601 大气科学	理学	四年	
大气科学类	070602 应用气象学	理学	四年	
大气科学类	070603T 气象技术与工程	理学，工学	四年	2020
大气科学类	070604T 地球系统科学	理学	四年	2022
海洋科学类	070701 海洋科学	理学	四年	
海洋科学类	070702 海洋技术	工学，理学	四年	
海洋科学类	070703T 海洋资源与环境	理学	四年	
海洋科学类	070704T 军事海洋学	理学	四年	
地球物理学类	070801 地球物理学	理学	四年	
地球物理学类	070802 空间科学与技术	工学，理学	四年	
地球物理学类	070803T 防灾减灾科学与工程	工学	四年	2018
地球物理学类	070804TK 行星科学	理学	四年	2021
地质学类	070901 地质学	理学	四年	

续上表

学科门类	专业代码及名称	学位授予门类	修业年限	增设年度
地质学类	070902 地球化学	理学	四年	
地质学类	070903T 地球信息科学与技术	工学，理学	四年	
地质学类	070904T 古生物学	理学	四年	
生物科学类	071001 生物科学	理学	四年	
生物科学类	071002 生物技术	工学，理学	四年	
生物科学类	071003 生物信息学	工学，理学	四年	
生物科学类	071004 生态学	理学	四年	
生物科学类	071005T 整合科学	理学	四年	2016
生物科学类	071006T 神经科学	理学	四年	2016
心理学类	071101 心理学	教育学，理学	四年	
心理学类	071102 应用心理学	教育学，理学	四年	
统计学类	071201 统计学	理学	四年	
统计学类	071202 应用统计学	理学	四年	
统计学类	071203T 数据科学	理学	四年	2022
统计学类	071204T 生物统计学	理学	四年	2022
工学				
力学类	080101 理论与应用力学	理学，工学	四年	
力学类	080102 工程力学	工学	四年	
机械类	080201 机械工程	工学	四年	
机械类	080202 机械设计制造及其自动化	工学	四年	
机械类	080203 材料成型及控制工程	工学	四年	
机械类	080204 机械电子工程	工学	四年	
机械类	080205 工业设计	工学	四年	
机械类	080206 过程装备与控制工程	工学	四年	
机械类	080207 车辆工程	工学	四年	
机械类	080208 汽车服务工程	工学	四年	
机械类	080209T 机械工艺技术	工学	四年	
机械类	080210T 微机电系统工程	工学	四年	
机械类	080211T 机电技术教育	工学	四年	
机械类	080212T 汽车维修工程教育	工学	四年	
机械类	080213T 智能制造工程	工学	四年	2017

续上表

学科门类	专业代码及名称	学位授予门类	修业年限	增设年度
机械类	080214T 智能车辆工程	工学	四年	2018
机械类	080215T 仿生科学与工程	工学	四年	2018
机械类	080216T 新能源汽车工程	工学	四年	2018
机械类	080217T 增材制造工程	工学	四年	2020
机械类	080218T 智能交互设计	工学	四年	2020
机械类	080219T 应急装备技术与工程	工学	四年	2020
机械类	080220T 农林智能装备工程	工学	四年	2023
仪器类	080301 测控技术与仪器	工学	四年	
仪器类	080302T 精密仪器	工学	四年	2017
仪器类	080303T 智能感知工程	工学	四年	2019
材料类	080401 材料科学与工程	工学	四年	
材料类	080402 材料物理	理学，工学	四年	
材料类	080403 材料化学	理学，工学	四年	
材料类	080404 冶金工程	工学	四年	
材料类	080405 金属材料工程	工学	四年	
材料类	080406 无机非金属材料工程	工学	四年	
材料类	080407 高分子材料与工程	工学	四年	
材料类	080408 复合材料与工程	工学	四年	
材料类	080409T 粉体材料科学与工程	工学	四年	
材料类	080410T 宝石及材料工艺学	工学	四年	
材料类	080411T 焊接技术与工程	工学	五年，四年	
材料类	080412T 功能材料	工学	四年	
材料类	080413T 纳米材料与技术	工学	四年	
材料类	080414T 新能源材料与器件	工学	四年	
材料类	080415T 材料设计科学与工程	工学	四年	2015
材料类	080416T 复合材料成型工程	工学	四年	2017
材料类	080417T 智能材料与结构	工学	四年	2019
材料类	080418T 光电信息材料与器件	工学	四年	2021
材料类	080419T 生物材料	工学	四年	2022
材料类	080420T 材料智能技术	工学	四年	2023
材料类	080421T 电子信息材料	工学	四年	2023

续上表

学科门类	专业代码及名称	学位授予门类	修业年限	增设年度
材料类	080422T 软物质科学与工程	工学	四年	2023
材料类	080423T 稀土材料科学与工程	工学	四年	2023
能源动力类	080501 能源与动力工程	工学	四年	
能源动力类	080502T 能源与环境系统工程	工学	四年	
能源动力类	080503T 新能源科学与工程	工学	四年	
能源动力类	080504T 储能科学与工程	工学	四年	2019
能源动力类	080505T 能源服务工程	工学	四年	2020
能源动力类	080506TK 氢能科学与工程	工学	四年	2021
能源动力类	080507TK 可持续能源	工学	四年	2021
电气类	080601 电气工程及其自动化	工学	四年	
电气类	080602T 智能电网信息工程	工学	四年	
电气类	080603T 光源与照明	工学	四年	
电气类	080604T 电气工程与智能控制	工学	四年	
电气类	080605T 电机电器智能化	工学	四年	2016
电气类	080606T 电缆工程	工学	四年	2016
电气类	080607T 能源互联网工程	工学	四年	2020
电气类	080608TK 智慧能源工程	工学	四年	2021
电气类	080609T 电动载运工程	工学	四年	2022
电气类	080610TK 大功率半导体科学与工程	工学	四年	2023
电子信息类	080701 电子信息工程	理学，工学	四年	
电子信息类	080702 电子科学与技术	理学，工学	四年	
电子信息类	080703 通信工程	工学	四年	
电子信息类	080704 微电子科学与工程	理学，工学	四年	
电子信息类	080705 光电信息科学与工程	理学，工学	四年	
电子信息类	080706 信息工程	工学	四年	
电子信息类	080707T 广播电视工程	工学	四年	
电子信息类	080708T 水声工程	工学	四年	
电子信息类	080709T 电子封装技术	工学	四年	
电子信息类	080710T 集成电路设计与集成系统	工学	四年	
电子信息类	080711T 医学信息工程	工学	四年	
电子信息类	080712T 电磁场与无线技术	工学	四年	

续上表

学科门类	专业代码及名称	学位授予门类	修业年限	增设年度
电子信息类	080713T 电波传播与天线	工学	四年	
电子信息类	080714T 电子信息科学与技术	理学，工学	四年	
电子信息类	080715T 电信工程及管理	工学	四年	
电子信息类	080716T 应用电子技术教育	工学	四年	
电子信息类	080717T 人工智能	工学	四年	2018
电子信息类	080718T 海洋信息工程	工学	四年	2019
电子信息类	080719T 柔性电子学	工学	四年	2020
电子信息类	080720T 智能测控工程	工学	四年	2020
电子信息类	080721T 智能视觉工程	工学	四年	2023
自动化类	080801 自动化	工学	四年	
自动化类	080802T 轨道交通信号与控制	工学	四年	
自动化类	080803T 机器人工程	工学	四年	2015
自动化类	080804T 邮政工程	工学	四年	2016
自动化类	080805T 核电技术与控制工程	工学	四年	2017
自动化类	080806T 智能装备与系统	工学	四年	2019
自动化类	080807T 工业智能	工学	四年	2019
自动化类	080808T 智能工程与创意设计	工学	四年	2020
计算机类	080901 计算机科学与技术	理学，工学	四年	
计算机类	080902 软件工程	工学	四年	
计算机类	080903 网络工程	工学	四年	
计算机类	080904K 信息安全	管理学，理学，工学	四年	
计算机类	080905 物联网工程	工学	四年	
计算机类	080906 数字媒体技术	工学	四年	
计算机类	080907T 智能科学与技术	理学，工学	四年	
计算机类	080908T 空间信息与数字技术	工学	四年	
计算机类	080909T 电子与计算机工程	工学	四年	
计算机类	080910T 数据科学与大数据技术	理学，工学	四年	2015
计算机类	080911TK 网络空间安全	工学	四年	2015
计算机类	080912T 新媒体技术	工学	四年	2016
计算机类	080913T 电影制作	工学	四年	2016

续上表

学科门类	专业代码及名称	学位授予门类	修业年限	增设年度
计算机类	080914TK 保密技术	工学	四年	2017
计算机类	080915T 服务科学与工程	工学	四年	2019
计算机类	080916T 虚拟现实技术	工学	四年	2019
计算机类	080917T 区块链工程	工学	四年	2019
计算机类	080918TK 密码科学与技术	工学	四年	2020
土木类	081001 土木工程	工学	四年	
土木类	081002 建筑环境与能源应用工程	工学	四年	
土木类	081003 给排水科学与工程	工学	四年	
土木类	081004 建筑电气与智能化	工学	四年	
土木类	081005T 城市地下空间工程	工学	四年	
土木类	081006T 道路桥梁与渡河工程	工学	四年	
土木类	081007T 铁道工程	工学	四年	2014
土木类	081008T 智能建造	工学	四年	2017
土木类	081009T 土木、水利与海洋工程	工学	四年	2018
土木类	081010T 土木、水利与交通工程	工学	四年	2019
土木类	081011T 城市水系统工程	工学	四年	2020
土木类	081012T 智能建造与智慧交通	工学	四年	2021
土木类	081013T 工程软件	工学	四年	2023
水利类	081101 水利水电工程	工学	四年	
水利类	081102 水文与水资源工程	工学	四年	
水利类	081103 港口航道与海岸工程	工学	四年	
水利类	081104T 水务工程	工学	四年	
水利类	081105T 水利科学与工程	工学	四年	2015
水利类	081106T 智慧水利	工学	四年	2021
测绘类	081201 测绘工程	工学	四年	
测绘类	081202 遥感科学与技术	工学	四年	
测绘类	081203T 导航工程	工学	四年	
测绘类	081204T 地理国情监测	工学	四年	
测绘类	081205T 地理空间信息工程	工学	四年	2015
化工与制药类	081301 化学工程与工艺	工学	四年	
化工与制药类	081302 制药工程	工学	四年	

续上表

学科门类	专业代码及名称	学位授予门类	修业年限	增设年度
化工与制药类	081303T 资源循环科学与工程	工学	四年	
化工与制药类	081304T 能源化学工程	工学	四年	
化工与制药类	081305T 化学工程与工业生物工程	工学	四年	
化工与制药类	081306T 化工安全工程	工学	四年	2017
化工与制药类	081307T 涂料工程	工学	四年	2017
化工与制药类	081308T 精细化工	工学	四年	2018
地质类	081401 地质工程	工学	四年	
地质类	081402 勘查技术与工程	工学	四年	
地质类	081403 资源勘查工程	工学	四年	
地质类	081403 资源勘查工程	工学	四年	2024 年起调整为国控
地质类	081404T 地下水科学与工程	工学	四年	
地质类	081405T 旅游地学与规划工程	工学	四年	2019
地质类	081406T 智能地球探测	工学	四年	2021
地质类	081407T 资源环境大数据工程	工学	四年	2021
矿业类	081501 采矿工程	工学	四年	
矿业类	081502 石油工程	工学	四年	
矿业类	081503 矿物加工工程	工学	四年	
矿业类	081504 油气储运工程	工学	四年	
矿业类	081505T 矿物资源工程	工学	四年	
矿业类	081506T 海洋油气工程	工学	四年	
矿业类	081507T 智能采矿工程	工学	四年	2020
矿业类	081508TK 碳储科学与工程	工学	四年	2021
纺织类	081601 纺织工程	工学	四年	
纺织类	081602 服装设计与工程	艺术学，工学	四年	
纺织类	081603T 非织造材料与工程	工学	四年	
纺织类	081604T 服装设计与工艺教育	工学	四年	
纺织类	081605T 丝绸设计与工程	工学	四年	2016
轻工类	081701 轻化工程	工学	四年	
轻工类	081702 包装工程	工学	四年	
轻工类	081703 印刷工程	工学	四年	

续上表

学科门类	专业代码及名称	学位授予门类	修业年限	增设年度
轻工类	081704T 香料香精技术与工程	工学	四年	2016
轻工类	081705T 化妆品技术与工程	工学	四年	2017
轻工类	081706TK 生物质能源与材料	工学	四年	2021
交通运输类	081801 交通运输	工学	四年	
交通运输类	081802 交通工程	工学	四年	
交通运输类	081803K 航海技术	工学	四年	
交通运输类	081804K 轮机工程	工学	四年	
交通运输类	081805K 飞行技术	工学	四年	
交通运输类	081806T 交通设备与控制工程	工学	四年	
交通运输类	081807T 救助与打捞工程	工学	四年	
交通运输类	081808TK 船舶电子电气工程	工学	四年	
交通运输类	081809T 轨道交通电气与控制	工学	四年	2017
交通运输类	081810T 邮轮工程与管理	工学	四年	2017
交通运输类	081811T 智慧交通	工学	四年	2020
交通运输类	081812T 智能运输工程	工学	四年	2021
海洋工程类	081901 船舶与海洋工程	工学	四年	
海洋工程类	081902T 海洋工程与技术	工学	四年	
海洋工程类	081903T 海洋资源开发技术	工学	四年	
海洋工程类	081904T 海洋机器人	工学	四年	2018
海洋工程类	081905T 智慧海洋技术	工学	四年	2021
海洋工程类	081906T 智能海洋装备	工学	四年	2023
航空航天类	082001 航空航天工程	工学	四年	
航空航天类	082002 飞行器设计与工程	工学	四年	
航空航天类	082003 飞行器制造工程	工学	四年	
航空航天类	082004 飞行器动力工程	工学	四年	
航空航天类	082005 飞行器环境与生命保障工程	工学	四年	
航空航天类	082006T 飞行器质量与可靠性	工学	四年	
航空航天类	082007T 飞行器适航技术	工学	四年	
航空航天类	082008T 飞行器控制与信息工程	工学	四年	2015
航空航天类	082009T 无人驾驶航空器系统工程	工学	四年	2016
航空航天类	082010T 智能飞行器技术	工学	四年	2020

续上表

学科门类	专业代码及名称	学位授予门类	修业年限	增设年度
航空航天类	082011T 空天智能电推进技术	工学	四年	2021
航空航天类	082012T 飞行器运维工程	工学	四年	2022
兵器类	082101 武器系统与工程	工学	四年	
兵器类	082102 武器发射工程	工学	四年	
兵器类	082103 探测制导与控制技术	工学	四年	
兵器类	082104 弹药工程与爆炸技术	工学	四年	
兵器类	082105 特种能源技术与工程	工学	四年	
兵器类	082106 装甲车辆工程	工学	四年	
兵器类	082107 信息对抗技术	工学	四年	
兵器类	082108T 智能无人系统技术	工学	四年	2019
核工程类	082201 核工程与核技术	工学	四年	
核工程类	082202 辐射防护与核安全	工学	四年	
核工程类	082203 工程物理	工学	四年	
核工程类	082204 核化工与核燃料工程	工学	四年	
农业工程类	082301 农业工程	工学	四年	
农业工程类	082302 农业机械化及其自动化	工学	四年	
农业工程类	082303 农业电气化	工学	四年	
农业工程类	082304 农业建筑环境与能源工程	工学	四年	
农业工程类	082305 农业水利工程	工学	四年	
农业工程类	082306T 土地整治工程	工学	四年	2016
农业工程类	082307T 农业智能装备工程	工学	四年	2019
林业工程类	082401 森林工程	工学	四年	
林业工程类	082402 木材科学与工程	工学	四年	
林业工程类	082403 林产化工	工学	四年	
林业工程类	082404T 家具设计与工程	工学	四年	2018
林业工程类	082405T 木结构建筑与材料	工学	四年	2021
环境科学与工程类	082501 环境科学与工程	工学	四年	
环境科学与工程类	082502 环境工程	工学	四年	
环境科学与工程类	082503 环境科学	理学，工学	五年，四年	
环境科学与工程类	082504 环境生态工程	工学	四年	
环境科学与工程类	082505T 环保设备工程	工学	四年	

续上表

学科门类	专业代码及名称	学位授予门类	修业年限	增设年度
环境科学与工程类	082506T 资源环境科学	理学，工学	四年	
环境科学与工程类	082507T 水质科学与技术	工学	四年	
生物医学工程类	082601 生物医学工程	理学，工学	五年，四年	
生物医学工程类	082602T 假肢矫形工程	工学	四年	
生物医学工程类	082603T 临床工程技术	工学	四年	2016
生物医学工程类	082604T 康复工程	工学	四年	2019
食品科学与工程类	082701 食品科学与工程	农学，工学	四年	
食品科学与工程类	082702 食品质量与安全	工学	四年	
食品科学与工程类	082703 粮食工程	工学	四年	
食品科学与工程类	082704 乳品工程	工学	四年	
食品科学与工程类	082705 酿酒工程	工学	四年	
食品科学与工程类	082706T 葡萄与葡萄酒工程	工学	四年	
食品科学与工程类	082707T 食品营养与检验教育	工学	四年	
食品科学与工程类	082708T 烹饪与营养教育	工学	四年	
食品科学与工程类	082709T 食品安全与检测	工学	四年	2016
食品科学与工程类	082710T 食品营养与健康	工学	四年	2019
食品科学与工程类	082711T 食用菌科学与工程	工学	四年	2019
食品科学与工程类	082712T 白酒酿造工程	工学	四年	2019
食品科学与工程类	082713T 咖啡科学与工程	工学	四年	2023
建筑类	082801 建筑学	工学	五年，四年	
建筑类	082802 城乡规划	工学	五年，四年	
建筑类	082803 风景园林	艺术学，工学	五年，四年	
建筑类	082804T 历史建筑保护工程	工学	五年，四年	
建筑类	082805T 人居环境科学与技术	工学	四年	2017
建筑类	082806T 城市设计	工学	四年	2019
建筑类	082807T 智慧建筑与建造	工学	四年	2019
安全科学与工程类	082901 安全工程	工学	四年	
安全科学与工程类	082902T 应急技术与管理	工学	四年	2018
安全科学与工程类	082903T 职业卫生工程	工学	四年	2018
安全科学与工程类	082904T 安全生产监管	工学	四年	2022
生物工程类	083001 生物工程	工学	四年	

续上表

学科门类	专业代码及名称	学位授予门类	修业年限	增设年度
生物工程类	083002T 生物制药	工学	四年	
生物工程类	083003T 合成生物学	工学	四年	2019
公安技术类	083101K 刑事科学技术	工学	四年	
公安技术类	083102K 消防工程	工学	四年	
公安技术类	083103TK 交通管理工程	工学	四年	
公安技术类	083104TK 安全防范工程	工学	四年	
公安技术类	083105TK 公安视听技术	工学	四年	
公安技术类	083106TK 抢险救援指挥与技术	工学	四年	
公安技术类	083107TK 火灾勘查	工学	四年	
公安技术类	083108TK 网络安全与执法	工学	四年	
公安技术类	083109TK 核生化消防	工学	四年	
公安技术类	083110TK 海警舰艇指挥与技术	工学	四年	2015
公安技术类	083111TK 数据警务技术	工学	四年	2018
公安技术类	083112TK 食品药品环境犯罪侦查技术	工学	四年	2020
交叉工程类	083201TK 未来机器人	工学	四年	2022
交叉工程类	083202TK 交叉工程	工学	四年	2023
农学				
植物生产类	090101 农学	农学	四年	
植物生产类	090102 园艺	农学	四年	
植物生产类	090103 植物保护	农学	四年	
植物生产类	090104 植物科学与技术	农学	四年	
植物生产类	090105 种子科学与工程	农学	四年	
植物生产类	090106 设施农业科学与工程	工学，农学	四年	
植物生产类	090107T 茶学	农学	四年	
植物生产类	090108T 烟草	农学	四年	
植物生产类	090109T 应用生物科学	理学，农学	四年	
植物生产类	090110T 农艺教育	农学	四年	
植物生产类	090111T 园艺教育	农学	四年	
植物生产类	090112T 智慧农业	农学	四年	2019
植物生产类	090113T 菌物科学与工程	农学	四年	2019

续上表

学科门类	专业代码及名称	学位授予门类	修业年限	增设年度
植物生产类	090114T 农药化肥	农学	四年	2019
植物生产类	090115T 生物农药科学与工程	农学	四年	2020
植物生产类	090116TK 生物育种科学	理学	四年	2021
植物生产类	090117TK 生物育种技术	农学	四年	2023
自然保护与环境生态类	090201 农业资源与环境	农学	四年	
自然保护与环境生态类	090202 野生动物与自然保护区管理	农学	四年	
自然保护与环境生态类	090203 水土保持与荒漠化防治	农学	四年	
自然保护与环境生态类	090204T 生物质科学与工程	农学	四年	2019
自然保护与环境生态类	090205T 土地科学与技术	农学	四年	2020
自然保护与环境生态类	090206T 湿地保护与恢复	农学	四年	2021
自然保护与环境生态类	090207TK 国家公园建设与管理	农学，管理学	四年	2022
自然保护与环境生态类	090208TK 生态修复学	农学	四年	2023
动物生产类	090301 动物科学	农学	四年	
动物生产类	090302T 蚕学	农学	四年	
动物生产类	090303T 蜂学	农学	四年	
动物生产类	090304T 经济动物学	农学	四年	2018
动物生产类	090305T 马业科学	农学	四年	2018
动物生产类	090306T 饲料工程	农学，工学	四年	2020
动物生产类	090307T 智慧牧业科学与工程	农学	四年	2020
动物生产类	090401 动物医学	农学	五年，四年	
动物医学类	090402 动物药学	农学	五年，四年	
动物医学类	090403T 动植物检疫	理学，农学	四年	
动物医学类	090404T 实验动物学	农学	四年	2017
动物医学类	090405T 中兽医学	农学	四年	2018
动物医学类	090406TK 兽医公共卫生	农学	四年	2020
林学类	090501 林学	农学	四年	
林学类	090502 园林	农学	四年	
林学类	090503 森林保护	农学	四年	
林学类	090504T 经济林	农学	四年	2018
林学类	090505T 智慧林业	农学	四年	2021
水产类	090601 水产养殖学	农学	四年	

续上表

学科门类	专业代码及名称	学位授予门类	修业年限	增设年度
水产类	090602 海洋渔业科学与技术	农学	四年	
水产类	090603T 水族科学与技术	农学	四年	
水产类	090604TK 水生动物医学	农学	四年	2012
草学类	090701 草业科学	农学	四年	
草学类	090702T 草坪科学与工程	农学	四年	2019
医学				
基础医学类	100101K 基础医学	医学	五年	
基础医学类	100102TK 生物医学	理学	四年	2012
基础医学类	100103T 生物医学科学	理学	四年	2015
临床医学类	100201K 临床医学	医学	五年	
临床医学类	100202TK 麻醉学	医学	五年	
临床医学类	100203TK 医学影像学	医学	五年	
临床医学类	100204TK 眼视光医学	医学	五年	
临床医学类	100205TK 精神医学	医学	五年	
临床医学类	100206TK 放射医学	医学	五年	
临床医学类	100207TK 儿科学	医学	五年	2015
口腔医学类	100301K 口腔医学	医学	五年	
公共卫生与预防医学类	100401K 预防医学	医学	五年	
公共卫生与预防医学类	100402 食品卫生与营养学	理学	四年	
公共卫生与预防医学类	100403TK 妇幼保健医学	医学	五年	
公共卫生与预防医学类	100404TK 卫生监督	医学	五年	
公共卫生与预防医学类	100405TK 全球健康学	理学	四年	
公共卫生与预防医学类	100406T 运动与公共健康	理学	四年	2020
中医学类	100501K 中医学	医学	五年	
中医学类	100502K 针灸推拿学	医学	五年	
中医学类	100503K 藏医学	医学	五年	
中医学类	100504K 蒙医学	医学	五年	
中医学类	100505K 维医学	医学	五年	
中医学类	100506K 壮医学	医学	五年	
中医学类	100507K 哈医学	医学	五年	
中医学类	100508TK 傣医学	医学	五年	2012

续上表

学科门类	专业代码及名称	学位授予门类	修业年限	增设年度
中医学类	100509TK 回医学	医学	五年	2015
中医学类	100510TK 中医康复学	医学	五年	2016
中医学类	100511TK 中医养生学	医学	五年	2016
中医学类	100512TK 中医儿科学	医学	五年	2016
中医学类	100513TK 中医骨伤科学	医学	五年	2018
中西医结合类	100601K 中西医临床医学	医学	五年	
药学类	100701 药学	理学	四年	
药学类	100702 药物制剂	理学	四年	
药学类	100703TK 临床药学	理学	五年，四年	
药学类	100704T 药事管理	理学	四年	
药学类	100705T 药物分析	理学	四年	
药学类	100706T 药物化学	理学	四年	
药学类	100707T 海洋药学	理学	四年	
药学类	100708T 化妆品科学与技术	理学	四年	2018
中药学类	100801 中药学	理学	四年	
中药学类	100802 中药资源与开发	理学	四年	
中药学类	100803T 藏药学	理学	五年，四年	
中药学类	100804T 蒙药学	理学	四年	
中药学类	100805T 中药制药	工学，理学	四年	
中药学类	100806T 中草药栽培与鉴定	理学	四年	
法医学类	100901K 法医学	医学	五年	
医学技术类	101001 医学检验技术	理学	四年	
医学技术类	101002 医学实验技术	理学	四年	
医学技术类	101003 医学影像技术	理学	四年	
医学技术类	101004 眼视光学	理学	四年	
医学技术类	101005 康复治疗学	理学	四年	
医学技术类	101006 口腔医学技术	理学	四年	
医学技术类	101007 卫生检验与检疫	理学	四年	
医学技术类	101008T 听力与言语康复学	理学	五年，四年	
医学技术类	101009T 康复物理治疗	理学	四年	2016
医学技术类	101010T 康复作业治疗	理学	四年	2016

续上表

学科门类	专业代码及名称	学位授予门类	修业年限	增设年度
医学技术类	101011T 智能医学工程	工学	四年	2017
医学技术类	101012T 生物医药数据科学	理学	四年	2020
医学技术类	101013T 智能影像工程	工学	四年	2020
医学技术类	101014TK 医工学	工学	四年	2022
护理学类	101101K 护理学	理学	四年	2024 年起调整为国控
护理学类	101102TK 助产学	理学	四年	2016 年增设，2024 年起调整为国控
管理学				
管理科学与工程类	120101 管理科学	理学，管理学	五年，四年	
管理科学与工程类	120102 信息管理与信息系统	工学，管理学	四年	
管理科学与工程类	120103 工程管理	工学，管理学	四年	
管理科学与工程类	120104 房地产开发与管理	管理学	四年	
管理科学与工程类	120105 工程造价	工学，管理学	四年	
管理科学与工程类	120106TK 保密管理	管理学	四年	
管理科学与工程类	120107T 邮政管理	管理学	四年	2016
管理科学与工程类	120108T 大数据管理与应用	管理学	四年	2017
管理科学与工程类	120109T 工程审计	管理学	四年	2017
管理科学与工程类	120110T 计算金融	管理学	四年	2018
管理科学与工程类	120111T 应急管理	管理学	四年	2019
工商管理类	120201K 工商管理	管理学	四年	
工商管理类	120202 市场营销	管理学	四年	
工商管理类	120203K 会计学	管理学	四年	
工商管理类	120204 财务管理	管理学	四年	
工商管理类	120205 国际商务	管理学	四年	
工商管理类	120206 人力资源管理	管理学	四年	
工商管理类	120207 审计学	管理学	四年	
工商管理类	120208 资产评估	管理学	四年	
工商管理类	120209 物业管理	管理学	四年	
工商管理类	120210 文化产业管理	艺术学，管理学	四年	

续上表

学科门类	专业代码及名称	学位授予门类	修业年限	增设年度
工商管理类	120211T 劳动关系	管理学	四年	
工商管理类	120212T 体育经济与管理	管理学	四年	
工商管理类	120213T 财务会计教育	管理学	四年	
工商管理类	120214T 市场营销教育	管理学	四年	
工商管理类	120215T 零售业管理	管理学	四年	2016
工商管理类	120216T 创业管理	管理学	四年	2020
工商管理类	120217TK 海关稽查	管理学	四年	2021
工商管理类	120218T 内部审计	管理学	四年	2023
农业经济管理类	120301 农林经济管理	管理学	四年	
农业经济管理类	120302 农村区域发展	农学，管理学	四年	
农业经济管理类	120303TK 乡村治理	管理学	四年	2022
公共管理类	120401 公共事业管理	管理学	四年	
公共管理类	120402 行政管理	管理学	四年	
公共管理类	120403 劳动与社会保障	管理学	四年	
公共管理类	120404 土地资源管理	工学，管理学	四年	
公共管理类	120405 城市管理	管理学	四年	
公共管理类	120406TK 海关管理	管理学	四年	
公共管理类	120407T 交通管理	工学，管理学	四年	
公共管理类	120408T 海事管理	管理学	四年	
公共管理类	120409T 公共关系学	管理学	四年	
公共管理类	120410T 健康服务与管理	管理学	四年	2015
公共管理类	120411TK 海警后勤管理	管理学	四年	2016
公共管理类	120412T 医疗产品管理	管理学	四年	2017
公共管理类	120413T 医疗保险	管理学	四年	2019
公共管理类	120414T 养老服务管理	管理学	四年	2019
公共管理类	120415TK 海关检验检疫安全	管理学	四年	2020
公共管理类	120416TK 海外安全管理	管理学	四年	2020
公共管理类	120417T 自然资源登记与管理	管理学	四年	2020
公共管理类	120418T 慈善管理	管理学	四年	2021
公共管理类	120419TK 航空安防管理	管理学	四年	2022
公共管理类	120420TK 无障碍管理	管理学	四年	2022

续上表

学科门类	专业代码及名称	学位授予门类	修业年限	增设年度
图书情报与档案管理类	120501 图书馆学	管理学	四年	
图书情报与档案管理类	120502 档案学	管理学	四年	
图书情报与档案管理类	120503 信息资源管理	管理学	四年	
物流管理与工程类	120601 物流管理	管理学	四年	
物流管理与工程类	120602 物流工程	工学，管理学	四年	
物流管理与工程类	120603T 采购管理	管理学	四年	
物流管理与工程类	120604T 供应链管理	管理学	四年	2017
工业工程类	120701 工业工程	工学，管理学	四年	
工业工程类	120702T 标准化工程	管理学	四年	
工业工程类	120703T 质量管理工程	管理学	四年	
电子商务类	120801 电子商务	工学，经济学，管理学	四年	
电子商务类	120802T 电子商务及法律	管理学	四年	
电子商务类	120803T 跨境电子商务	管理学	四年	2019
旅游管理类	120901K 旅游管理	管理学	四年	
旅游管理类	120902 酒店管理	管理学	四年	
旅游管理类	120903 会展经济与管理	管理学	四年	
旅游管理类	120904T 旅游管理与服务教育	管理学	四年	
艺术学				
艺术学理论类	130101 艺术史论	艺术学	四年	
艺术学理论类	130102T 艺术管理	艺术学	四年	2016
艺术学理论类	130103T 非物质文化遗产保护	艺术学	四年	2020
音乐与舞蹈学类	130201 音乐表演	艺术学	四年	
音乐与舞蹈学类	130202 音乐学	艺术学	四年，五年	
音乐与舞蹈学类	130203 作曲与作曲技术理论	艺术学	四年，五年	
音乐与舞蹈学类	130204 舞蹈表演	艺术学	四年	
音乐与舞蹈学类	130205 舞蹈学	艺术学	四年	
音乐与舞蹈学类	130206 舞蹈编导	艺术学	四年	
音乐与舞蹈学类	130207T 舞蹈教育	艺术学	四年	2017
音乐与舞蹈学类	130208TK 航空服务艺术与管理	艺术学	四年	2018
音乐与舞蹈学类	130209T 流行音乐	艺术学	四年	2018

续上表

学科门类	专业代码及名称	学位授予门类	修业年限	增设年度
音乐与舞蹈学类	130210T 音乐治疗	艺术学	四年	2018
音乐与舞蹈学类	130211T 流行舞蹈	艺术学	四年	2018
音乐与舞蹈学类	130212T 音乐教育	艺术学	四年	2020
音乐与舞蹈学类	130213TK 冰雪舞蹈表演	艺术学	四年	2023
戏剧与影视学类	130301 表演	艺术学	四年	
戏剧与影视学类	130302 戏剧学	艺术学	四年	
戏剧与影视学类	130303 电影学	艺术学	四年	
戏剧与影视学类	130304 戏剧影视文学	艺术学	四年	
戏剧与影视学类	130305 广播电视编导	艺术学	四年	
戏剧与影视学类	130306 戏剧影视导演	艺术学	四年	
戏剧与影视学类	130307 戏剧影视美术设计	艺术学	四年	
戏剧与影视学类	130308 录音艺术	艺术学	四年	
戏剧与影视学类	130309 播音与主持艺术	艺术学	四年	
戏剧与影视学类	130310 动画	艺术学	四年	
戏剧与影视学类	130311T 影视摄影与制作	艺术学	四年	
戏剧与影视学类	130312T 影视技术	艺术学	四年	2017
戏剧与影视学类	130313T 戏剧教育	艺术学	四年	2018
戏剧与影视学类	130314TK 曲艺	艺术学	四年	2021
戏剧与影视学类	130315TK 音乐剧	艺术学	四年	2021
美术学类	130401 美术学	艺术学	四年	
美术学类	130402 绘画	艺术学	四年	
美术学类	130403 雕塑	艺术学	五年，四年	
美术学类	130404 摄影	艺术学	四年	
美术学类	130405T 书法学	艺术学	四年	
美术学类	130406T 中国画	艺术学	四年	
美术学类	130407TK 实验艺术	艺术学	四年	2013
美术学类	130408TK 跨媒体艺术	艺术学	四年	2015
美术学类	130409T 文物保护与修复	艺术学	四年	2016
美术学类	130410T 漫画	艺术学	四年	2016
美术学类	130411T 纤维艺术	艺术学	四年	2020
美术学类	130412TK 科技艺术	艺术学	四年	2021

续上表

学科门类	专业代码及名称	学位授予门类	修业年限	增设年度
美术学类	130413TK 美术教育	艺术学	四年	2021
设计学类	130501 艺术设计学	艺术学	四年	
设计学类	130502 视觉传达设计	艺术学	四年	
设计学类	130503 环境设计	艺术学	四年	
设计学类	130504 产品设计	艺术学	四年	
设计学类	130505 服装与服饰设计	艺术学	四年	
设计学类	130506 公共艺术	艺术学	四年	
设计学类	130507 工艺美术	艺术学	四年	
设计学类	130508 数字媒体艺术	艺术学	四年	
设计学类	130509T 艺术与科技	艺术学	五年，四年	
设计学类	130510TK 陶瓷艺术设计	艺术学	四年	2012
设计学类	130511T 新媒体艺术	艺术学	四年	2016
设计学类	130512T 包装设计	艺术学	四年	2016
设计学类	130513TK 珠宝首饰设计与工艺	艺术学	四年	2021

说明：本表专业目录仅限于人文社科、理工农医类，还有部分小语种专业没有罗列出来，详情请上网搜索。

专业与能力

不同专业对个人能力的要求不同，下面是12个学科门类对能力的要求。

能力类型	学科门类											
	哲学	经济学	法学	教育学	文学	历史学	理学	工学	农学	医学	管理学	艺术学
记忆能力	√	√	√	√	√	√	√	√	√	√	√	√
逻辑推理能力	√	√	√	√	√	√	√	√	√	√	√	
思维转换能力	√	√	√		√	√	√	√	√	√	√	
组织管理能力	√	√	√	√		√					√	
信息加工能力		√					√	√		√		
表象能力	√	√	√	√	√	√	√	√	√	√	√	√
语言能力	√	√	√	√	√	√					√	√
人际交往能力	√		√	√						√	√	√
自然认知能力	√						√	√	√	√		√
数学能力	√	√					√	√	√	√	√	

续上表

<table>
<tr><th rowspan="2">能力类型</th><th colspan="12">学科门类</th></tr>
<tr><th>哲学</th><th>经济学</th><th>法学</th><th>教育学</th><th>文学</th><th>历史学</th><th>理学</th><th>工学</th><th>农学</th><th>医学</th><th>管理学</th><th>艺术学</th></tr>
<tr><td>美术能力</td><td></td><td></td><td></td><td></td><td></td><td></td><td></td><td>√</td><td></td><td></td><td></td><td>√</td></tr>
<tr><td>音乐能力</td><td></td><td></td><td></td><td></td><td></td><td></td><td></td><td></td><td></td><td></td><td></td><td>√</td></tr>
<tr><td>动手操作能力</td><td></td><td></td><td></td><td></td><td></td><td></td><td>√</td><td>√</td><td>√</td><td>√</td><td></td><td>√</td></tr>
<tr><td>空间能力</td><td></td><td></td><td></td><td></td><td></td><td></td><td></td><td>√</td><td></td><td>√</td><td></td><td></td></tr>
</table>

大学专业18个学群[①]

<table>
<tr><th>学群</th><th>包含专业</th><th>需要能力</th><th>主要职业发展</th></tr>
<tr><td>资讯学群</td><td>计算机科学与技术、信息与计算科学、网络工程、电子商务、通信工程等</td><td>阅读能力、计算能力、科学能力、抽象推理能力</td><td>程序设计师、信息系统分析师、信息管理人员、信息产品研发人员、网络管理工程师、电子商务设计师、多媒体设计师、计算机游戏设计师等</td></tr>
<tr><td rowspan="6">工程学群</td><td rowspan="6">机械工程、机械设计制造及其自动化、交通工程、土木工程、水利水电工程、化学工程与工艺、能源与动力工程、核工程与核技术、工业工程、车辆工程、测控技术与仪器等</td><td rowspan="6">阅读能力、计算能力、科学能力、抽象推理能力、机械推理能力、操作能力</td><td>电机电子：电机工程师、电子工程师、光电工程师、自动化工程师、通信工程师、仪表工程师</td></tr>
<tr><td>机械工程：动力工程师、航空工程师、汽车工程师、造船工程师、机械设计工程师、电整合工程师</td></tr>
<tr><td>土木工程：土木工程师、工程监理、大地工程师、结构工程师、建筑师、营建管理专业人员、工程技术与管理研究员</td></tr>
<tr><td>化学工程：化学工程师、环境工程师、分析工程师、药剂工程师</td></tr>
<tr><td>材料工程：冶金工程师、材料工程师、材料分析工程师、材料研发人员</td></tr>
<tr><td>科技管理：工业工程师、决策分析师、品管工程师、物料管理工程师、生产管理等</td></tr>
<tr><td>数理化学群</td><td>数学与应用数学、化学、物理学等</td><td>阅读能力、计算能力、科学能力、抽象推理能力、机械推理能力</td><td>数学研究与教学人员、物理研究与教学人员、化学研究与教学人员、理化技术咨询服务人员、保险精算师、统计分析师等</td></tr>
</table>

① 程雪峰，等. 生涯规划(高中)[M]. 杭州：浙江教育出版社，2017，8：81-82.

续上表

学群	包含专业	需要能力	主要职业发展
医药卫生学群	临床医学、预防医学、医学影像学、医学检验技术、药学、临床药学、中药学、中医学、针灸推拿学等	阅读能力、科学能力、操作能力、助人能力	医师、药师、护理师、公共卫生专员、营养师、物理治疗师、病理药理研究人员等
生命科学学群	生物工程、生物科学、动物科学、生物制药、生物技术等	阅读能力、科学能力、操作能力	生物教师、生物学研究人员、动植物研究人员、生物科技专业人员、生态保育专业人员、病理药理研究人员等
生物资源学群	动物科学、动物医学、环境工程、环境科学、水产养殖学、林学、园林、园艺、食品科学与工程等	阅读能力、科学能力、操作能力	兽医师、生态保育专业人员、生物技术研发人员、农药及肥料研发人员、景观设计规划师、园艺企业经营人员、牧场经营人员、畜牧业技师、畜产管理人员、食品研发品管人员、动物园技师、环保技师、自然资源保育师、环境保育师等
地球与环境学群	大气科学、地理科学、地球化学、应用气象学等	阅读能力、科学能力、操作能力、空间关系	地球科学教师、天文学研究人员、气象学研究人员、地质学及地球科学研究人员、地质探测工程师、勘探工程师、地震研究员、采矿工程师、测量师、环境工程师等
建筑与设计学群	建筑学、服装设计与工程、工业设计等	阅读能力、操作能力、空间关系、抽象推理能力、艺术创作能力等	建筑师、景观设计师、室内设计师、美术设计师、商业设计师、工业设计师、多媒体设计师、服装设计师等
艺术学群	音乐学、音乐表演、绘画、雕塑、美术学、舞蹈学、戏剧学、表演等	阅读能力、操作能力、空间关系、艺术创作能力、音乐能力	美术教师、音乐教师、舞蹈教师、舞蹈家、画家、音乐家、作家、表演工作者、剧作家、导演、灯光师、舞台设计师等
社会与心理学群	心理学、应用心理学、社会工作、社会学、公共事业管理等	阅读能力、语文运用能力、助人能力、亲和力	临床心理师、心理辅导教师、社会工作人员、社会学研究人员、心理学研究人员、社会服务经理人员、人力资源师等
大众传播学群	新闻学、广播电视编导、广播电视学、编辑出版学、广告学、传播学	阅读能力、语文运用能力、文艺创作能力、艺术创作能力、操作能力	新闻记者、广告企划人员、广播或电视专业人员、编辑、表演工作者、摄影师、导演、广告或公关人员、图像处理师、数字内容创作人员、媒体设计人员、动画设计人员等

续上表

学群	包含专业	需要能力	主要职业发展
外语学群	英语、法语、西班牙语、日语等	阅读能力、语文运用能力、文艺创作能力、文书速度与准确度	外语教师、编译人员、语言学研究人员、外贸拓展人员、外交人员、旅游行业人员等
文史哲学群	汉语言、汉语言文学、历史学、哲学等	阅读能力、语文运用能力、文艺创作能力、文书速度与准确度	文史教师、文字编辑、作家或评论家、文物管理员、哲学历史研究人员、语言学研究人员等
教育学群	教育学、学前教育、特殊教育、思想政治教育等	阅读能力、语文运用能力、助人能力、亲和力	中学教师、小学教师、学前教育教师、教育机构专业人员、校长及学校主管人员、教育研究人员等
法政学群	法学、犯罪学、治安学、知识产权、侦查学、政治学与行政学等	阅读能力、语文运用能力、组织能力、领导能力	律师、法官、检察官、书记官、法律专业人员、政府行政人员、安全人员等
管理学群	管理科学、工商管理、人力资源管理、行政管理等	阅读能力、语文运用能力、亲和力、组织能力、领导能力、销售能力	行政或财务经理人员、证券或财务经纪人、人事或产业经理人员、市场销售经理人员、市场分析人员、工商服务业经理人员等
财经学群	保险学、财务管理、财政学、国际经济与贸易、国际商务、金融工程、金融学、经济学、经济统计学、会计学、市场营销、税收学、投资学、资产评估等	计算能力、文书速度与准确度、阅读能力、组织能力、销售能力	会计师、税务专业人员、金融专业人员、财务经理人员、证券或财务经纪人、商业作业经理人员、保险专业人员等
游憩与运动学群	旅游管理、体育教育、运动训练、社会体育等	沟通能力、亲和力、销售能力、操作能力、艺术创作能力、空间关系	旅馆餐饮管理人员、休闲游憩管理人员、运动员、体育教练、体育教师、体育休闲事业经理、运动器材经营者等

全国高校第四轮学科评估结果①

一级学科代码及名称：0101 哲学。

评估结果	学校代码及名称	评估结果	学校代码及名称
A+	10001 北京大学	B-	10140 辽宁大学
	10246 复旦大学		10270 上海师范大学
A	10002 中国人民大学		10285 苏州大学
	10284 南京大学		10141 大连理工大学
A-	10027 北京师范大学		10533 中南大学
	10183 吉林大学		10574 华南师范大学
	10486 武汉大学		10635 西南大学
	10558 中山大学		10698 西安交通大学
B+	10003 清华大学	C+	10053 中国政法大学
	10055 南开大学		10075 河北大学
	10212 黑龙江大学		10357 安徽大学
	10269 华东师范大学		10385 华侨大学
	10286 东南大学		10403 南昌大学
	10335 浙江大学		10475 河南大学
	10422 山东大学		10512 湖北大学
	10487 华中科技大学		10520 中南财经政法大学
B	10052 中央民族大学		10730 兰州大学
	10108 山西大学	C	10203 吉林师范大学
	10145 东北大学		10280 上海大学
	10247 同济大学		10531 吉首大学
	10319 南京师范大学		10590 深圳大学
	10384 厦门大学		10656 西南民族大学
	10542 湖南师范大学		10673 云南大学
	10610 四川大学	C-	10094 河北师范大学
	10718 陕西师范大学		10166 沈阳师范大学

① 教育部学位与研究生教育发展中心. 全国第四轮学科评估结果公布(CUSR)[EB/OL]. (2022-03-18)[2024-01-25]. https://www.cdgdc.edu.cn/dslxkpgjggb/.

续上表

评估结果	学校代码及名称	评估结果	学校代码及名称
C-	10370 安徽师范大学	C	10636 四川师范大学
	10476 河南师范大学		10652 西南政法大学
C	10593 广西大学		10681 云南师范大学

一级学科代码及名称：0201 理论经济学。

评估结果	学校代码及名称	评估结果	学校代码及名称
A+	10002 中国人民大学	B	10610 四川大学
	10246 复旦大学		10673 云南大学
A	10001 北京大学	B-	10038 首都经济贸易大学
	10055 南开大学		10200 东北师范大学
A-	10027 北京师范大学		10512 湖北大学
	10284 南京大学		10530 湘潭大学
	10335 浙江大学		10532 湖南大学
	10486 武汉大学		10559 暨南大学
	10697 西北大学		10574 华南师范大学
B+	10003 清华大学		10718 陕西师范大学
	10034 中央财经大学		10755 新疆大学
	10183 吉林大学	C+	10007 北京理工大学
	10272 上海财经大学		10052 中央民族大学
	10384 厦门大学		10053 中国政法大学
	10422 山东大学		10070 天津财经大学
	10487 华中科技大学		10075 河北大学
	10558 中山大学		10125 山西财经大学
	10651 西南财经大学		10269 华东师范大学
B	10036 对外经济贸易大学		10327 南京财经大学
	10140 辽宁大学		10475 河南大学
	10173 东北财经大学		10542 湖南师范大学
	10394 福建师范大学	C	10108 山西大学
	10421 江西财经大学		10207 吉林财经大学
	10520 中南财经政法大学		10212 黑龙江大学
	10590 深圳大学		10357 安徽大学

续上表

评估结果	学校代码及名称	评估结果	学校代码及名称
C	10456 山东财经大学	C-	10011 北京工商大学
	10511 华中师范大学		10280 上海大学
	10611 重庆大学		10689 云南财经大学
	10636 四川师范大学		10698 西安交通大学
	11065 青岛大学		10730 兰州大学
	11482 浙江财经大学		10741 兰州财经大学
			11287 南京审计大学

一级学科代码及名称：0202 应用经济学。

评估结果	学校代码及名称	评估结果	学校代码及名称
A+	10001 北京大学	B+	10286 东南大学
	10002 中国人民大学		10335 浙江大学
	10034 中央财经大学		10353 浙江工商大学
A	10036 对外经济贸易大学		10456 山东财经大学
	10173 东北财经大学		10486 武汉大学
	10272 上海财经大学		10487 华中科技大学
	10384 厦门大学		10532 湖南大学
A-	10003 清华大学		10558 中山大学
	10055 南开大学		10559 暨南大学
	10246 复旦大学		11482 浙江财经大学
	10421 江西财经大学	B	10007 北京理工大学
	10422 山东大学		10011 北京工商大学
	10520 中南财经政法大学		10125 山西财经大学
	10651 西南财经大学		10141 大连理工大学
	10698 西安交通大学		10247 同济大学
B+	10004 北京交通大学		10269 华东师范大学
	10038 首都经济贸易大学		10273 上海对外经贸大学
	10070 天津财经大学		10280 上海大学
	10140 辽宁大学		10327 南京财经大学
	10183 吉林大学		10357 安徽大学
	10284 南京大学		10423 中国海洋大学

续上表

评估结果	学校代码及名称
B	10497 武汉理工大学
	10593 西大学
	10611 重庆大学
	10689 云南财经大学
B-	10200 东北师范大学
	10240 哈尔滨商业大学
	10251 华东理工大学
	10285 苏州大学
	10319 南京师范大学
	10337 浙江工业大学
	10378 安徽财经大学
	10385 华侨大学
	10475 河南大学
	10491 中国地质大学
	10534 湖南科技大学
	10610 四川大学
	10730 兰州大学
	11799 重庆工商大学
	11846 广东外语外贸大学
	90026 军事经济学院
C+	10027 北京师范大学
	10207 吉林财经大学
	10403 南昌大学
	10427 济南大学
	10459 郑州大学
	10484 河南财经政法大学
	10511 华中师范大学
	10536 长沙理工大学
	10574 华南师范大学
	10592 广东财经大学
	10697 西北大学
C+	10766 新疆财经大学
	11560 西安财经学院
	11646 宁波大学
	11832 河北经贸大学
C	10008 北京科技大学
	10075 河北大学
	10126 内蒙古大学
	10270 上海师范大学
	10276 华东政法大学
	10290 中国矿业大学
	10295 江南大学
	10299 江苏大学
	10320 江苏师范大学
	10338 浙江理工大学
	10433 山东理工大学
	10589 海南大学
	10652 西南政法大学
	10656 西南民族大学
	10671 贵州财经大学
	10673 云南大学
	10741 兰州财经大学
	11287 南京审计大学
	11414 中国石油大学
C-	10052 中央民族大学
	10053 中国政法大学
	10058 天津工业大学
	10069 天津商业大学
	10139 内蒙古财经大学
	10360 安徽工业大学
	10602 广西师范大学
	10657 贵州大学

续上表

评估结果	学校代码及名称	评估结果	学校代码及名称
C-	10681 云南师范大学	C-	10759 石河子大学
	10718 陕西师范大学		11664 西安邮电大学

一级学科代码及名称：0301 法学。

评估结果	学校代码及名称	评估结果	学校代码及名称
A+	10002 中国人民大学	B+	10611 重庆大学
	10053 中国政法大学		10726 西北政法大学
A	10001 北京大学	B	10034 中央财经大学
	10003 清华大学		10041 中国人民公安大学
	10276 华东政法大学		10151 大连海事大学
	10486 武汉大学		10212 黑龙江大学
	10652 西南政法大学		10247 同济大学
A-	10036 对外经济贸易大学		10272 上海财经大学
	10183 吉林大学		10357 安徽大学
	10248 上海交通大学		10421 江西财经大学
	10284 南京大学		10423 中国海洋大学
	10335 浙江大学		10459 郑州大学
	10384 厦门大学		10532 湖南大学
	10520 中南财经政法大学		10542 湖南师范大学
B+	10006 北京航空航天大学		10589 海南大学
	10027 北京师范大学		10651 西南财经大学
	10055 南开大学		11066 烟台大学
	10140 辽宁大学	B-	10052 中央民族大学
	10246 复旦大学		10353 浙江工商大学
	10285 苏州大学		10386 福州大学
	10319 南京师范大学		10475 河南大学
	10422 山东大学		10487 华中科技大学
	10530 湘潭大学		10559 暨南大学
	10533 中南大学		10561 华南理工大学
	10558 中山大学		10590 深圳大学
	10610 四川大学		10592 广东财经大学

续上表

评估结果	学校代码及名称	评估结果	学校代码及名称
B-	10673 云南大学	C	10166 沈阳师范大学
	10698 西安交通大学		10173 东北财经大学
	10730 兰州大学		10251 华东理工大学
	11406 甘肃政法学院		10294 河海大学
	11835 上海政法学院		10394 福建师范大学
C+	10007 北京理工大学		10484 河南财经政法大学
	10030 北京外国语大学		10524 中南民族大学
	10075 河北大学		10656 西南民族大学
	10108 山西大学		10674 昆明理工大学
	10126 内蒙古大学		11117 扬州大学
	10254 上海海事大学		11832 河北经贸大学
	10273 上海对外经贸大学	C-	10009 北方工业大学
	10280 上海大学		10011 北京工商大学
	10385 华侨大学		10079 华北电力大学
	10511 华中师范大学		10270 上海师范大学
	10657 贵州大学		10327 南京财经大学
	10755 新疆大学		10346 杭州师范大学
	11078 广州大学		10378 安徽财经大学
	11646 宁波大学		10497 武汉理工大学
	11846 广东外语外贸大学		10574 华南师范大学
C	10004 北京交通大学		10593 广西大学
	10028 首都师范大学		10602 广西师范大学
	10065 天津师范大学		11065 青岛大学
	10125 山西财经大学		11482 浙江财经大学

一级学科代码及名称：0302 政治学。

评估结果	学校代码及名称	评估结果	学校代码及名称
A+	10001 北京大学	A-	10055 南开大学
	10246 复旦大学		10183 吉林大学
A	10002 中国人民大学		10511 华中师范大学
A-	10003 清华大学	B+	10053 中国政法大学

续上表

评估结果	学校代码及名称	评估结果	学校代码及名称
B+	10065 天津师范大学	C+	10028 首都师范大学
	10269 华东师范大学		10248 上海交通大学
	10271 上海外国语大学		10270 上海师范大学
	10284 南京大学		10385 华侨大学
	10384 厦门大学		10530 湘潭大学
	10422 山东大学		10590 深圳大学
	10673 云南大学		10652 西南政法大学
B	10036 对外经济贸易大学	C	10140 辽宁大学
	10200 东北师范大学		10212 黑龙江大学
	10276 华东政法大学		10345 浙江师范大学
	10285 苏州大学		10423 中国海洋大学
	10486 武汉大学		10459 郑州大学
	10558 中山大学		10476 河南师范大学
	10559 暨南大学		11846 广东外语外贸大学
B-	10027 北京师范大学	C-	10165 辽宁师范大学
	10030 北京外国语大学		10447 聊城大学
	10108 山西大学		10608 广西民族大学
	10247 同济大学		10663 贵州师范大学
	10319 南京师范大学		10718 陕西师范大学
	10542 湖南师范大学		10719 延安大学
	10574 华南师范大学		10755 新疆大学
	10610 四川大学		11065 青岛大学
	10638 西华师范大学		

一级学科代码及名称：0303 社会学。

评估结果	学校代码及名称	评估结果	学校代码及名称
A+	10001 北京大学	A-	10280 上海大学
	10002 中国人民大学	B+	10052 中央民族大学
A	10284 南京大学		10055 南开大学
A-	10003 清华大学		10183 吉林大学
	10246 复旦大学		10251 华东理工大学

续上表

评估结果	学校代码及名称	评估结果	学校代码及名称
B+	10269 华东师范大学	C+	10357 安徽大学
	10487 华中科技大学		10610 四川大学
	10558 中山大学		10651 西南财经大学
B	10019 中国农业大学		10673 云南大学
	10294 河海大学	C	10285 苏州大学
	10335 浙江大学		10319 南京师范大学
	10384 厦门大学		10427 济南大学
	10486 武汉大学		10635 西南大学
	10511 华中师范大学		10672 贵州民族大学
B-	10027 北京师范大学		10712 西北农林科技大学
	10034 中央财经大学		10730 兰州大学
	10053 中国政法大学	C-	10166 沈阳师范大学
	10422 山东大学		10217 哈尔滨工程大学
	10533 中南大学		10418 赣南师范大学
	10691 云南民族大学		10542 湖南师范大学
	10698 西安交通大学		10681 云南师范大学
C+	10213 哈尔滨工业大学		10742 西北民族大学
	10345 浙江师范大学		

一级学科代码及名称：0304 民族学。

评估结果	学校代码及名称	评估结果	学校代码及名称
A+	10052 中央民族大学	B-	10718 陕西师范大学
	10673 云南大学	C+	10610 四川大学
A-	10524 中南民族大学		10742 西北民族大学
B+	10558 中山大学		10762 新疆师范大学
	10656 西南民族大学	C	10135 内蒙古师范大学
	10730 兰州大学		10517 湖北民族学院
B	10126 内蒙古大学		10695 西藏民族大学
	10608 广西民族大学	C-	10531 吉首大学
	10691 云南民族大学		10672 贵州民族大学
B-	10384 厦门大学		11407 北方民族大学
	1074 宁夏大学		

一级学科代码及名称：0305 马克思主义理论。

评估结果	学校代码及名称	评估结果	学校代码及名称
A+	10002 中国人民大学	B+	10280 上海大学
	10003 清华大学		10284 南京大学
	10200 东北师范大学		10285 苏州大学
	10486 武汉大学		10294 河海大学
A	10001 北京大学		10359 合肥工业大学
	10183 吉林大学		10445 山东师范大学
	10246 复旦大学		10459 郑州大学
	10319 南京师范大学		10487 华中科技大学
	10422 山东大学		10497 武汉理工大学
	10511 华中师范大学		10530 湘潭大学
	10558 中山大学		10532 湖南大学
A-	10027 北京师范大学		10602 广西师范大学
	10028 首都师范大学		10613 西南交通大学
	10055 南开大学		10718 陕西师范大学
	10269 华东师范大学		10730 兰州大学
	10335 浙江大学		90021 南京政治学院
	10394 福建师范大学	B	10008 北京科技大学
	10414 江西师范大学		10053 中国政法大学
	10533 中南大学		10094 河北师范大学
	10574 华南师范大学		10151 大连海事大学
	10610 四川大学		10212 黑龙江大学
	10635 西南大学		10217 哈尔滨工程大学
	10698 西安交通大学		10248 上海交通大学
B+	10004 北京交通大学		10270 上海师范大学
	10034 中央财经大学		10287 南京航空航天大学
	10065 天津师范大学		10345 浙江师范大学
	10140 辽宁大学		10370 安徽师范大学
	10231 哈尔滨师范大学		10384 厦门大学
	10247 同济大学		10475 河南大学
	10272 上海财经大学		10491 中国地质大学

续上表

评估结果	学校代码及名称
B	10534 湖南科技大学
B	10542 湖南师范大学
B	10561 华南理工大学
B	10663 贵州师范大学
B	10700 西安理工大学
B	10755 新疆大学
B	10762 新疆师范大学
B	11117 扬州大学
B	11414 中国石油大学
B-	10006 北京航空航天大学
B-	10075 河北大学
B-	10108 山西大学
B-	10126 内蒙古大学
B-	10165 辽宁师范大学
B-	10214 哈尔滨理工大学
B-	10251 华东理工大学
B-	10288 南京理工大学
B-	10290 中国矿业大学
B-	10295 江南大学
B-	10299 江苏大学
B-	10320 江苏师范大学
B-	10351 温州大学
B-	10357 安徽大学
B-	10446 曲阜师范大学
B-	10512 湖北大学
B-	10524 中南民族大学
B-	10593 广西大学
B-	10651 西南财经大学
B-	10673 云南大学
B-	10704 西安科技大学
B-	10736 西北师范大学
B-	11658 海南师范大学
C+	10007 北京理工大学
C+	10080 河北工业大学
C+	10118 山西师范大学
C+	10213 哈尔滨工业大学
C+	10225 东北林业大学
C+	10276 华东政法大学
C+	10338 浙江理工大学
C+	10346 杭州师范大学
C+	10353 浙江工商大学
C+	10386 福州大学
C+	10389 福建农林大学
C+	10406 南昌航空大学
C+	10421 江西财经大学
C+	10460 河南理工大学
C+	10476 河南师范大学
C+	10477 信阳师范学院
C+	10490 武汉工程大学
C+	10520 中南财经政法大学
C+	10589 海南大学
C+	10617 重庆邮电大学
C+	10623 西华大学
C+	10637 重庆师范大学
C+	10710 长安大学
C+	11075 三峡大学
C+	11078 广州大学
C	10009 北方工业大学
C	10052 中央民族大学
C	10079 华北电力大学
C	10125 山西财经大学
C	10167 渤海大学

续上表

评估结果	学校代码及名称
C	10186 长春理工大学
C	10201 北华大学
C	10304 南通大学
C	10360 安徽工业大学
C	10418 赣南师范大学
C	10488 武汉科技大学
C	10495 武汉纺织大学
C	10536 长沙理工大学
C	10590 深圳大学
C	10608 广西民族大学
C	10611 重庆大学
C	10615 西南石油大学
C	10618 重庆交通大学
C	10619 西南科技大学
C	10638 西华师范大学
C	10652 西南政法大学
C	10671 贵州财经大学
C	10681 云南师范大学
C	10719 延安大学
C-	10010 北京化工大学
C-	10011 北京工商大学
C-	10019 中国农业大学
C-	10148 辽宁石油化工大学
C-	10166 沈阳师范大学
C-	10205 长春师范大学
C-	10216 燕山大学
C-	10327 南京财经大学
C-	10407 江西理工大学
C-	10456 山东财经大学
C-	10463 河南工业大学
C-	10464 河南科技大学
C-	10466 河南农业大学
C-	10555 南华大学
C-	10592 广东财经大学
C-	10603 广西师范学院
C-	10616 成都理工大学
C-	10689 云南财经大学
C-	10731 兰州理工大学
C-	11646 宁波大学
C-	11799 重庆工商大学

一级学科代码及名称：0401 教育学。

评估结果	学校代码及名称
A+	10027 北京师范大学
A+	10269 华东师范大学
A	10200 东北师范大学
A	10319 南京师范大学
A	10511 华中师范大学
A-	10001 北京大学
A-	10028 首都师范大学
A-	10335 浙江大学
A-	10574 华南师范大学
A-	10635 西南大学
B+	10003 清华大学
B+	10270 上海师范大学
B+	10345 浙江师范大学
B+	10384 厦门大学
B+	10445 山东师范大学
B+	10475 河南大学

续上表

评估结果	学校代码及名称	评估结果	学校代码及名称
B+	10487 华中科技大学	C+	10118 山西师范大学
	10542 湖南师范大学		10135 内蒙古师范大学
	10718 陕西师范大学		10247 同济大学
	10736 西北师范大学		10295 江南大学
B	10007 北京理工大学		10351 温州大学
	10056 天津大学		11078 广州大学
	10065 天津师范大学		11646 宁波大学
	10165 辽宁师范大学	C	10005 北京工业大学
	10166 沈阳师范大学		10167 渤海大学
	10231 哈尔滨师范大学		10203 吉林师范大学
	10320 江苏师范大学		10337 浙江工业大学
	10414 江西师范大学		10418 赣南师范大学
	10602 广西师范大学		10512 湖北大学
	10636 四川师范大学		10524 中南民族大学
B-	10075 河北大学		10663 贵州师范大学
	10285 苏州大学		10673 云南大学
	10346 杭州师范大学		11117 扬州大学
	10370 安徽师范大学	C-	10066 天津职业技术师范大学
	10394 福建师范大学		10205 长春师范大学
	10446 曲阜师范大学		10299 江苏大学
	10476 河南师范大学		10373 淮北师范大学
	10637 重庆师范大学		10451 鲁东大学
	10681 云南师范大学		10513 湖北师范大学
	10762 新疆师范大学		10590 深圳大学
C+	10052 中央民族大学		10603 广西师范学院
	10094 河北师范大学		10759 石河子大学
	10108 山西大学		11658 海南师范大学

一级学科代码及名称：0402 心理学。

评估结果	学校代码及名称	评估结果	学校代码及名称
A+	10001 北京大学	B-	10533 中南大学
	10027 北京师范大学		10542 湖南师范大学
	10574 华南师范大学		10558 中山大学
A-	10269 华东师范大学	C+	10285 苏州大学
	10635 西南大学		10394 福建师范大学
B+	10065 天津师范大学		10590 深圳大学
	10319 南京师范大学		10736 西北师范大学
	10335 浙江大学	C	10135 内蒙古师范大学
	10511 华中师范大学		10346 杭州师范大学
	10718 陕西师范大学		10475 河南大学
B	10028 首都师范大学		10663 贵州师范大学
	10165 辽宁师范大学		11078 广州大学
	10270 上海师范大学	C-	10003 清华大学
	10445 山东师范大学		10043 北京体育大学
	90032 第四军医大学		10094 河北师范大学
B-	10200 东北师范大学		10183 吉林大学
	10345 浙江师范大学		10366 安徽医科大学
	10414 江西师范大学		10446 曲阜师范大学

一级学科代码及名称：0403 体育学。

评估结果	学校代码及名称	评估结果	学校代码及名称
A+	10043 北京体育大学	A-	10653 成都体育学院
	10277 上海体育学院	B+	10003 清华大学
A	10269 华东师范大学		10027 北京师范大学
A-	10071 天津体育学院		10029 首都体育学院
	10394 福建师范大学		10176 沈阳体育学院
	10522 武汉体育学院		10285 苏州大学
	10574 华南师范大学		10335 浙江大学

续上表

评估结果	学校代码及名称
B+	10511 华中师范大学
B	10108 山西大学
	10200 东北师范大学
	10208 吉林体育学院
	10319 南京师范大学
	10446 曲阜师范大学
	10542 湖南师范大学
	10585 广州体育学院
	10727 西安体育学院
B-	10094 河北师范大学
	10165 辽宁师范大学
	10330 南京体育学院
	10445 山东师范大学
	10457 山东体育学院
	10475 河南大学
	10718 陕西师范大学
	11646 宁波大学
C+	10118 山西师范大学
	10345 浙江师范大学
	10370 安徽师范大学
	10414 江西师范大学
	10459 郑州大学
	10602 广西师范大学
	10681 云南师范大学
	10736 西北师范大学
	10762 新疆师范大学
	11117 扬州大学
C	10476 河南师范大学
	10512 湖北大学
	10531 吉首大学
	10590 深圳大学
	10635 西南大学
C-	10166 沈阳师范大学
	10183 吉林大学
	10231 哈尔滨师范大学
	10247 同济大学
	10270 上海师范大学
	10320 江苏师范大学
	10346 杭州师范大学
	10390 集美大学

一级学科代码及名称：0501 中国语言文学。

评估结果	学校代码及名称
A+	10001 北京大学
	10027 北京师范大学
A	10246 复旦大学
	10269 华东师范大学
	10284 南京大学
	10335 浙江大学
	10422 山东大学
	10610 四川大学
A-	10002 中国人民大学
	10028 首都师范大学
	10055 南开大学
	10319 南京师范大学
	10486 武汉大学
	10558 中山大学
B+	10003 清华大学
	10032 北京语言大学
	10052 中央民族大学
	10183 吉林大学
	10200 东北师范大学
	10270 上海师范大学
	10285 苏州大学
	10345 浙江师范大学
	10394 福建师范大学
	10445 山东师范大学
	10475 河南大学
	10511 华中师范大学
	10559 暨南大学
	10635 西南大学
	10718 陕西师范大学
B	10065 天津师范大学
	10075 河北大学

评估结果	学校代码及名称
B	10094 河北师范大学
	10126 内蒙古大学
	10212 黑龙江大学
	10231 哈尔滨师范大学
	10280 上海大学
	10320 江苏师范大学
	10384 厦门大学
	10542 湖南师范大学
	10574 华南师范大学
	10602 广西师范大学
	10636 四川师范大学
	10697 西北大学
	10736 西北师范大学
	11117 扬州大学
B-	10033 中国传媒大学
	10108 山西大学
	10248 上海交通大学
	10357 安徽大学
	10370 安徽师范大学
	10414 江西师范大学
	1014 辽宁大学
	10446 曲阜师范大学
	10487 华中科技大学
	10512 湖北大学
	10608 广西民族大学
	10673 云南大学
	10730 兰州大学
	10755 新疆大学
C+	10030 北京外国语大学
	10135 内蒙古师范大学
	10165 辽宁师范大学

续上表

评估结果	学校代码及名称	评估结果	学校代码及名称
C+	10166 沈阳师范大学	C	10593 广西大学
	10271 上海外国语大学		10613 西南交通大学
	10346 杭州师范大学		10638 西华师范大学
	10403 南昌大学		10681 云南师范大学
	10459 郑州大学		11065 青岛大学
	10530 湘潭大学		11075 三峡大学
	10637 重庆师范大学	C-	10068 天津外国语大学
	10656 西南民族大学		10167 渤海大学
	10663 贵州师范大学		10184 延边大学
	10742 西北民族大学		10247 同济大学
	10762 新疆师范大学		10304 南通大学
	11658 海南师范大学		10451 鲁东大学
C	10031 北京第二外国语学院		10476 河南师范大学
	10203 吉林师范大学		10589 海南大学
	10337 浙江工业大学		10590 深圳大学
	10351 温州大学		10672 贵州民族大学
	10385 华侨大学		10691 云南民族大学
	10423 中国海洋大学		10749 宁夏大学
	10427 济南大学		11078 广州大学
	10524 中南民族大学		11846 广东外语外贸大学
	10532 湖南大学		

一级学科代码及名称：0502 外国语言文学。

评估结果	学校代码及名称	评估结果	学校代码及名称
A+	10001 北京大学	A	11846 广东外语外贸大学
	10030 北京外国语大学	A-	10003 清华大学
	10271 上海外国语大学		10006 北京航空航天大学
A	10212 黑龙江大学		10027 北京师范大学
	10248 上海交通大学		10036 对外经济贸易大学
	10284 南京大学		10246 复旦大学
	10335 浙江大学		10269 华东师范大学

续上表

评估结果	学校代码及名称
A-	10319 南京师范大学
	10422 山东大学
B+	10002 中国人民大学
	10032 北京语言大学
	10055 南开大学
	10184 延边大学
	10200 东北师范大学
	10247 同济大学
	10285 苏州大学
	10384 厦门大学
	10486 武汉大学
	10532 湖南大学
	10542 湖南师范大学
	10558 中山大学
	10610 四川大学
	10635 西南大学
	10650 四川外国语大学
	10724 西安外国语大学
B	10008 北京科技大学
	10028 首都师范大学
	10031 北京第二外国语学院
	10068 天津外国语大学
	10172 大连外国语大学
	10183 吉林大学
	10273 上海对外经贸大学
	10346 杭州师范大学
	10353 浙江工商大学
	10394 福建师范大学
	10423 中国海洋大学
	10475 河南大学
	10487 华中科技大学
	10511 华中师范大学
	10718 陕西师范大学
	11646 宁波大学
B-	10004 北京交通大学
	10213 哈尔滨工业大学
	10231 哈尔滨师范大学
	10254 上海海事大学
	10280 上海大学
	10345 浙江师范大学
	10445 山东师范大学
	10446 曲阜师范大学
	10459 郑州大学
	10559 暨南大学
	10561 华南理工大学
	10574 华南师范大学
	10608 广西民族大学
	10611 重庆大学
	10698 西安交通大学
	10736 西北师范大学
	11117 扬州大学
C+	10007 北京理工大学
	10053 中国政法大学
	10065 天津师范大学
	10108 山西大学
	10165 辽宁师范大学
	10270 上海师范大学
	10272 上海财经大学
	10287 南京航空航天大学
	10290 中国矿业大学
	10357 安徽大学
	10414 江西师范大学

续上表

评估结果	学校代码及名称	评估结果	学校代码及名称
C+	10476 河南师范大学	C	10697 西北大学
	10530 湘潭大学		11065 青岛大学
	10593 广西大学		90002 国防科技大学
	10602 广西师范大学	C-	10075 河北大学
	10613 西南交通大学		10079 华北电力大学
	10636 四川师范大学		10126 内蒙古大学
	10730 兰州大学		10203 吉林师范大学
	11414 中国石油大学		10251 华东理工大学
C	10022 北京林业大学		10288 南京理工大学
	10033 中国传媒大学		10320 江苏师范大学
	10094 河北师范大学		10386 福州大学
	10140 辽宁大学		10403 南昌大学
	10151 大连海事大学		10512 湖北大学
	10252 上海理工大学		10520 中南财经政法大学
	10299 江苏大学		10652 西南政法大学
	10451 鲁东大学		10656 西南民族大学
	10491 中国地质大学		10673 云南大学
	10534 湖南科技大学		10681 云南师范大学
	10590 深圳大学		10749 宁夏大学
	10637 重庆师范大学		10755 新疆大学

一级学科代码及名称：0503 新闻传播学。

评估结果	学校代码及名称	评估结果	学校代码及名称
A+	10002 中国人民大学	B+	10001 北京大学
	10033 中国传媒大学		10269 华东师范大学
A	10246 复旦大学		10280 上海大学
	10487 华中科技大学		10284 南京大学
A-	10003 清华大学		10319 南京师范大学
	10248 上海交通大学		10335 浙江大学
	10486 武汉大学		10384 厦门大学
	10559 暨南大学		10610 四川大学

续上表

评估结果	学校代码及名称	评估结果	学校代码及名称
B	10075 河北大学	C+	10140 辽宁大学
	10357 安徽大学		10611 重庆大学
	10459 郑州大学		10652 西南政法大学
	10532 湖南大学		10697 西北大学
	10542 湖南师范大学	C	10052 中央民族大学
	10558 中山大学		10053 中国政法大学
	10590 深圳大学		10183 吉林大学
	10718 陕西师范大学		10247 同济大学
B-	10271 上海外国语大学		10252 上海理工大学
	10285 苏州大学		10560 汕头大学
	10403 南昌大学		10593 广西大学
	10422 山东大学		10698 西安交通大学
	10475 河南大学	C-	10011 北京工商大学
	10561 华南理工大学		10055 南开大学
	10730 兰州大学		10270 上海师范大学
	90021 南京政治学院		10370 安徽师范大学
C+	10015 北京印刷学院		10511 华中师范大学
	10027 北京师范大学		10635 西南大学
	10030 北京外国语大学		10673 云南大学
	10065 天津师范大学		

一级学科代码及名称：0601 考古学。

评估结果	学校代码及名称	评估结果	学校代码及名称
A+	10001 北京大学	B	10486 武汉大学
	10697 西北大学		10558 中山大学
A-	10183 吉林大学	B-	10002 中国人民大学
B+	10284 南京大学		10028 首都师范大学
	10422 山东大学		10055 南开大学
	10459 郑州大学		10246 复旦大学
	10610 四川大学	C+	10094 河北师范大学
B	10335 浙江大学		10384 厦门大学

续上表

评估结果	学校代码及名称	评估结果	学校代码及名称
C+	10475 河南大学	C-	10027 北京师范大学
	10637 重庆师范大学		10108 山西大学
C	10052 中央民族大学		10357 安徽大学
	10319 南京师范大学		11417 北京联合大学
	10718 陕西师范大学		

一级学科代码及名称：0602 中国史。

评估结果	学校代码及名称	评估结果	学校代码及名称
A+	10027 北京师范大学	B	10730 兰州大学
	10246 复旦大学	B-	10052 中央民族大学
A	10001 北京大学		10075 河北大学
	10284 南京大学		10319 南京师范大学
A-	10002 中国人民大学		10335 浙江大学
	10055 南开大学		10459 郑州大学
	10511 华中师范大学		10475 河南大学
	10558 中山大学		10532 湖南大学
B+	10003 清华大学		10542 湖南师范大学
	10028 首都师范大学	C+	10065 天津师范大学
	10269 华东师范大学		10094 河北师范大学
	10384 厦门大学		10108 山西大学
	10422 山东大学		10126 内蒙古大学
	10486 武汉大学		10280 上海大学
	10610 四川大学		10285 苏州大学
	10718 陕西师范大学		10394 福建师范大学
B	10183 吉林大学		10446 曲阜师范大学
	10200 东北师范大学		10736 西北师范大学
	10270 上海师范大学	C	10165 辽宁师范大学
	10559 暨南大学		10248 上海交通大学
	10635 西南大学		10357 安徽大学
	10673 云南大学		10370 安徽师范大学
	10697 西北大学		10414 江西师范大学

续上表

评估结果	学校代码及名称	评估结果	学校代码及名称
C	10512 湖北大学	C-	10346 杭州师范大学
	10574 华南师范大学		10403 南昌大学
	11117 扬州大学		10445 山东师范大学
C-	10140 辽宁大学		10636 四川师范大学
	10203 吉林师范大学		10681 云南师范大学
	10345 浙江师范大学		

一级学科代码及名称：0603 世界史。

评估结果	学校代码及名称	评估结果	学校代码及名称
A+	10001 北京大学	B-	10511 华中师范大学
	10269 华东师范大学		10558 中山大学
A-	10028 首都师范大学		10718 陕西师范大学
	10055 南开大学	C+	10184 延边大学
	10200 东北师范大学		10422 山东大学
B+	10027 北京师范大学		10459 郑州大学
	10065 天津师范大学		10559 暨南大学
	10246 复旦大学		10574 华南师范大学
	10284 南京大学		10673 云南大学
	10486 武汉大学	C	10231 哈尔滨师范大学
	10697 西北大学		10332 苏州科技大学
B	10002 中国人民大学		10345 浙江师范大学
	10183 吉林大学		10445 山东师范大学
	10270 上海师范大学		10475 河南大学
	10335 浙江大学	C-	10094 河北师范大学
	10384 厦门大学		10140 辽宁大学
	10610 四川大学		10447 聊城大学
B-	10003 清华大学		10542 湖南师范大学
	10280 上海大学		10602 广西师范大学
	10394 福建师范大学		10635 西南大学

一级学科代码及名称：0701 数学。

评估结果	学校代码及名称
A+	10001 北京大学
	10246 复旦大学
	10422 山东大学
A	10003 清华大学
	10027 北京师范大学
	10055 南开大学
	10248 上海交通大学
	10358 中国科学技术大学
	10698 西安交通大学
A-	10183 吉林大学
	10213 哈尔滨工业大学
	10247 同济大学
	10269 华东师范大学
	10284 南京大学
	10335 浙江大学
	10486 武汉大学
	10558 中山大学
	10610 四川大学
B+	10028 首都师范大学
	10141 大连理工大学
	10200 东北师范大学
	10280 上海大学
	10285 苏州大学
	10319 南京师范大学
	10345 浙江师范大学
	10384 厦门大学
	10487 华中科技大学
	10511 华中师范大学
	10530 湘潭大学
	10532 湖南大学
	10533 中南大学
	10542 湖南师范大学
	10561 华南理工大学
	10574 华南师范大学
	10611 重庆大学
	10718 陕西师范大学
	10730 兰州大学
	90002 国防科技大学
B	10002 中国人民大学
	10005 北京工业大学
	10094 河北师范大学
	10270 上海师范大学
	10290 中国矿业大学
	10357 安徽大学
	10386 福州大学
	10394 福建师范大学
	10459 郑州大学
	10635 西南大学
	10673 云南大学
	10697 西北大学
	10699 西北工业大学
	10736 西北师范大学
	10755 新疆大学
	11078 广州大学
B-	10004 北京交通大学
	10008 北京科技大学
	10108 山西大学
	10126 内蒙古大学
	10251 华东理工大学
	10287 南京航空航天大学

续上表

评估结果	学校代码及名称
B-	10288 南京理工大学
	10300 南京信息工程大学
	10320 江苏师范大学
	10359 合肥工业大学
	10414 江西师范大学
	10445 山东师范大学
	10446 曲阜师范大学
	10512 湖北大学
	10636 四川师范大学
	10637 重庆师范大学
	10657 贵州大学
	11117 扬州大学
	11646 宁波大学
C+	10009 北方工业大学
	10145 东北大学
	10165 辽宁师范大学
	10255 东华大学
	10299 江苏大学
	10338 浙江理工大学
	10346 杭州师范大学
	10351 温州大学
	10403 南昌大学
	10423 中国海洋大学
	10475 河南大学
	10476 河南师范大学
	10559 暨南大学
	10560 汕头大学
	10593 广西大学
	10663 贵州师范大学
	10749 宁夏大学
	11414 中国石油大学
C	10019 中国农业大学
	10079 华北电力大学
	10081 华北理工大学
	10110 中北大学
	10203 吉林师范大学
	10214 哈尔滨理工大学
	10231 哈尔滨师范大学
	10252 上海理工大学
	10337 浙江工业大学
	10370 安徽师范大学
	10491 中国地质大学
	10536 长沙理工大学
	10595 桂林电子科技大学
	10613 西南交通大学
	10616 成都理工大学
	10681 云南师范大学
	11066 烟台大学
	90006 解放军理工大学
C-	10010 北京化工大学
	10059 中国民航大学
	10065 天津师范大学
	10075 河北大学
	10078 华北水利水电大学
	10118 山西师范大学
	10140 辽宁大学
	10166 沈阳师范大学
	10167 渤海大学
	10212 黑龙江大学
	10294 河海大学
	10390 集美大学
	10460 河南理工大学

续上表

评估结果	学校代码及名称	评估结果	学校代码及名称
C-	10477 信阳师范学院	C-	10638 西华师范大学
	10513 湖北师范大学		10674 昆明理工大学
	10608 广西民族大学		11065 青岛大学
	10615 西南石油大学		

一级学科代码及名称：0702 物理学。

评估结果	学校代码及名称	评估结果	学校代码及名称
A+	10001 北京大学	B	10002 中国人民大学
	10358 中国科学技术大学		10141 大连理工大学
A	10003 清华大学		10280 上海大学
	10246 复旦大学		10285 苏州大学
	10248 上海交通大学		10476 河南师范大学
	10284 南京大学		10532 湖南大学
A-	10055 南开大学		10533 中南大学
	10183 吉林大学		10542 湖南师范大学
	10335 浙江大学		10610 四川大学
	10486 武汉大学		10611 重庆大学
	10487 华中科技大学		10697 西北大学
	10558 中山大学		10699 西北工业大学
B+	10027 北京师范大学		10718 陕西师范大学
	10108 山西大学	B-	10005 北京工业大学
	10200 东北师范大学		10008 北京科技大学
	10213 哈尔滨工业大学		10094 河北师范大学
	10247 同济大学		10126 内蒙古大学
	10269 华东师范大学		10145 东北大学
	10384 厦门大学		10186 长春理工大学
	10422 山东大学		10319 南京师范大学
	10511 华中师范大学		10394 福建师范大学
	10574 华南师范大学		10445 山东师范大学
	10698 西安交通大学		10459 郑州大学
	10730 兰州大学		10530 湘潭大学
	90002 国防科技大学		10736 西北师范大学

续上表

评估结果	学校代码及名称	评估结果	学校代码及名称
C+	10004 北京交通大学	C	10414 江西师范大学
	10165 辽宁师范大学		10593 广西大学
	10270 上海师范大学		10602 广西师范大学
	10287 南京航空航天大学		10635 西南大学
	10337 浙江工业大学		10636 四川师范大学
	10345 浙江师范大学		11646 宁波大学
	10403 南昌大学	C-	10079 华北电力大学
	10446 曲阜师范大学		10231 哈尔滨师范大学
	10475 河南大学		10252 上海理工大学
	10561 华南理工大学		10255 东华大学
	10613 西南交通大学		10288 南京理工大学
	10673 云南大学		10290 中国矿业大学
	11065 青岛大学		10357 安徽大学
C	10010 北京化工大学		10423 中国海洋大学
	10065 天津师范大学		10427 济南大学
	10140 辽宁大学		10491 中国地质大学
	10203 吉林师范大学		10512 湖北大学
	10251 华东理工大学		10657 贵州大学
	10346 杭州师范大学		11414 中国石油大学
	10370 安徽师范大学		

一级学科代码及名称：0703 化学。

评估结果	学校代码及名称	评估结果	学校代码及名称
A+	10001 北京大学	A-	10284 南京大学
	10003 清华大学		10335 浙江大学
	10358 中国科学技术大学		10386 福州大学
A	10055 南开大学		10486 武汉大学
	10183 吉林大学		10532 湖南大学
	10246 复旦大学		10558 中山大学
	10384 厦门大学		10610 四川大学
A-	10248 上海交通大学	B+	10010 北京化工大学

续上表

评估结果	学校代码及名称
B+	10027 北京师范大学
	10200 东北师范大学
	10247 同济大学
	10251 华东理工大学
	10269 华东师范大学
	10285 苏州大学
	10422 山东大学
	10459 郑州大学
	10487 华中科技大学
	10511 华中师范大学
	10635 西南大学
	10697 西北大学
	10718 陕西师范大学
	10730 兰州大学
B	10008 北京科技大学
	10108 山西大学
	10141 大连理工大学
	10145 东北大学
	10319 南京师范大学
	10370 安徽师范大学
	10426 青岛科技大学
	10445 山东师范大学
	10476 河南师范大学
	10533 中南大学
	10542 湖南师范大学
	10561 华南理工大学
	10574 华南师范大学
	10673 云南大学
	11117 扬州大学
B-	10075 河北大学
	10118 山西师范大学
B-	10126 内蒙古大学
	10212 黑龙江大学
	10255 东华大学
	10270 上海师范大学
	10357 安徽大学
	10403 南昌大学
	10414 江西师范大学
	10475 河南大学
	10530 湘潭大学
	10602 广西师范大学
	10699 西北工业大学
	10736 西北师范大学
	10755 新疆大学
	11414 中国石油大学
C+	10002 中国人民大学
	10019 中国农业大学
	10028 首都师范大学
	10140 辽宁大学
	10165 辽宁师范大学
	10213 哈尔滨工业大学
	10280 上海大学
	10345 浙江师范大学
	10346 杭州师范大学
	10351 温州大学
	10394 福建师范大学
	10524 中南民族大学
	10559 暨南大学
	10698 西安交通大学
	11658 海南师范大学
C	10065 天津师范大学
	10094 河北师范大学

续上表

评估结果	学校代码及名称	评估结果	学校代码及名称
C	10184 延边大学	C-	10186 长春理工大学
	10287 南京航空航天大学		10203 吉林师范大学
	10291 南京工业大学		10231 哈尔滨师范大学
	10299 江苏大学		10288 南京理工大学
	10338 浙江理工大学		10290 中国矿业大学
	10373 淮北师范大学		10320 江苏师范大学
	10423 中国海洋大学		10385 华侨大学
	10427 济南大学		10490 武汉工程大学
	10446 曲阜师范大学		10513 湖北师范大学
	10491 中国地质大学		10657 贵州大学
	10512 湖北大学		10691 云南民族大学
	10534 湖南科技大学		11258 大连大学
	10560 汕头大学		11646 宁波大学
	10611 重庆大学		

一级学科代码及名称：0704 天文学。

评估结果	学校代码及名称	
A+	10284 南京大学	10358 中国科学技术大学
B-	10001 北京大学	
C+	10248 上海交通大学	
C-	10027 北京师范大学	

一级学科代码及名称：0705 地理学。

评估结果	学校代码及名称	评估结果	学校代码及名称
A+	10001 北京大学	B+	10394 福建师范大学
	10027 北京师范大学		10475 河南大学
A	10269 华东师范大学		10558 中山大学
A-	10284 南京大学		10681 云南师范大学
	10319 南京师范大学		10730 兰州大学
	10486 武汉大学	B	10511 华中师范大学
B+	10028 首都师范大学		10542 湖南师范大学
	10200 东北师范大学		10574 华南师范大学

续上表

评估结果	学校代码及名称	评估结果	学校代码及名称
B	10697 西北大学	C	10065 天津师范大学
	10718 陕西师范大学		10294 河海大学
B-	10165 辽宁师范大学		10320 江苏师范大学
	10231 哈尔滨师范大学		10414 江西师范大学
	10445 山东师范大学		10491 中国地质大学
	10635 西南大学		10512 湖北大学
	10663 贵州师范大学	C-	10135 内蒙古师范大学
	10736 西北师范大学		10270 上海师范大学
C+	10094 河北师范大学		10300 南京信息工程大学
	10345 浙江师范大学		10636 四川师范大学
	10370 安徽师范大学		10637 重庆师范大学
	10423 中国海洋大学		10673 云南大学
	10746 青海师范大学		11078 广州大学
	10755 新疆大学		

一级学科代码及名称：0706 大气科学。

评估结果	学校代码及名称	评估结果	学校代码及名称
A+	10001 北京大学	C+	10003 清华大学
	10300 南京信息工程大学		10423 中国海洋大学
B	10284 南京大学	C	10558 中山大学
	90006 解放军理工大学	C-	10358 中国科学技术大学
B-	10730 兰州大学		

一级学科代码及名称：0707 海洋科学。

评估结果	学校代码及名称	评估结果	学校代码及名称
A+	10384 厦门大学	B-	10264 上海海洋大学
	10423 中国海洋大学		10335 浙江大学
B+	10247 同济大学	C+	10284 南京大学
	10558 中山大学		10294 河海大学
B	10340 浙江海洋大学		10566 广东海洋大学
	10491 中国地质大学	C	10158 大连海洋大学

续上表

评估结果	学校代码及名称	评估结果	学校代码及名称
C	10213 哈尔滨工业大学	C-	10269 华东师范大学
			90006 解放军理工大学

一级学科代码及名称：0708 地球物理学。

评估结果	学校代码及名称	评估结果	学校代码及名称
A+	10358 中国科学技术大学	C+	10247 同济大学
	10486 武汉大学	C	10183 吉林大学
B	10001 北京大学	C-	10489 长江大学
B-	10491 中国地质大学		10616 成都理工大学
	11414 中国石油大学		

一级学科代码及名称：0709 地质学。

评估结果	学校代码及名称	评估结果	学校代码及名称
A+	10284 南京大学	C+	10290 中国矿业大学
	10491 中国地质大学		10335 浙江大学
B+	10001 北京大学		10359 合肥工业大学
	10697 西北大学	C	10533 中南大学
B	10183 吉林大学		10558 中山大学
	10358 中国科学技术大学	C-	10423 中国海洋大学
B-	10616 成都理工大学		10730 兰州大学
	11414 中国石油大学		

一级学科代码及名称：0710 生物学。

评估结果	学校代码及名称	评估结果	学校代码及名称
A+	10001 北京大学	A	10504 华中农业大学
	10003 清华大学	A-	10055 南开大学
	10248 上海交通大学		10200 东北师范大学
A	10019 中国农业大学		10246 复旦大学
	10284 南京大学		10335 浙江大学
	10358 中国科学技术大学		10384 厦门大学
	10486 武汉大学		10487 华中科技大学

续上表

评估结果	学校代码及名称
A-	10558 中山大学
	10610 四川大学
B+	10025 首都医科大学
	10027 北京师范大学
	10028 首都师范大学
	10183 吉林大学
	10247 同济大学
	10269 华东师范大学
	10319 南京师范大学
	10422 山东大学
	10423 中国海洋大学
	10533 中南大学
	10559 暨南大学
	10673 云南大学
	10712 西北农林科技大学
	10718 陕西师范大学
	10730 兰州大学
	90032 第四军医大学
B	10022 北京林业大学
	10126 内蒙古大学
	10159 中国医科大学
	10161 大连医科大学
	10225 东北林业大学
	10226 哈尔滨医科大学
	10364 安徽农业大学
	10389 福建农林大学
	10475 河南大学
	10476 河南师范大学
	10511 华中师范大学
	10512 湖北大学
	10537 湖南农业大学
B	10542 湖南师范大学
	10635 西南大学
	10697 西北大学
B-	10075 河北大学
	10086 河北农业大学
	10094 河北师范大学
	10108 山西大学
	10114 山西医科大学
	10264 上海海洋大学
	10346 杭州师范大学
	10394 福建师范大学
	10403 南昌大学
	10445 山东师范大学
	10561 华南理工大学
	10574 华南师范大学
	10593 广西大学
	10626 四川农业大学
	10657 贵州大学
	10698 西安交通大学
C+	10089 河北医科大学
	10141 大连理工大学
	10165 辽宁师范大学
	10193 吉林农业大学
	10251 华东理工大学
	10270 上海师范大学
	10343 温州医科大学
	10345 浙江师范大学
	10370 安徽师范大学
	10532 湖南大学
	10538 中南林业科技大学
	10560 汕头大学

续上表

评估结果	学校代码及名称	评估结果	学校代码及名称
C+	10611 重庆大学	C	10466 河南农业大学
	10755 新疆大学		10674 昆明理工大学
	11065 青岛大学	C−	10005 北京工业大学
	11117 扬州大学		10140 辽宁大学
C	10065 天津师范大学		10160 锦州医科大学
	10145 东北大学		10166 沈阳师范大学
	10184 延边大学		10289 江苏科技大学
	10212 黑龙江大学		10299 江苏大学
	10213 哈尔滨工业大学		10359 合肥工业大学
	10231 哈尔滨师范大学		10366 安徽医科大学
	10280 上海大学		10386 福州大学
	10285 苏州大学		10524 中南民族大学
	10320 江苏师范大学		10619 西南科技大学
	10338 浙江理工大学		10637 重庆师范大学
	10341 浙江农林大学		10681 云南师范大学
	10356 中国计量大学		10699 西北工业大学
	10357 安徽大学		10749 宁夏大学
	10459 郑州大学		11075 三峡大学

一级学科代码及名称：0711 系统科学。

评估结果	学校代码及名称	评估结果	学校代码及名称
A+	10004 北京交通大学	C+	10673 云南大学
	90002 国防科技大学		11065 青岛大学
B	10252 上海理工大学	C	10610 四川大学
B−	10027 北京师范大学	C−	10637 重庆师范大学

一级学科代码及名称：0712 科学技术史。

评估结果	学校代码及名称	评估结果	学校代码及名称
A+	10008 北京科技大学	B+	10248 上海交通大学
	10358 中国科学技术大学	B	10001 北京大学
B+	10135 内蒙古师范大学		10697 西北大学

续上表

评估结果	学校代码及名称
B-	10108 山西大学
	10300 南京信息工程大学
C+	10003 清华大学
	10608 广西民族大学
C	10213 哈尔滨工业大学
	10255 东华大学
C-	10028 首都师范大学
	10676 云南农业大学

一级学科代码及名称：0713 生态学。

评估结果	学校代码及名称
A+	10335 浙江大学
	10558 中山大学
A	10001 北京大学
	10200 东北师范大学
	10730 兰州大学
A-	10027 北京师范大学
	10246 复旦大学
	10269 华东师范大学
	10284 南京大学
	10673 云南大学
B+	10003 清华大学
	10019 中国农业大学
	10055 南开大学
	10248 上海交通大学
	10358 中国科学技术大学
	10384 厦门大学
	10389 福建农林大学
	10486 武汉大学
	10610 四川大学
	10712 西北农林科技大学
B	10022 北京林业大学
	10028 首都师范大学
	10094 河北师范大学
	10126 内蒙古大学
	10225 东北林业大学
	10357 安徽大学
	10423 中国海洋大学
	10538 中南林业科技大学
	10611 重庆大学
	10697 西北大学
B-	10108 山西大学
	10364 安徽农业大学
	10370 安徽师范大学
	10394 福建师范大学
	10422 山东大学
	10537 湖南农业大学
	10542 湖南师范大学
	10559 暨南大学
	10574 华南师范大学
	10593 广西大学
C+	10052 中央民族大学
	10319 南京师范大学
	10341 浙江农林大学
	10346 杭州师范大学
	10504 华中农业大学
	10635 西南大学
	10638 西华师范大学
	10718 陕西师范大学

续上表

评估结果	学校代码及名称	评估结果	学校代码及名称
C+	10755 新疆大学	C	10677 西南林业大学
	11658 海南师范大学	C-	10086 河北农业大学
C	10002 中国人民大学		10165 辽宁师范大学
	10075 河北大学		10193 吉林农业大学
	10140 辽宁大学		10212 黑龙江大学
	10166 沈阳师范大学		10345 浙江师范大学
	10300 南京信息工程大学		10511 华中师范大学
	10403 南昌大学		10531 吉首大学
	10475 河南大学		10663 贵州师范大学
	10512 湖北大学		10749 宁夏大学
	10657 贵州大学		11075 三峡大学

一级学科代码及名称：0714 统计学。

评估结果	学校代码及名称	评估结果	学校代码及名称
A+	10001 北京大学	B+	10036 对外经济贸易大学
	10002 中国人民大学		10038 首都经济贸易大学
A	10055 南开大学		10183 吉林大学
	10200 东北师范大学		10246 复旦大学
	10269 华东师范大学		10422 山东大学
	10384 厦门大学		10520 中南财经政法大学
A-	10027 北京师范大学		10533 中南大学
	10173 东北财经大学	B	10125 山西财经大学
	10272 上海财经大学		10213 哈尔滨工业大学
	10353 浙江工商大学		10248 上海交通大学
	10358 中国科学技术大学		10357 安徽大学
	10421 江西财经大学		10486 武汉大学
B+	10003 清华大学		10487 华中科技大学
	10004 北京交通大学		10511 华中师范大学
	10005 北京工业大学		10532 湖南大学
	10028 首都师范大学		10558 中山大学
	10034 中央财经大学		10673 云南大学

续上表

评估结果	学校代码及名称
B	10689 云南财经大学
	10698 西安交通大学
B-	10140 辽宁大学
	10284 南京大学
	10285 苏州大学
	10319 南京师范大学
	10320 江苏师范大学
	10378 安徽财经大学
	10446 曲阜师范大学
	10559 暨南大学
	10610 四川大学
	10611 重庆大学
	10635 西南大学
	11078 广州大学
C+	10207 吉林财经大学
	10327 南京财经大学
	10394 福建师范大学
	10456 山东财经大学
	10475 河南大学
	10530 湘潭大学
	10542 湖南师范大学
	10697 西北大学
	10741 兰州财经大学
	11482 浙江财经大学
	11560 西安财经学院
	11799 重庆工商大学
C	10052 中央民族大学
	10075 河北大学
	10190 长春工业大学
	10280 上海大学
	10290 中国矿业大学
	10459 郑州大学
	10476 河南师范大学
	10596 桂林理工大学
	10613 西南交通大学
	10621 成都信息工程大学
	10766 新疆财经大学
	11832 河北经贸大学
C-	10008 北京科技大学
	10009 北方工业大学
	10022 北京林业大学
	10139 内蒙古财经大学
	10299 江苏大学
	10370 安徽师范大学
	10389 福建农林大学
	10491 中国地质大学
	10536 长沙理工大学
	10592 广东财经大学
	10593 广西大学
	10602 广西师范大学
	10671 贵州财经大学

一级学科代码及名称：0801 力学。

评估结果	学校代码及名称
A+	10001 北京大学
	10003 清华大学
A	10213 哈尔滨工业大学
	10698 西安交通大学

续上表

评估结果	学校代码及名称
A-	10006 北京航空航天大学
	10056 天津大学
	10141 大连理工大学
	10287 南京航空航天大学
B+	10007 北京理工大学
	10247 同济大学
	10248 上海交通大学
	10280 上海大学
	10335 浙江大学
	10358 中国科学技术大学
	10487 华中科技大学
	10699 西北工业大学
B	10004 北京交通大学
	10217 哈尔滨工程大学
	10288 南京理工大学
	10290 中国矿业大学
	10294 河海大学
	10613 西南交通大学
	10730 兰州大学
	90002 国防科技大学
B-	10005 北京工业大学
	10008 北京科技大学
	10286 东南大学
	10497 武汉理工大学
	10532 湖南大学
	10558 中山大学
	10610 四川大学
	10611 重庆大学
C+	10112 太原理工大学
	10147 辽宁工程技术大学
	10246 复旦大学
	10486 武汉大学
	10530 湘潭大学
	10559 暨南大学
	10561 华南理工大学
	10674 昆明理工大学
	11414 中国石油大学
C	10145 东北大学
	10183 吉林大学
	10299 江苏大学
	10422 山东大学
	10459 郑州大学
	10533 中南大学
	11646 宁波大学
C-	10107 石家庄铁道大学
	10128 内蒙古工业大学
	10150 大连交通大学
	10216 燕山大学
	10359 合肥工业大学
	10384 厦门大学
	10403 南昌大学
	10710 长安大学

一级学科代码及名称：0802 机械工程。

评估结果	学校代码及名称
A+	10003 清华大学
	10213 哈尔滨工业大学
	10248 上海交通大学
	10487 华中科技大学
A	10007 北京理工大学
	10056 天津大学
	10141 大连理工大学
	10335 浙江大学
	10698 西安交通大学
A-	10006 北京航空航天大学
	10183 吉林大学
	10216 燕山大学
	10247 同济大学
	10287 南京航空航天大学
	10532 湖南大学
	10533 中南大学
	10561 华南理工大学
	10611 重庆大学
	90002 国防科技大学
B+	10004 北京交通大学
	10005 北京工业大学
	10008 北京科技大学
	10112 太原理工大学
	10145 东北大学
	10280 上海大学
	10286 东南大学
	10288 南京理工大学
	10290 中国矿业大学
	10299 江苏大学
	10337 浙江工业大学
	10359 合肥工业大学
	10422 山东大学
	10497 武汉理工大学
	10613 西南交通大学
	10699 西北工业大学
	10701 西安电子科技大学
	11845 广东工业大学
B	10019 中国农业大学
	10080 河北工业大学
	10109 太原科技大学
	10150 大连交通大学
	10153 沈阳建筑大学
	10186 长春理工大学
	10214 哈尔滨理工大学
	10217 哈尔滨工程大学
	10251 华东理工大学
	10252 上海理工大学
	10255 东华大学
	10338 浙江理工大学
	10386 福州大学
	10486 武汉大学
	10488 武汉科技大学
	10610 四川大学
	10614 电子科技大学
	10615 西南石油大学
	10700 西安理工大学
	11414 中国石油大学
	90006 解放军理工大学
B-	10010 北京化工大学
	10110 中北大学

续上表

评估结果	学校代码及名称	评估结果	学校代码及名称
B-	10142 沈阳工业大学	C+	10856 上海工程技术大学
	10190 长春工业大学		11660 重庆理工大学
	10384 厦门大学		90059 火箭军工程大学
	10385 华侨大学	C	10009 北方工业大学
	10403 南昌大学		10057 天津科技大学
	10424 山东科技大学		10079 华北电力大学
	10433 山东理工大学		10107 石家庄铁道大学
	10464 河南科技大学		10143 沈阳航空航天大学
	10534 湖南科技大学		10146 辽宁科技大学
	10595 桂林电子科技大学		10220 东北石油大学
	10657 贵州大学		10285 苏州大学
	10674 昆明理工大学		10294 河海大学
	10710 长安大学		10304 南通大学
	10731 兰州理工大学		10360 安徽工业大学
	10732 兰州交通大学		10361 安徽理工大学
C+	10013 北京邮电大学		10459 郑州大学
	10022 北京林业大学		10462 郑州轻工业学院
	10058 天津工业大学		10491 中国地质大学
	10144 沈阳理工大学		10495 武汉纺织大学
	10147 辽宁工程技术大学		10500 湖北工业大学
	10225 东北林业大学		10530 湘潭大学
	10295 江南大学		10536 长沙理工大学
	10298 南京林业大学		10593 广西大学
	10336 杭州电子科技大学		11232 北京信息科技大学
	10426 青岛科技大学	C-	10066 天津职业技术师范大学
	10429 青岛理工大学		10081 华北理工大学
	10460 河南理工大学		10151 大连海事大学
	10702 西安工业大学		10254 上海海事大学
	10703 西安建筑科技大学		10259 上海应用技术大学
	10704 西安科技大学		10289 江苏科技大学
	10755 新疆大学		10291 南京工业大学

续上表

评估结果	学校代码及名称	评估结果	学校代码及名称
C-	10292 常州大学	C-	10618 重庆交通大学
	10427 济南大学		10623 西华大学
	10430 山东建筑大学		10708 陕西科技大学
	10431 齐鲁工业大学		11065 青岛大学
	10590 深圳大学		11078 广州大学

一级学科代码及名称：0803 光学工程。

评估结果	学校代码及名称	评估结果	学校代码及名称
A+	10335 浙江大学	B	10701 西安电子科技大学
	10487 华中科技大学	B-	10013 北京邮电大学
A	10056 天津大学		10075 河北大学
	90002 国防科技大学		10356 中国计量大学
A-	10007 北京理工大学		10358 中国科学技术大学
	10186 长春理工大学		10422 山东大学
	10213 哈尔滨工业大学		10558 中山大学
	10614 电子科技大学		10699 西北工业大学
B+	10003 清华大学		10702 西安工业大学
	10005 北京工业大学	C+	10108 山西大学
	10006 北京航空航天大学		10112 太原理工大学
	10055 南开大学		10141 大连理工大学
	10252 上海理工大学		10216 燕山大学
	10285 苏州大学		10287 南京航空航天大学
	10288 南京理工大学		10394 福建师范大学
	10293 南京邮电大学		10559 暨南大学
	10590 深圳大学		10611 重庆大学
B	10004 北京交通大学	C	10295 江南大学
	10217 哈尔滨工程大学		10299 江苏大学
	10246 复旦大学		10320 江苏师范大学
	10284 南京大学		10384 厦门大学
	10286 东南大学		10385 华侨大学
	10610 四川大学		10406 南昌航空大学

续上表

评估结果	学校代码及名称	评估结果	学校代码及名称
C	10486 武汉大学	C-	10357 安徽大学
	90006 解放军理工大学		10359 合肥工业大学
C-	10060 天津理工大学		10423 中国海洋大学
	10152 大连工业大学		10681 云南师范大学
	10300 南京信息工程大学		10697 西北大学
	10332 苏州科技大学		

一级学科代码及名称：0804 仪器科学与技术。

评估结果	学校代码及名称	评估结果	学校代码及名称
A+	10003 清华大学	B-	10214 哈尔滨理工大学
	10006 北京航空航天大学		10216 燕山大学
A	10056 天津大学		10217 哈尔滨工程大学
A-	10213 哈尔滨工业大学		10287 南京航空航天大学
	10248 上海交通大学		10288 南京理工大学
	10286 东南大学		10595 桂林电子科技大学
	10611 重庆大学		10699 西北工业大学
B+	10110 中北大学		10700 西安理工大学
	10183 吉林大学	C+	10005 北京工业大学
	10358 中国科学技术大学		10008 北京科技大学
	10359 合肥工业大学		10252 上海理工大学
	10614 电子科技大学		10299 江苏大学
	10698 西安交通大学		10406 南昌航空大学
	90002 国防科技大学		10486 武汉大学
B	10007 北京理工大学		10610 四川大学
	10141 大连理工大学		11232 北京信息科技大学
	10142 沈阳工业大学	C	10280 上海大学
	10186 长春理工大学		10491 中国地质大学
	10356 中国计量大学		10497 武汉理工大学
	10384 厦门大学		11660 重庆理工大学
	10701 西安电子科技大学		90005 解放军信息工程大学

续上表

评估结果	学校代码及名称	评估结果	学校代码及名称
C	90039 海军航空工程学院	C-	10293 南京邮电大学
C-	10057 天津科技大学		10500 湖北工业大学
	10075 河北大学		10615 西南石油大学
	10080 河北工业大学		11845 广东工业大学
	10220 东北石油大学		

一级学科代码及名称：0805 材料科学与工程。

评估结果	学校代码及名称	评估结果	学校代码及名称
A+	10003 清华大学	B+	10251 华东理工大学
	10006 北京航空航天大学		10255 东华大学
	10497 武汉理工大学		10280 上海大学
A	10008 北京科技大学		10284 南京大学
	10213 哈尔滨工业大学		10285 苏州大学
	10248 上海交通大学		10291 南京工业大学
	10335 浙江大学		10422 山东大学
	10699 西北工业大学		10459 郑州大学
A-	10007 北京理工大学		10487 华中科技大学
	10010 北京化工大学		10611 重庆大学
	10056 天津大学		90002 国防科技大学
	10145 东北大学	B	10055 南开大学
	10358 中国科学技术大学		10080 河北工业大学
	10533 中南大学		10217 哈尔滨工程大学
	10561 华南理工大学		10286 东南大学
	10610 四川大学		10287 南京航空航天大学
	10698 西安交通大学		10288 南京理工大学
B+	10005 北京工业大学		10299 江苏大学
	10141 大连理工大学		10359 合肥工业大学
	10183 吉林大学		10384 厦门大学
	10216 燕山大学		10488 武汉科技大学
	10246 复旦大学		10530 湘潭大学
	10247 同济大学		10532 湖南大学

续上表

评估结果	学校代码及名称
B	10558 中山大学
	10613 西南交通大学
	10614 电子科技大学
	10674 昆明理工大学
	10700 西安理工大学
	10703 西安建筑科技大学
B−	10058 天津工业大学
	10060 天津理工大学
	10110 中北大学
	10112 太原理工大学
	10142 沈阳工业大学
	10289 江苏科技大学
	10403 南昌大学
	10426 青岛科技大学
	10427 济南大学
	10464 河南科技大学
	10486 武汉大学
	10491 中国地质大学
	10708 陕西科技大学
	10731 兰州理工大学
	11414 中国石油大学
	11845 广东工业大学
C+	10109 太原科技大学
	10150 大连交通大学
	10186 长春理工大学
	10190 长春工业大学
	10214 哈尔滨理工大学
	10337 浙江工业大学
	10360 安徽工业大学
	10385 华侨大学
	10386 福州大学
C+	10408 景德镇陶瓷大学
	10490 武汉工程大学
	10512 湖北大学
	10619 西南科技大学
	10657 贵州大学
	10701 西安电子科技大学
	10702 西安工业大学
	10730 兰州大学
	11065 青岛大学
C	10004 北京交通大学
	10079 华北电力大学
	10128 内蒙古工业大学
	10222 佳木斯大学
	10290 中国矿业大学
	10292 常州大学
	10294 河海大学
	10295 江南大学
	10338 浙江理工大学
	10356 中国计量大学
	10357 安徽大学
	10406 南昌航空大学
	10423 中国海洋大学
	10589 海南大学
	10590 深圳大学
	10595 桂林电子科技大学
	10596 桂林理工大学
	10615 西南石油大学
C−	10015 北京印刷学院
	10081 华北理工大学
	10144 沈阳理工大学
	10146 辽宁科技大学

续上表

评估结果	学校代码及名称	评估结果	学校代码及名称
C-	10149 沈阳化工大学	C-	10593 广西大学
	10153 沈阳建筑大学		10710 长安大学
	10407 江西理工大学		10856 上海工程技术大学
	10424 山东科技大学		10878 安徽建筑大学
	10460 河南理工大学		11035 沈阳大学
	10500 湖北工业大学		11660 重庆理工大学
	10559 暨南大学		90038 海军工程大学

一级学科代码及名称：0806 冶金工程。

评估结果	学校代码及名称	评估结果	学校代码及名称
A+	10008 北京科技大学	B-	10611 重庆大学
	10533 中南大学	C+	10407 江西理工大学
B+	10145 东北大学		10081 华北理工大学
	10674 昆明理工大学	C	10360 安徽工业大学
B	10280 上海大学		10703 西安建筑科技大学
	10488 武汉科技大学	C-	10146 辽宁科技大学
B-	10127 内蒙古科技大学		10657 贵州大学

一级学科代码及名称：0807 动力工程及工程热物理。

评估结果	学校代码及名称	评估结果	学校代码及名称
A+	10003 清华大学	B+	10217 哈尔滨工程大学
	10698 西安交通大学		10251 华东理工大学
A	10248 上海交通大学		10252 上海理工大学
	10335 浙江大学		10286 东南大学
A-	10056 天津大学		10299 江苏大学
	10079 华北电力大学		10358 中国科学技术大学
	10213 哈尔滨工业大学	B	10008 北京科技大学
	10487 华中科技大学		10247 同济大学
B+	10006 北京航空航天大学		10287 南京航空航天大学
	10007 北京理工大学		10291 南京工业大学
	10141 大连理工大学		10422 山东大学

续上表

评估结果	学校代码及名称	评估结果	学校代码及名称
B	10611 重庆大学	C+	10731 兰州理工大学
	11414 中国石油大学	C	10004 北京交通大学
	90038 海军工程大学		10080 河北工业大学
B-	10005 北京工业大学		10128 内蒙古工业大学
	10010 北京化工大学		10143 沈阳航空航天大学
	10145 东北大学		10220 东北石油大学
	10183 吉林大学		10290 中国矿业大学
	10188 东北电力大学		10536 长沙理工大学
	10486 武汉大学		10623 西华大学
	10533 中南大学	C-	10069 天津商业大学
	10699 西北工业大学		10078 华北水利水电大学
C+	10256 上海电力大学		10112 太原理工大学
	10288 南京理工大学		10148 辽宁石油化工大学
	10337 浙江工业大学		10149 沈阳化工大学
	10426 青岛科技大学		10294 河海大学
	10459 郑州大学		10359 合肥工业大学
	10497 武汉理工大学		10490 武汉工程大学
	10561 华南理工大学		10674 昆明理工大学
	10610 四川大学		

一级学科代码及名称：0808 电气工程。

评估结果	学校代码及名称	评估结果	学校代码及名称
A+	10003 清华大学	B+	10056 天津大学
	10698 西安交通大学		10142 沈阳工业大学
A	10079 华北电力大学		10248 上海交通大学
	10487 华中科技大学		10286 东南大学
A-	10213 哈尔滨工业大学		10287 南京航空航天大学
	10335 浙江大学		10422 山东大学
	10611 重庆大学		10532 湖南大学
	90038 海军工程大学		10613 西南交通大学

续上表

评估结果	学校代码及名称
B	10004 北京交通大学
	10080 河北工业大学
	10188 东北电力大学
	10214 哈尔滨理工大学
	10290 中国矿业大学
	10359 合肥工业大学
	10486 武汉大学
	10561 华南理工大学
	10699 西北工业大学
B-	10112 太原理工大学
	10141 大连理工大学
	10256 上海电力大学
	10294 河海大学
	10386 福州大学
	10536 长沙理工大学
	10610 四川大学
	11075 三峡大学
C+	10006 北京航空航天大学
	10145 东北大学
	10216 燕山大学
	10247 同济大学

评估结果	学校代码及名称
C+	10254 上海海事大学
	10280 上海大学
	10299 江苏大学
	10593 广西大学
	10700 西安理工大学
	10755 新疆大学
C	10147 辽宁工程技术大学
	10288 南京理工大学
	10433 山东理工大学
	10459 郑州大学
	10462 郑州轻工业学院
	10533 中南大学
	10614 电子科技大学
C-	10019 中国农业大学
	10060 天津理工大学
	10217 哈尔滨工程大学
	10219 黑龙江科技大学
	10252 上海理工大学
	10424 山东科技大学
	10460 河南理工大学
	11535 湖南工业大学

一级学科代码及名称：0809 电子科学与技术。

评估结果	学校代码及名称
A+	10614 电子科技大学
	10701 西安电子科技大学
A	10001 北京大学
	10003 清华大学
	10286 东南大学
A-	10013 北京邮电大学
	10246 复旦大学

评估结果	学校代码及名称
A-	10248 上海交通大学
	10284 南京大学
	10335 浙江大学
	10698 西安交通大学
B+	10006 北京航空航天大学
	10007 北京理工大学
	10056 天津大学

续上表

评估结果	学校代码及名称
B+	10183 吉林大学
	10293 南京邮电大学
	10336 杭州电子科技大学
	10487 华中科技大学
	10699 西北工业大学
	90002 国防科技大学
	90045 空军工程大学
B	10005 北京工业大学
	10055 南开大学
	10213 哈尔滨工业大学
	10269 华东师范大学
	10288 南京理工大学
	10358 中国科学技术大学
	10384 厦门大学
	10486 武汉大学
	10558 中山大学
	10561 华南理工大学
B-	10004 北京交通大学
	10141 大连理工大学
	10357 安徽大学
	10359 合肥工业大学
	10386 福州大学
	10422 山东大学
	10532 湖南大学
	10611 重庆大学
	10613 西南交通大学
	10700 西安理工大学
	90006 解放军理工大学
C+	10033 中国传媒大学
	10080 河北工业大学
	10112 太原理工大学
	10186 长春理工大学
	10212 黑龙江大学
	10216 燕山大学
	10280 上海大学
	10533 中南大学
	10617 重庆邮电大学
	10730 兰州大学
	90005 解放军信息工程大学
C	10058 天津工业大学
	10060 天津理工大学
	10287 南京航空航天大学
	10512 湖北大学
	10536 长沙理工大学
	10595 桂林电子科技大学
	10610 四川大学
	10657 贵州大学
	11664 西安邮电大学
	90039 海军航空工程学院
C-	10009 北方工业大学
	10075 河北大学
	10079 华北电力大学
	10110 中北大学
	10217 哈尔滨工程大学
	10285 苏州大学
	10356 中国计量大学
	10459 郑州大学
	10497 武汉理工大学
	10590 深圳大学
	10697 西北大学

一级学科代码及名称：0810 信息与通信工程。

评估结果	学校代码及名称
A+	10013 北京邮电大学
	10614 电子科技大学
A	10003 清华大学
	10248 上海交通大学
	10701 西安电子科技大学
	90002 国防科技大学
A-	10004 北京交通大学
	10006 北京航空航天大学
	10007 北京理工大学
	10213 哈尔滨工业大学
	10286 东南大学
	90005 解放军信息工程大学
	90006 解放军理工大学
B+	10001 北京大学
	10056 天津大学
	10141 大连理工大学
	10217 哈尔滨工程大学
	10293 南京邮电大学
	10335 浙江大学
	10358 中国科学技术大学
	10487 华中科技大学
	10561 华南理工大学
	10613 西南交通大学
	90039 海军航空工程学院
	90045 空军工程大学
B	10033 中国传媒大学
	10110 中北大学
	10145 东北大学
	10280 上海大学
	10284 南京大学
B	10287 南京航空航天大学
	10288 南京理工大学
	10384 厦门大学
	10422 山东大学
	10486 武汉大学
	10497 武汉理工大学
	10590 深圳大学
	10610 四川大学
	10699 西北工业大学
B-	10151 大连海事大学
	10183 吉林大学
	10285 苏州大学
	10290 中国矿业大学
	10294 河海大学
	10359 合肥工业大学
	10558 中山大学
	10595 桂林电子科技大学
	10611 重庆大学
	11646 宁波大学
	11664 西安邮电大学
	90033 装备学院
	90038 海军工程大学
C+	10005 北京工业大学
	10008 北京科技大学
	10079 华北电力大学
	10186 长春理工大学
	10247 同济大学
	10269 华东师范大学
	10300 南京信息工程大学
	10304 南通大学

续上表

评估结果	学校代码及名称	评估结果	学校代码及名称
C+	10386 福州大学	C	10423 中国海洋大学
	10459 郑州大学		10533 中南大学
	10532 湖南大学		10559 暨南大学
	10589 海南大学	C-	10060 天津理工大学
	10621 成都信息工程大学		10143 沈阳航空航天大学
	10673 云南大学		10216 燕山大学
C	10055 南开大学		10255 东华大学
	10058 天津工业大学		10424 山东科技大学
	10059 中国民航大学		10491 中国地质大学
	10212 黑龙江大学		10697 西北大学
	10246 复旦大学		10700 西安理工大学
	10254 上海海事大学		10704 西安科技大学
	10336 杭州电子科技大学		10730 兰州大学
	10337 浙江工业大学		10732 兰州交通大学
	10353 浙江工商大学		11845 广东工业大学
	10403 南昌大学		90059 火箭军工程大学
	10404 华东交通大学		

一级学科代码及名称：0811 控制科学与工程。

评估结果	学校代码及名称	评估结果	学校代码及名称
A+	10003 清华大学	A-	10487 华中科技大学
	10213 哈尔滨工业大学		10533 中南大学
	10335 浙江大学		10698 西安交通大学
A	10006 北京航空航天大学		11845 广东工业大学
	10007 北京理工大学		90059 火箭军工程大学
	10145 东北大学	B+	10005 北京工业大学
	10248 上海交通大学		10008 北京科技大学
	90002 国防科技大学		10010 北京化工大学
A-	10217 哈尔滨工程大学		10056 天津大学
	10286 东南大学		10141 大连理工大学
	10422 山东大学		10247 同济大学

续上表

评估结果	学校代码及名称
B+	10251 华东理工大学
	10287 南京航空航天大学
	10288 南京理工大学
	10295 江南大学
	10336 杭州电子科技大学
	10358 中国科学技术大学
	10561 华南理工大学
	10699 西北工业大学
	10700 西安理工大学
	10701 西安电子科技大学
B	10055 南开大学
	10079 华北电力大学
	10183 吉林大学
	10216 燕山大学
	10255 东华大学
	10280 上海大学
	10299 江苏大学
	10337 浙江工业大学
	10424 山东科技大学
	10488 武汉科技大学
	10532 湖南大学
	10611 重庆大学
	10614 电子科技大学
	90038 海军工程大学
	90039 海军航空工程学院
	90045 空军工程大学
B-	10004 北京交通大学
	10013 北京邮电大学
	10080 河北工业大学
	10151 大连海事大学
	10290 中国矿业大学

评估结果	学校代码及名称
B-	10356 中国计量大学
	10359 合肥工业大学
	10384 厦门大学
	10404 华东交通大学
	10464 河南科技大学
	10486 武汉大学
	10613 西南交通大学
	10617 重庆邮电大学
	10731 兰州理工大学
	11414 中国石油大学
	90005 解放军信息工程大学
C+	10009 北方工业大学
	10058 天津工业大学
	10059 中国民航大学
	10060 天津理工大学
	10108 山西大学
	10148 辽宁石油化工大学
	10154 辽宁工业大学
	10188 东北电力大学
	10214 哈尔滨理工大学
	10252 上海理工大学
	10291 南京工业大学
	10293 南京邮电大学
	10357 安徽大学
	10363 安徽工程大学
	10459 郑州大学
	10491 中国地质大学
	10497 武汉理工大学
	10619 西南科技大学
C	10016 北京建筑大学
	10146 辽宁科技大学

续上表

评估结果	学校代码及名称	评估结果	学校代码及名称
C	10152 大连工业大学	C-	10112 太原理工大学
	10167 渤海大学		10143 沈阳航空航天大学
	10190 长春工业大学		10149 沈阳化工大学
	10284 南京大学		10186 长春理工大学
	10289 江苏科技大学		10212 黑龙江大学
	10294 河海大学		10304 南通大学
	10426 青岛科技大学		10338 浙江理工大学
	10427 济南大学		10423 中国海洋大学
	10446 曲阜师范大学		10430 山东建筑大学
	10460 河南理工大学		10534 湖南科技大学
	10610 四川大学		10590 深圳大学
	10709 西安工程大学		10674 昆明理工大学
	11065 青岛大学		10702 西安工业大学
C-	10011 北京工商大学		10708 陕西科技大学
	10066 天津职业技术师范大学		11232 北京信息科技大学
	10109 太原科技大学		

一级学科代码及名称：0812 计算机科学与技术。

评估结果	学校代码及名称	评估结果	学校代码及名称
A+	10001 北京大学	A-	10007 北京理工大学
	10003 清华大学		10145 东北大学
	10335 浙江大学		10183 吉林大学
	90002 国防科技大学		10247 同济大学
A	10006 北京航空航天大学		10358 中国科学技术大学
	10013 北京邮电大学		10486 武汉大学
	10213 哈尔滨工业大学		10533 中南大学
	10248 上海交通大学		10698 西安交通大学
	10284 南京大学		10699 西北工业大学
	10487 华中科技大学		10701 西安电子科技大学
	10614 电子科技大学		90005 解放军信息工程大学
A-	10004 北京交通大学	B+	10002 中国人民大学

续上表

评估结果	学校代码及名称
B+	10005 北京工业大学
	10008 北京科技大学
	10055 南开大学
	10056 天津大学
	10141 大连理工大学
	10217 哈尔滨工程大学
	10246 复旦大学
	10269 华东师范大学
	10286 东南大学
	10287 南京航空航天大学
	10288 南京理工大学
	10336 杭州电子科技大学
	10359 合肥工业大学
	10384 厦门大学
	10422 山东大学
	10532 湖南大学
	10558 中山大学
	10561 华南理工大学
	10610 四川大学
	10611 重庆大学
	10613 西南交通大学
	10617 重庆邮电大学
	90006 解放军理工大学
B	10027 北京师范大学
	10060 天津理工大学
	10108 山西大学
	10151 大连海事大学
	10186 长春理工大学
	10214 哈尔滨理工大学
	10216 燕山大学
	10251 华东理工大学
	10280 上海大学
	10285 苏州大学
	10290 中国矿业大学
	10294 河海大学
	10299 江苏大学
	10300 南京信息工程大学
	10337 浙江工业大学
	10357 安徽大学
	10423 中国海洋大学
	10491 中国地质大学
	10497 武汉理工大学
	10559 暨南大学
	10590 深圳大学
	10635 西南大学
	10730 兰州大学
	90059 火箭军工程大学
B-	10009 北方工业大学
	10019 中国农业大学
	10028 首都师范大学
	10058 天津工业大学
	10079 华北电力大学
	10112 太原理工大学
	10126 内蒙古大学
	10143 沈阳航空航天大学
	10255 东华大学
	10293 南京邮电大学
	10295 江南大学
	10353 浙江工商大学
	10386 福州大学
	10424 山东科技大学
	10427 济南大学

续上表

评估结果	学校代码及名称	评估结果	学校代码及名称
B-	10511 华中师范大学	C+	10674 昆明理工大学
	10593 广西大学		10710 长安大学
	10595 桂林电子科技大学		11065 青岛大学
	10673 云南大学		11664 西安邮电大学
	10697 西北大学	C	10011 北京工商大学
	10746 青海师范大学		10076 河北工程大学
	10755 新疆大学		10107 石家庄铁道大学
	11414 中国石油大学		10110 中北大学
	90045 空军工程大学		10188 东北电力大学
C+	10010 北京化工大学		10190 长春工业大学
	10032 北京语言大学		10270 上海师范大学
	10033 中国传媒大学		10360 安徽工业大学
	10059 中国民航大学		10414 江西师范大学
	10075 河北大学		10456 山东财经大学
	10080 河北工业大学		10460 河南理工大学
	10153 沈阳建筑大学		10462 郑州轻工业学院
	10165 辽宁师范大学		10530 湘潭大学
	10252 上海理工大学		10564 华南农业大学
	10264 上海海洋大学		10700 西安理工大学
	10292 常州大学		10702 西安工业大学
	10338 浙江理工大学		10712 西北农林科技大学
	10345 浙江师范大学		11075 三峡大学
	10351 温州大学		11117 扬州大学
	10394 福建师范大学		11258 大连大学
	10403 南昌大学		11845 广东工业大学
	10459 郑州大学	C-	10052 中央民族大学
	10488 武汉科技大学		10144 沈阳理工大学
	10534 湖南科技大学		10212 黑龙江大学
	10602 广西师范大学		10254 上海海事大学
	10621 成都信息工程大学		10289 江苏科技大学
	10657 贵州大学		10385 华侨大学

续上表

评估结果	学校代码及名称	评估结果	学校代码及名称
C-	10405 东华理工大学	C-	10589 海南大学
	10407 江西理工大学		10596 桂林理工大学
	10421 江西财经大学		10615 西南石油大学
	10463 河南工业大学		10618 重庆交通大学
	10475 河南大学		10623 西华大学
	10476 河南师范大学		10651 西南财经大学
	10490 武汉工程大学		10705 西安石油大学
	10495 武汉纺织大学		11232 北京信息科技大学
	10500 湖北工业大学		11535 湖南工业大学
	10536 长沙理工大学		90039 海军航空工程学院

一级学科代码及名称：0813 建筑学。

评估结果	学校代码及名称	评估结果	学校代码及名称
A+	10003 清华大学	B-	10430 山东建筑大学
	10286 东南大学		10590 深圳大学
A-	10056 天津大学		10613 西南交通大学
	10247 同济大学	C+	10047 中央美术学院
	10561 华南理工大学		10248 上海交通大学
B+	10213 哈尔滨工业大学		10384 厦门大学
	10335 浙江大学		10385 华侨大学
	10487 华中科技大学		10429 青岛理工大学
	10611 重庆大学		10674 昆明理工大学
	10703 西安建筑科技大学		10878 安徽建筑大学
B	10016 北京建筑大学	C	10004 北京交通大学
	10141 大连理工大学		10191 吉林建筑大学
	10153 沈阳建筑大学		10291 南京工业大学
	10284 南京大学		10386 福州大学
	10486 武汉大学	C-	10128 内蒙古工业大学
	10532 湖南大学		10332 苏州科技大学
B-	10005 北京工业大学		10459 郑州大学
	10359 合肥工业大学		10698 西安交通大学
			10710 长安大学

一级学科代码及名称：0814 土木工程。

评估结果	学校代码及名称	评估结果	学校代码及名称
A+	10247 同济大学	B	10386 福州大学
	10286 东南大学		10429 青岛理工大学
A	10003 清华大学		10459 郑州大学
	10005 北京工业大学		10491 中国地质大学
	10213 哈尔滨工业大学		10497 武汉理工大学
	10335 浙江大学		10610 四川大学
A-	10056 天津大学		10618 重庆交通大学
	10141 大连理工大学		10710 长安大学
	10294 河海大学		10731 兰州理工大学
	10532 湖南大学		10732 兰州交通大学
	10533 中南大学	B-	10112 太原理工大学
	10613 西南交通大学		10145 东北大学
	90006 解放军理工大学		10280 上海大学
B+	10004 北京交通大学		10332 苏州科技大学
	10107 石家庄铁道大学		10361 安徽理工大学
	10153 沈阳建筑大学		10385 华侨大学
	10248 上海交通大学		10424 山东科技大学
	10290 中国矿业大学		10430 山东建筑大学
	10422 山东大学		10593 广西大学
	10486 武汉大学		10616 成都理工大学
	10487 华中科技大学		10700 西安理工大学
	10536 长沙理工大学		10704 西安科技大学
	10561 华南理工大学		11075 三峡大学
	10611 重庆大学	C+	10006 北京航空航天大学
	10703 西安建筑科技大学		10080 河北工业大学
	11078 广州大学		10147 辽宁工程技术大学
B	10008 北京科技大学		10255 东华大学
	10016 北京建筑大学		10337 浙江工业大学
	10291 南京工业大学		10404 华东交通大学
	10359 合肥工业大学		10500 湖北工业大学

续上表

评估结果	学校代码及名称	评估结果	学校代码及名称
C+	10534 湖南科技大学	C	10560 汕头大学
	10590 深圳大学		10596 桂林理工大学
	10674 昆明理工大学		10657 贵州大学
	10698 西安交通大学		11646 宁波大学
	10792 天津城建大学	C-	10019 中国农业大学
	10878 安徽建筑大学		10128 内蒙古工业大学
	11845 广东工业大学		10188 东北电力大学
C	10009 北方工业大学		10216 燕山大学
	10078 华北水利水电大学		10288 南京理工大学
	10183 吉林大学		10423 中国海洋大学
	10191 吉林建筑大学		10427 济南大学
	10217 哈尔滨工程大学		10460 河南理工大学
	10252 上海理工大学		10488 武汉科技大学
	10287 南京航空航天大学		10555 南华大学
	10298 南京林业大学		10699 西北工业大学
	10384 厦门大学		11066 烟台大学
	10538 中南林业科技大学		11117 扬州大学

一级学科代码及名称：0815 水利工程。

评估结果	学校代码及名称	评估结果	学校代码及名称
A+	10003 清华大学	B	10487 华中科技大学
	10294 河海大学		10491 中国地质大学
A-	10056 天津大学		10618 重庆交通大学
	10486 武汉大学	B-	10183 吉林大学
B+	10019 中国农业大学		10284 南京大学
	10141 大连理工大学		10536 长沙理工大学
	10459 郑州大学		10712 西北农林科技大学
	10610 四川大学		11075 三峡大学
	10700 西安理工大学	C+	10027 北京师范大学
B	10078 华北水利水电大学		10112 太原理工大学
	10423 中国海洋大学		10749 宁夏大学

续上表

评估结果	学校代码及名称	评估结果	学校代码及名称
C+	10758 新疆农业大学	C	10710 长安大学
	11117 扬州大学	C-	10005 北京工业大学
C	10079 华北电力大学		10359 合肥工业大学
	10129 内蒙古农业大学		10403 南昌大学
	10247 同济大学		10422 山东大学
	10558 中山大学		10561 华南理工大学

一级学科代码及名称：0816 测绘科学与技术。

评估结果	学校代码及名称	评估结果	学校代码及名称
A+	10486 武汉大学	B-	10460 河南理工大学
	90005 解放军信息工程大学	C+	10016 北京建筑大学
A-	10290 中国矿业大学		10027 北京师范大学
B+	10001 北京大学		10286 东南大学
	10247 同济大学		10704 西安科技大学
	10533 中南大学	C	10145 东北大学
B	10424 山东科技大学		10405 东华理工大学
	10491 中国地质大学		11414 中国石油大学
	10613 西南交通大学	C-	10407 江西理工大学
	10710 长安大学		10596 桂林理工大学
B-	10147 辽宁工程技术大学		10674 昆明理工大学
	10294 河海大学		

一级学科代码及名称：0817 化学工程与技术。

评估结果	学校代码及名称	评估结果	学校代码及名称
A+	10056 天津大学	A-	10007 北京理工大学
	10251 华东理工大学		10213 哈尔滨工业大学
A	10003 清华大学		10288 南京理工大学
	10010 北京化工大学		10337 浙江工业大学
	10141 大连理工大学		10561 华南理工大学
	10291 南京工业大学		10610 四川大学
	10335 浙江大学		11414 中国石油大学

续上表

评估结果	学校代码及名称	评估结果	学校代码及名称
B+	10080 河北工业大学	B-	10110 中北大学
	10112 太原理工大学		10128 内蒙古工业大学
	10248 上海交通大学		10146 辽宁科技大学
	10286 东南大学		10183 吉林大学
	10290 中国矿业大学		10190 长春工业大学
	10295 江南大学		10217 哈尔滨工程大学
	10384 厦门大学		10259 上海应用技术大学
	10426 青岛科技大学		10292 常州大学
	10459 郑州大学		10385 华侨大学
	10490 武汉工程大学		10403 南昌大学
	10533 中南大学		10433 山东理工大学
	10611 重庆大学		10755 新疆大学
	10615 西南石油大学		10759 石河子大学
	10697 西北大学	C+	10011 北京工商大学
	10698 西安交通大学		10057 天津科技大学
B	10005 北京工业大学		10058 天津工业大学
	10148 辽宁石油化工大学		10060 天津理工大学
	10149 沈阳化工大学		10082 河北科技大学
	10216 燕山大学		10142 沈阳工业大学
	10220 东北石油大学		10256 上海电力大学
	10285 苏州大学		10280 上海大学
	10359 合肥工业大学		10299 江苏大学
	10386 福州大学		10360 安徽工业大学
	10427 济南大学		10422 山东大学
	10488 武汉科技大学		10462 郑州轻工业学院
	10530 湘潭大学		10497 武汉理工大学
	10532 湖南大学		10589 海南大学
	10593 广西大学	C	10081 华北理工大学
	10708 陕西科技大学		10188 东北电力大学
	11845 广东工业大学		10255 东华大学
B-	10108 山西大学		10298 南京林业大学

续上表

评估结果	学校代码及名称	评估结果	学校代码及名称
C	10361 安徽理工大学	C-	10166 沈阳师范大学
	10423 中国海洋大学		10212 黑龙江大学
	10424 山东科技大学		10214 哈尔滨理工大学
	10558 中山大学		10270 上海师范大学
	10657 贵州大学		10431 齐鲁工业大学
	10674 昆明理工大学		10475 河南大学
	10705 西安石油大学		10564 华南农业大学
	10730 兰州大学		10614 电子科技大学
	10731 兰州理工大学		10616 成都理工大学
	11072 江汉大学		10622 四川理工学院
C-	10008 北京科技大学		10712 西北农林科技大学
	10145 东北大学		10732 兰州交通大学
	10152 大连工业大学		11065 青岛大学

一级学科代码及名称：0818 地质资源与地质工程。

评估结果	学校代码及名称	评估结果	学校代码及名称
A+	10491 中国地质大学	B-	10424 山东科技大学
	11414 中国石油大学		10489 长江大学
A-	10290 中国矿业大学	C+	10078 华北水利水电大学
B+	10183 吉林大学		10460 河南理工大学
	10533 中南大学		10613 西南交通大学
	10616 成都理工大学		10704 西安科技大学
	10710 长安大学	C	10405 东华理工大学
B	10247 同济大学		10596 桂林理工大学
	10284 南京大学		10674 昆明理工大学
	10615 西南石油大学	C-	10112 太原理工大学
	10697 西北大学		10145 东北大学
B-	10220 东北石油大学		10361 安徽理工大学
	10294 河海大学		10423 中国海洋大学

一级学科代码及名称：0819 矿业工程。

评估结果	学校代码及名称	评估结果	学校代码及名称
A+	10290 中国矿业大学	B-	10497 武汉理工大学
	10533 中南大学	C+	10488 武汉科技大学
B+	10008 北京科技大学		10674 昆明理工大学
	10145 东北大学		10704 西安科技大学
	10611 重庆大学	C	10407 江西理工大学
B	10112 太原理工大学		10555 南华大学
	10424 山东科技大学	C-	10081 华北理工大学
	10460 河南理工大学		10127 内蒙古科技大学
B-	10147 辽宁工程技术大学		10534 湖南科技大学
	10361 安徽理工大学		

一级学科代码及名称：0820 石油与天然气工程。

评估结果	学校代码及名称	评估结果	学校代码及名称
A+	10615 西南石油大学	C+	10489 长江大学
	11414 中国石油大学	C	10705 西安石油大学
B	10220 东北石油大学	C-	10616 成都理工大学
B-	10491 中国地质大学		

一级学科代码及名称：0821 纺织科学与工程。

评估结果	学校代码及名称	评估结果	学校代码及名称
A+	10058 天津工业大学	C+	10709 西安工程大学
	10255 东华大学		11065 青岛大学
B+	10285 苏州大学	C	10152 大连工业大学
B	10295 江南大学		10465 中原工学院
	10338 浙江理工大学	C-	10610 四川大学
B-	10495 武汉纺织大学		

一级学科代码及名称：0822 轻工技术与工程。

评估结果	学校代码及名称	评估结果	学校代码及名称
A+	10295 江南大学	B-	10500 湖北工业大学
	10561 华南理工大学	C+	10298 南京林业大学
B+	10057 天津科技大学		10486 武汉大学
	10708 陕西科技大学		10593 广西大学
B	10152 大连工业大学	C	10010 北京化工大学
	10291 南京工业大学		10504 华中农业大学
	10610 四川大学	C-	10700 西安理工大学
B-	10431 齐鲁工业大学		10712 西北农林科技大学

一级学科代码及名称：0823 交通运输工程。

评估结果	学校代码及名称	评估结果	学校代码及名称
A+	10286 东南大学	B-	10561 华南理工大学
	10613 西南交通大学		10699 西北工业大学
A-	10004 北京交通大学	C+	10059 中国民航大学
	10006 北京航空航天大学		10107 石家庄铁道大学
	10247 同济大学		10225 东北林业大学
B+	10151 大连海事大学		10248 上海交通大学
	10213 哈尔滨工业大学		10299 江苏大学
	10497 武汉理工大学		90045 空军工程大学
	10533 中南大学	C	10016 北京建筑大学
	10710 长安大学		10141 大连理工大学
B	10183 吉林大学		10150 大连交通大学
	10254 上海海事大学		10532 湖南大学
	10287 南京航空航天大学		10558 中山大学
	10536 长沙理工大学	C-	10003 清华大学
	10618 重庆交通大学		10252 上海理工大学
	10732 兰州交通大学		10294 河海大学
B-	10005 北京工业大学		10298 南京林业大学
	10404 华东交通大学		10674 昆明理工大学

一级学科代码及名称：0824 船舶与海洋工程。

评估结果	学校代码及名称	评估结果	学校代码及名称
A+	10217 哈尔滨工程大学	B−	10699 西北工业大学
	10248 上海交通大学	C+	10141 大连理工大学
B+	90038 海军工程大学		10487 华中科技大学
B	10056 天津大学	C	10289 江苏科技大学
	10151 大连海事大学	C−	10254 上海海事大学
B−	10497 武汉理工大学		10335 浙江大学

一级学科代码及名称：0825 航空宇航科学与技术。

评估结果	学校代码及名称	评估结果	学校代码及名称
A+	10006 北京航空航天大学	B−	90039 海军航空工程学院
	10699 西北工业大学	C+	10248 上海交通大学
B+	10213 哈尔滨工业大学		90059 火箭军工程大学
	10287 南京航空航天大学	C	10288 南京理工大学
	90002 国防科技大学		10698 西安交通大学
B	10007 北京理工大学		90033 装备学院
	90045 空军工程大学	C−	10059 中国民航大学
B−	10003 清华大学		10335 浙江大学
	10143 沈阳航空航天大学		

一级学科代码及名称：0826 兵器科学与技术。

评估结果	学校代码及名称	评估结果	学校代码及名称
A+	10007 北京理工大学	C+	90006 解放军理工大学
	10288 南京理工大学	C	90033 装备学院
B	10699 西北工业大学	C−	10110 中北大学
B−	90045 空军工程大学		90038 海军工程大学
	90059 火箭军工程大学		

一级学科代码及名称：0827 核科学与技术。

评估结果	学校代码及名称	评估结果	学校代码及名称
A+	10003 清华大学	B+	10001 北京大学
	10358 中国科学技术大学		10217 哈尔滨工程大学

续上表

评估结果	学校代码及名称	评估结果	学校代码及名称
B+	10698 西安交通大学	C+	90038 海军工程大学
B	10248 上海交通大学	C	10027 北京师范大学
B-	10555 南华大学		10405 东华理工大学
	10610 四川大学	C-	10287 南京航空航天大学
C+	10730 兰州大学		10616 成都理工大学

一级学科代码及名称：0828 农业工程。

评估结果	学校代码及名称	评估结果	学校代码及名称
A+	10019 中国农业大学	B-	10759 石河子大学
	10335 浙江大学	C+	10223 黑龙江八一农垦大学
A-	10299 江苏大学		10433 山东理工大学
B+	10183 吉林大学		10635 西南大学
	10224 东北农业大学		10681 云南师范大学
	10564 华南农业大学	C	10086 河北农业大学
	10712 西北农林科技大学		10435 青岛农业大学
B	10294 河海大学		10733 甘肃农业大学
	10307 南京农业大学		11117 扬州大学
	10466 河南农业大学	C-	10078 华北水利水电大学
	10504 华中农业大学		10676 云南农业大学
B-	10129 内蒙古农业大学		10700 西安理工大学
	10157 沈阳农业大学		

一级学科代码及名称：0829 林业工程。

评估结果	学校代码及名称	评估结果	学校代码及名称
A+	10225 东北林业大学	C+	10341 浙江农林大学
	10298 南京林业大学	C	10677 西南林业大学
B	10022 北京林业大学	C-	10129 内蒙古农业大学
B-	10389 福建农林大学		10201 北华大学
	10538 中南林业科技大学		

一级学科代码及名称：0830 环境科学与工程。

评估结果	学校代码及名称	评估结果	学校代码及名称
A+	10003 清华大学	B	10010 北京化工大学
	10213 哈尔滨工业大学		10019 中国农业大学
	10247 同济大学		10108 山西大学
A	10001 北京大学		10151 大连海事大学
	10027 北京师范大学		10183 吉林大学
	10284 南京大学		10255 东华大学
	10335 浙江大学		10269 华东师范大学
A-	10005 北京工业大学		10280 上海大学
	10055 南开大学		10288 南京理工大学
	10056 天津大学		10290 中国矿业大学
	10141 大连理工大学		10299 江苏大学
	10248 上海交通大学		10337 浙江工业大学
	10294 河海大学		10497 武汉理工大学
	10358 中国科学技术大学		10596 桂林理工大学
	10561 华南理工大学		10732 兰州交通大学
B+	10008 北京科技大学	B-	10006 北京航空航天大学
	10246 复旦大学		10022 北京林业大学
	10251 华东理工大学		10079 华北电力大学
	10286 东南大学		10112 太原理工大学
	10384 厦门大学		10270 上海师范大学
	10422 山东大学		10295 江南大学
	10423 中国海洋大学		10300 南京信息工程大学
	10486 武汉大学		10403 南昌大学
	10487 华中科技大学		10406 南昌航空大学
	10491 中国地质大学		10476 河南师范大学
	10532 湖南大学		10533 中南大学
	10558 中山大学		10619 西南科技大学
	10610 四川大学		10698 西安交通大学
	10611 重庆大学		10700 西安理工大学
	10674 昆明理工大学		10710 长安大学
	10703 西安建筑科技大学		10712 西北农林科技大学

续上表

评估结果	学校代码及名称	评估结果	学校代码及名称
B-	11414 中国石油大学	C	10495 武汉纺织大学
C+	10002 中国人民大学		10504 华中农业大学
	10016 北京建筑大学		10530 湘潭大学
	10058 天津工业大学		10593 广西大学
	10145 东北大学		10613 西南交通大学
	10291 南京工业大学		11035 沈阳大学
	10307 南京农业大学	C-	10057 天津科技大学
	10332 苏州科技大学		10126 内蒙古大学
	10359 合肥工业大学		10150 大连交通大学
	10361 安徽理工大学		10191 吉林建筑大学
	10427 济南大学		10216 燕山大学
	10559 暨南大学		10240 哈尔滨商业大学
	10730 兰州大学		10264 上海海洋大学
	11799 重庆工商大学		10357 安徽大学
	11845 广东工业大学		10394 福建师范大学
C	10004 北京交通大学		10426 青岛科技大学
	10011 北京工商大学		10538 中南林业科技大学
	10082 河北科技大学		10564 华南农业大学
	10252 上海理工大学		10602 广西师范大学
	10292 常州大学		10635 西南大学
	10298 南京林业大学		10697 西北大学
	10353 浙江工商大学		10708 陕西科技大学
	10386 福州大学		11065 青岛大学
	10429 青岛理工大学		11078 广州大学
	10459 郑州大学		

一级学科代码及名称：0831 生物医学工程。

评估结果	学校代码及名称	评估结果	学校代码及名称
A+	10286 东南大学	A-	10003 清华大学
	10487 华中科技大学		10006 北京航空航天大学
A	10248 上海交通大学		10335 浙江大学

续上表

评估结果	学校代码及名称	评估结果	学校代码及名称
A-	10610 四川大学	B-	10559 暨南大学
B+	10001 北京大学	C+	10062 天津医科大学
	10056 天津大学		10284 南京大学
	10246 复旦大学		10343 温州医科大学
	10561 华南理工大学		10422 山东大学
	10611 重庆大学		10699 西北工业大学
	10614 电子科技大学		10701 西安电子科技大学
	10698 西安交通大学	C	10112 太原理工大学
B	10005 北京工业大学		10285 苏州大学
	10007 北京理工大学		10384 厦门大学
	10213 哈尔滨工业大学		10486 武汉大学
	10252 上海理工大学		10613 西南交通大学
	10590 深圳大学		11535 湖南工业大学
	12121 南方医科大学		90002 国防科技大学
	90032 第四军医大学	C-	10013 北京邮电大学
B-	10025 首都医科大学		10080 河北工业大学
	10141 大连理工大学		10183 吉林大学
	10145 东北大学		10186 长春理工大学
	10226 哈尔滨医科大学		10217 哈尔滨工程大学
	10247 同济大学		10255 东华大学
	10358 中国科学技术大学		10287 南京航空航天大学
	10558 中山大学		

一级学科代码及名称：0832 食品科学与工程。

评估结果	学校代码及名称	评估结果	学校代码及名称
A+	10019 中国农业大学	A-	10561 华南理工大学
	10295 江南大学	B+	10057 天津科技大学
A	10403 南昌大学		10152 大连工业大学
A-	10307 南京农业大学		10224 东北农业大学
	10335 浙江大学		10264 上海海洋大学
	10504 华中农业大学		10299 江苏大学

续上表

评估结果	学校代码及名称	评估结果	学校代码及名称
B+	10423 中国海洋大学	C+	10390 集美大学
	10564 华南农业大学		10462 郑州轻工业学院
	10712 西北农林科技大学		10466 河南农业大学
B	10011 北京工商大学		10538 中南林业科技大学
	10129 内蒙古农业大学		10559 暨南大学
	10157 沈阳农业大学		10610 四川大学
	10183 吉林大学	C	10167 渤海大学
	10353 浙江工商大学		10386 福州大学
	10359 合肥工业大学		10464 河南科技大学
	10389 福建农林大学		10589 海南大学
	10635 西南大学		10623 西华大学
B-	10086 河北农业大学		10626 四川农业大学
	10193 吉林农业大学		10676 云南农业大学
	10240 哈尔滨商业大学		10708 陕西科技大学
	10248 上海交通大学		11646 宁波大学
	10327 南京财经大学	C-	10252 上海理工大学
	10463 河南工业大学		10364 安徽农业大学
	10496 武汉轻工大学		10435 青岛农业大学
	10566 广东海洋大学		10536 长沙理工大学
C+	10213 哈尔滨工业大学		10733 甘肃农业大学
	10223 黑龙江八一农垦大学		11117 扬州大学
	10337 浙江工业大学		

一级学科代码及名称：0833 城乡规划学。

评估结果	学校代码及名称	评估结果	学校代码及名称
A+	10003 清华大学	B+	10284 南京大学
	10247 同济大学		10487 华中科技大学
A-	10056 天津大学		10561 华南理工大学
	10213 哈尔滨工业大学		10611 重庆大学
	10286 东南大学		10703 西安建筑科技大学

续上表

评估结果	学校代码及名称	评估结果	学校代码及名称
B	10141 大连理工大学	C+	10613 西南交通大学
	10153 沈阳建筑大学		10697 西北大学
	10332 苏州科技大学	C	10004 北京交通大学
	10486 武汉大学		10005 北京工业大学
	10532 湖南大学		10290 中国矿业大学
B-	10016 北京建筑大学		10386 福州大学
	10430 山东建筑大学		10792 天津城建大学
	10590 深圳大学	C-	10022 北京林业大学
	10710 长安大学		10191 吉林建筑大学
	10878 安徽建筑大学		10459 郑州大学
C+	10291 南京工业大学		10497 武汉理工大学
	10359 合肥工业大学		10674 昆明理工大学
	10610 四川大学		

一级学科代码及名称：0834 风景园林学。

评估结果	学校代码及名称	评估结果	学校代码及名称
A+	10003 清华大学	B	10712 西北农林科技大学
	10022 北京林业大学	B-	10153 沈阳建筑大学
A-	10247 同济大学		10248 上海交通大学
	10286 东南大学		10466 河南农业大学
	10298 南京林业大学		10487 华中科技大学
B+	10056 天津大学		10538 中南林业科技大学
	10225 东北林业大学		10564 华南农业大学
	10389 福建农林大学		10677 西南林业大学
	10504 华中农业大学	C+	10086 河北农业大学
	10561 华南理工大学		10224 东北农业大学
	10703 西安建筑科技大学		10285 苏州大学
B	10213 哈尔滨工业大学		10307 南京农业大学
	10341 浙江农林大学		10635 西南大学
	10611 重庆大学	C	10016 北京建筑大学
	10626 四川农业大学		10157 沈阳农业大学

续上表

评估结果	学校代码及名称	评估结果	学校代码及名称
C	10201 北华大学	C-	10364 安徽农业大学
	10332 苏州科技大学		10429 青岛理工大学
	10410 江西农业大学		10435 青岛农业大学
	10610 四川大学		10489 长江大学
			10589 海南大学

一级学科代码及名称：0835 软件工程。

评估结果	学校代码及名称	评估结果	学校代码及名称
A+	10006 北京航空航天大学	B+	10286 东南大学
	10335 浙江大学		10287 南京航空航天大学
	90002 国防科技大学		10422 山东大学
A	10001 北京大学		10561 华南理工大学
	10003 清华大学		10611 重庆大学
	10269 华东师范大学		10614 电子科技大学
	10284 南京大学		10697 西北大学
	10486 武汉大学		10699 西北工业大学
A-	10056 天津大学		10701 西安电子科技大学
	10145 东北大学		90006 解放军理工大学
	10213 哈尔滨工业大学	B	10002 中国人民大学
	10247 同济大学		10055 南开大学
	10248 上海交通大学		10217 哈尔滨工程大学
	10285 苏州大学		10288 南京理工大学
	10358 中国科学技术大学		10293 南京邮电大学
	10610 四川大学		10294 河海大学
B+	10004 北京交通大学		10295 江南大学
	10005 北京工业大学		10337 浙江工业大学
	10007 北京理工大学		10359 合肥工业大学
	10013 北京邮电大学		10384 厦门大学
	10141 大连理工大学		10423 中国海洋大学
	10183 吉林大学		10459 郑州大学
	10246 复旦大学		10491 中国地质大学

续上表

评估结果	学校代码及名称
B	10558 中山大学
	10698 西安交通大学
	90005 解放军信息工程大学
B-	10028 首都师范大学
	10060 天津理工大学
	10079 华北电力大学
	10216 燕山大学
	10255 东华大学
	10280 上海大学
	10345 浙江师范大学
	10357 安徽大学
	10386 福州大学
	10497 武汉理工大学
	10602 广西师范大学
	10613 西南交通大学
	10617 重庆邮电大学
	10635 西南大学
	10657 贵州大学
	10673 云南大学
	11258 大连大学
	11417 北京联合大学
C+	10058 天津工业大学
	10075 河北大学
	10108 山西大学
	10146 辽宁科技大学
	10214 哈尔滨理工大学
	10299 江苏大学
	10300 南京信息工程大学
	10336 杭州电子科技大学
	10338 浙江理工大学
	10406 南昌航空大学

评估结果	学校代码及名称
C+	10593 广西大学
	10595 桂林电子科技大学
	10621 成都信息工程大学
	10755 新疆大学
	11845 广东工业大学
C	10009 北方工业大学
	10010 北京化工大学
	10147 辽宁工程技术大学
	10150 大连交通大学
	10151 大连海事大学
	10186 长春理工大学
	10252 上海理工大学
	10385 华侨大学
	10426 青岛科技大学
	10460 河南理工大学
	10462 郑州轻工业学院
	10488 武汉科技大学
	10511 华中师范大学
	10530 湘潭大学
	10555 南华大学
	10615 西南石油大学
	10708 陕西科技大学
	11065 青岛大学
	11664 西安邮电大学
C-	10112 太原理工大学
	10126 内蒙古大学
	10212 黑龙江大学
	10289 江苏科技大学
	10290 中国矿业大学
	10291 南京工业大学
	10327 南京财经大学

续上表

评估结果	学校代码及名称	评估结果	学校代码及名称
C-	10373 淮北师范大学	C-	10623 西华大学
	10394 福建师范大学		10636 四川师范大学
	10447 聊城大学		10674 昆明理工大学
	10534 湖南科技大学		10710 长安大学
	10596 桂林理工大学		90039 海军航空工程学院

一级学科代码及名称：0837 安全科学与工程。

评估结果	学校代码及名称	评估结果	学校代码及名称
A+	10290 中国矿业大学	B-	10488 武汉科技大学
	10358 中国科学技术大学		10497 武汉理工大学
A-	10460 河南理工大学	C+	10010 北京化工大学
	10533 中南大学		10059 中国民航大学
	10704 西安科技大学		10288 南京理工大学
B+	10003 清华大学		10534 湖南科技大学
	10007 北京理工大学		10555 南华大学
	10008 北京科技大学		10561 华南理工大学
	10291 南京工业大学	C	10110 中北大学
	11414 中国石油大学		10141 大连理工大学
B	10147 辽宁工程技术大学		10143 沈阳航空航天大学
	10361 安徽理工大学		10219 黑龙江科技大学
	10424 山东科技大学		10251 华东理工大学
	10491 中国地质大学	C-	10148 辽宁石油化工大学
	106Ⅱ 重庆大学		10292 常州大学
B-	10004 北京交通大学		10426 青岛科技大学
	10112 太原理工大学		10459 郑州大学
	10145 东北大学		10674 昆明理工大学

一级学科代码及名称：0901 作物学。

评估结果	学校代码及名称	评估结果	学校代码及名称
A+	10019 中国农业大学	A-	10335 浙江大学
	10307 南京农业大学		10504 华中农业大学

续上表

评估结果	学校代码及名称	评估结果	学校代码及名称
B+	10434 山东农业大学	C+	10113 山西农业大学
	10537 湖南农业大学		10364 安徽农业大学
	10626 四川农业大学		10389 福建农林大学
	10712 西北农林科技大学		10676 云南农业大学
B	10157 沈阳农业大学		10733 甘肃农业大学
	10466 河南农业大学	C	10410 江西农业大学
	10564 华南农业大学		10593 广西大学
	10635 西南大学		10743 青海大学
	11117 扬州大学		10759 石河子大学
B−	10086 河北农业大学	C−	10129 内蒙古农业大学
	10193 吉林农业大学		10223 黑龙江八一农垦大学
	10224 东北农业大学		10489 长江大学
			10589 海南大学

一级学科代码及名称：0902 园艺学。

评估结果	学校代码及名称	评估结果	学校代码及名称
A+	10335 浙江大学	B−	10635 西南大学
	10504 华中农业大学	C+	10020 北京农学院
A−	10307 南京农业大学		10224 东北农业大学
B+	10019 中国农业大学		10626 四川农业大学
	10157 沈阳农业大学		10733 甘肃农业大学
	10434 山东农业大学	C	10113 山西农业大学
	10537 湖南农业大学		10589 海南大学
	10712 西北农林科技大学		10759 石河子大学
B	10248 上海交通大学	C−	10466 河南农业大学
	10564 华南农业大学		10676 云南农业大学
B−	10086 河北农业大学		10758 新疆农业大学
	10364 安徽农业大学		11117 扬州大学
	10389 福建农林大学		

一级学科代码及名称：0903 农业资源与环境。

评估结果	学校代码及名称	评估结果	学校代码及名称
A+	10307 南京农业大学	B-	10434 山东农业大学
	10335 浙江大学	C+	10086 河北农业大学
A-	10019 中国农业大学		10113 山西农业大学
B+	10504 华中农业大学		10224 东北农业大学
	10635 西南大学		10341 浙江农林大学
	10712 西北农林科技大学	C	10129 内蒙古农业大学
B	10157 沈阳农业大学		10466 河南农业大学
	10537 湖南农业大学		10676 云南农业大学
	10564 华南农业大学	C-	10364 安徽农业大学
	10626 四川农业大学		10435 青岛农业大学
B-	10193 吉林农业大学		11117 扬州大学
	10389 福建农林大学		

一级学科代码及名称：0904 植物保护。

评估结果	学校代码及名称	评估结果	学校代码及名称
A+	10307 南京农业大学	B-	10193 吉林农业大学
	10335 浙江大学		10537 湖南农业大学
A-	10019 中国农业大学	C+	10086 河北农业大学
B+	10389 福建农林大学		10364 安徽农业大学
	10504 华中农业大学		11117 扬州大学
	10657 贵州大学	C	10224 东北农业大学
	10712 西北农林科技大学		10466 河南农业大学
B	10434 山东农业大学		10593 广西大学
	10564 华南农业大学		10626 四川农业大学
	10635 西南大学	C-	10113 山西农业大学
	10676 云南农业大学		10183 吉林大学
B-	10157 沈阳农业大学		10435 青岛农业大学

一级学科代码及名称：0905 畜牧学。

评估结果	学校代码及名称	评估结果	学校代码及名称
A+	10019 中国农业大学	B-	10537 湖南农业大学
	10504 华中农业大学		10733 甘肃农业大学
A-	10335 浙江大学	C+	10086 河北农业大学
	10626 四川农业大学		10113 山西农业大学
B+	10307 南京农业大学		10193 吉林农业大学
	10564 华南农业大学		10466 河南农业大学
	10635 西南大学		10593 广西大学
	10712 西北农林科技大学	C	10364 安徽农业大学
B	10129 内蒙古农业大学		10389 福建农林大学
	10224 东北农业大学		10758 新疆农业大学
	10410 江西农业大学		10759 石河子大学
	10676 云南农业大学	C-	10248 上海交通大学
	11117 扬州大学		10435 青岛农业大学
B-	10183 吉林大学		10656 西南民族大学
	10434 山东农业大学		10730 兰州大学

一级学科代码及名称：0906 兽医学。

评估结果	学校代码及名称	评估结果	学校代码及名称
A+	10019 中国农业大学	B-	10113 山西农业大学
	10504 华中农业大学		10434 山东农业大学
A-	10564 华南农业大学		10537 湖南农业大学
	11117 扬州大学		10733 甘肃农业大学
B+	10183 吉林大学	C+	10129 内蒙古农业大学
	10224 东北农业大学		10157 沈阳农业大学
	10307 南京农业大学		10223 黑龙江八一农垦大学
	10712 西北农林科技大学		10593 广西大学
B	10193 吉林农业大学	C	10086 河北农业大学
	10335 浙江大学		10410 江西农业大学
	10466 河南农业大学		10435 青岛农业大学
	10626 四川农业大学		10635 西南大学

续上表

评估结果	学校代码及名称	评估结果	学校代码及名称
C-	10020 北京农学院	C-	10758 新疆农业大学
	10389 福建农林大学		10759 石河子大学

一级学科代码及名称：0907 林学。

评估结果	学校代码及名称	评估结果	学校代码及名称
A+	10022 北京林业大学	B-	10434 山东农业大学
	10298 南京林业大学	C+	10129 内蒙古农业大学
A-	10712 西北农林科技大学		10201 北华大学
B+	10225 东北林业大学		10564 华南农业大学
	10341 浙江农林大学	C	10364 安徽农业大学
	10389 福建农林大学		10466 河南农业大学
B	10538 中南林业科技大学		10657 贵州大学
	10626 四川农业大学	C-	10157 沈阳农业大学
	10677 西南林业大学		10504 华中农业大学
B-	10086 河北农业大学		10733 甘肃农业大学
	10410 江西农业大学		

一级学科代码及名称：0908 水产。

评估结果	学校代码及名称	评估结果	学校代码及名称
A+	10264 上海海洋大学	C+	10340 浙江海洋大学
	10423 中国海洋大学		10390 集美大学
B+	10504 华中农业大学	C	10061 天津农学院
B	10158 大连海洋大学		10635 西南大学
	11646 宁波大学	C-	10537 湖南农业大学
B-	10307 南京农业大学		10589 海南大学
	10566 广东海洋大学		

一级学科代码及名称：0909 草学。

评估结果	学校代码及名称
A+	10019 中国农业大学
	10730 兰州大学
B+	10129 内蒙古农业大学
	10712 西北农林科技大学
	10733 甘肃农业大学
B	10626 四川农业大学
	10758 新疆农业大学
B−	10564 华南农业大学
	10743 青海大学
B−	10749 宁夏大学
C+	10022 北京林业大学
	10224 东北农业大学
	10307 南京农业大学
C	10537 湖南农业大学
	10676 云南农业大学
C−	10113 山西农业大学
	10466 河南农业大学
	11117 扬州大学

一级学科代码及名称：1001 基础医学。

评估结果	学校代码及名称
A+	10001 北京大学
	10023 北京协和医学院
A	10246 复旦大学
A−	10248 上海交通大学
	10335 浙江大学
	10558 中山大学
	90030 第二军医大学
B+	10062 天津医科大学
	10285 苏州大学
	10312 南京医科大学
	10422 山东大学
	10487 华中科技大学
	10533 中南大学
	10610 四川大学
	12121 南方医科大学
B	10025 首都医科大学
	10159 中国医科大学
	10161 大连医科大学
	10183 吉林大学
B	10247 同济大学
	10486 武汉大学
	10698 西安交通大学
	90032 第四军医大学
B−	10055 南开大学
	10089 河北医科大学
	10226 哈尔滨医科大学
	10304 南通大学
	10459 郑州大学
	10559 暨南大学
	10631 重庆医科大学
	10730 兰州大学
C+	10313 徐州医科大学
	10366 安徽医科大学
	10384 厦门大学
	10403 南昌大学
	10555 南华大学
	10598 广西医科大学
	10660 贵州医科大学

续上表

评估结果	学校代码及名称	评估结果	学校代码及名称
C+	11065 青岛大学	C-	10081 华北理工大学
C	10114 山西医科大学		10160 锦州医科大学
	10472 新乡医学院		10299 江苏大学
	10560 汕头大学		10343 温州医科大学
	10570 广州医科大学		10367 蚌埠医学院
	10678 昆明医科大学		10542 湖南师范大学
	10752 宁夏医科大学		10601 桂林医学院
	10759 石河子大学		10760 新疆医科大学

一级学科代码及名称：1002 临床医学。

评估结果	学校代码及名称	评估结果	学校代码及名称
A+	10248 上海交通大学	B	10247 同济大学
	10335 浙江大学		10459 郑州大学
A	10023 北京协和医学院		10486 武汉大学
	10246 复旦大学		10698 西安交通大学
A-	10001 北京大学		12121 南方医科大学
	10025 首都医科大学	B-	10055 南开大学
	10487 华中科技大学		10089 河北医科大学
	10533 中南大学		10114 山西医科大学
	10558 中山大学		10285 苏州大学
	10610 四川大学		10343 温州医科大学
B+	10159 中国医科大学		10366 安徽医科大学
	10226 哈尔滨医科大学		10403 南昌大学
	10312 南京医科大学		10570 广州医科大学
	10422 山东大学		10678 昆明医科大学
	10631 重庆医科大学	C+	10313 徐州医科大学
	90030 第二军医大学		10427 济南大学
	90032 第四军医大学		10559 暨南大学
B	10062 天津医科大学		10560 汕头大学
	10161 大连医科大学		10598 广西医科大学
	10183 吉林大学		10730 兰州大学

续上表

评估结果	学校代码及名称	评估结果	学校代码及名称
C+	10752 宁夏医科大学	C	10660 贵州医科大学
	10760 新疆医科大学	C-	10075 河北大学
	11065 青岛大学		10132 内蒙古医科大学
C	10160 锦州医科大学		10344 浙江中医药大学
	10184 延边大学		10367 蚌埠医学院
	10299 江苏大学		10475 河南大学
	10304 南通大学		10632 西南医科大学
	10384 厦门大学		10661 遵义医学院
	10472 新乡医学院		10743 青海大学
	10571 广东医科大学		10759 石河子大学

一级学科代码及名称：1003 口腔医学。

评估结果	学校代码及名称	评估结果	学校代码及名称
A+	10001 北京大学	B-	10247 同济大学
	10610 四川大学	C+	10161 大连医科大学
	90032 第四军医大学		10598 广西医科大学
B+	10248 上海交通大学		10631 重庆医科大学
	10312 南京医科大学		10698 西安交通大学
	10486 武汉大学	C	10366 安徽医科大学
	10558 中山大学		10487 华中科技大学
B	10025 首都医科大学		10533 中南大学
	10159 中国医科大学		10678 昆明医科大学
	10335 浙江大学	C-	10055 南开大学
	10422 山东大学		10089 河北医科大学
B-	10062 天津医科大学		10343 温州医科大学
	10183 吉林大学		10730 兰州大学
	10226 哈尔滨医科大学		12121 南方医科大学

一级学科代码及名称：1004 公共卫生与预防医学。

评估结果	学校代码及名称	评估结果	学校代码及名称
A+	10312 南京医科大学	B-	10384 厦门大学
	10487 华中科技大学		10533 中南大学
A-	10001 北京大学	C+	10114 山西医科大学
	10226 哈尔滨医科大学		10285 苏州大学
	10246 复旦大学		10459 郑州大学
B+	10025 首都医科大学		10486 武汉大学
	10558 中山大学		10598 广西医科大学
	12121 南方医科大学		10698 西安交通大学
	90030 第二军医大学	C	10081 华北理工大学
	90032 第四军医大学		10631 重庆医科大学
B	10023 北京协和医学院		10660 贵州医科大学
	10159 中国医科大学		10678 昆明医科大学
	10335 浙江大学		10760 新疆医科大学
	10366 安徽医科大学	C-	10089 河北医科大学
	10422 山东大学		10247 同济大学
	10610 四川大学		10488 武汉科技大学
B-	10062 天津医科大学		10570 广州医科大学
	10183 吉林大学		11065 青岛大学
	10248 上海交通大学		

一级学科代码及名称：1005 中医学。

评估结果	学校代码及名称	评估结果	学校代码及名称
A+	10026 北京中医药大学	B	10441 山东中医药大学
	10268 上海中医药大学		10541 湖南中医药大学
A-	10315 南京中医药大学	B-	10199 长春中医药大学
B+	10063 天津中医药大学		10369 安徽中医药大学
	10228 黑龙江中医药大学		10393 福建中医药大学
	10572 广州中医药大学	C+	10025 首都医科大学
	10633 成都中医药大学		10412 江西中医药大学
B	10162 辽宁中医药大学		10471 河南中医药大学
	10344 浙江中医药大学		10507 湖北中医药大学

续上表

评估结果	学校代码及名称	评估结果	学校代码及名称
C+	10600 广西中医药大学	C-	10384 厦门大学
C	10662 贵阳中医学院		10680 云南中医学院
	10716 陕西中医药大学		14432 河北中医学院
	10735 甘肃中医药大学		

一级学科代码及名称：1006 中西医结合。

评估结果	学校代码及名称	评估结果	学校代码及名称
A+	10026 北京中医药大学	B-	10541 湖南中医药大学
	10268 上海中医药大学		90032 第四军医大学
A-	10246 复旦大学	C+	10023 北京协和医学院
	10315 南京中医药大学		10248 上海交通大学
	10572 广州中医药大学		10316 中国药科大学
B+	10063 天津中医药大学		10369 安徽中医药大学
	10161 大连医科大学		10441 山东中医药大学
	10162 辽宁中医药大学		10559 暨南大学
	10610 四川大学	C	10025 首都医科大学
	12121 南方医科大学		10412 江西中医药大学
B	10001 北京大学		10558 中山大学
	10228 黑龙江中医药大学		10760 新疆医科大学
	10393 福建中医药大学		14432 河北中医学院
	10487 华中科技大学	C-	10507 湖北中医药大学
	10633 成都中医药大学		10600 广西中医药大学
	90030 第二军医大学		10698 西安交通大学
B-	10062 天津医科大学		10716 陕西中医药大学
	10089 河北医科大学		11117 扬州大学
	10344 浙江中医药大学		

一级学科代码及名称：1007 药学。

评估结果	学校代码及名称	评估结果	学校代码及名称
A+	10023 北京协和医学院	A	10001 北京大学
	10316 中国药科大学		10163 沈阳药科大学

续上表

评估结果	学校代码及名称	评估结果	学校代码及名称
A	10335 浙江大学	B-	10315 南京中医药大学
A-	10246 复旦大学		10343 温州医科大学
	10248 上海交通大学		10384 厦门大学
	10422 山东大学		10559 暨南大学
	10558 中山大学		10631 重庆医科大学
	10610 四川大学		10760 新疆医科大学
	90030 第二军医大学	C+	10063 天津中医药大学
B+	10025 首都医科大学		10161 大连医科大学
	10226 哈尔滨医科大学		10291 南京工业大学
	10251 华东理工大学		10295 江南大学
	10285 苏州大学		10299 江苏大学
	10423 中国海洋大学		10313 徐州医科大学
	10486 武汉大学		10344 浙江中医药大学
	10487 华中科技大学		10541 湖南中医药大学
	10533 中南大学		10598 广西医科大学
	90032 第四军医大学		10660 贵州医科大学
B	10055 南开大学		10730 兰州大学
	10062 天津医科大学	C	10057 天津科技大学
	10159 中国医科大学		10114 山西医科大学
	10183 吉林大学		10403 南昌大学
	10312 南京医科大学		10441 山东中医药大学
	10337 浙江工业大学		10560 汕头大学
	10366 安徽医科大学		10570 广州医科大学
	10459 郑州大学		10633 成都中医药大学
	10573 广东药科大学		10661 遵义医学院
	10698 西安交通大学		10678 昆明医科大学
	12121 南方医科大学		11066 烟台大学
B-	10089 河北医科大学	C-	10010 北京化工大学
	10162 辽宁中医药大学		10247 同济大学
	10184 延边大学		10369 安徽中医药大学
	10228 黑龙江中医药大学		10427 济南大学

续上表

评估结果	学校代码及名称	评估结果	学校代码及名称
C-	10472 新乡医学院	C-	10613 西南交通大学
	10507 湖北中医药大学		11065 青岛大学
	10572 广州中医药大学		11079 成都大学

一级学科代码及名称：1008 中药学。

评估结果	学校代码及名称	评估结果	学校代码及名称
A+	10228 黑龙江中医药大学	B-	10369 安徽中医药大学
	10268 上海中医药大学		10507 湖北中医药大学
A-	10063 天津中医药大学	C+	10441 山东中医药大学
	10315 南京中医药大学		10471 河南中医药大学
B+	10026 北京中医药大学		90030 第二军医大学
	10316 中国药科大学		90032 第四军医大学
	10412 江西中医药大学	C	10343 温州医科大学
	10633 成都中医药大学		10662 贵阳中医学院
B	10163 沈阳药科大学		10716 陕西中医药大学
	10344 浙江中医药大学		10735 甘肃中医药大学
	10559 暨南大学	C-	10025 首都医科大学
	10572 广州中医药大学		10393 福建中医药大学
B-	10023 北京协和医学院		10541 湖南中医药大学
	10162 辽宁中医药大学		10600 广西中医药大学
	10199 长春中医药大学		12121 南方医科大学

一级学科代码及名称：1011 护理学。

评估结果	学校代码及名称	评估结果	学校代码及名称
A+	10533 中南大学	B+	10312 南京医科大学
	90030 第二军医大学		10315 南京中医药大学
A-	10023 北京协和医学院		10335 浙江大学
	10025 首都医科大学		10422 山东大学
	10610 四川大学	B	10062 天津医科大学
B+	10001 北京大学		10226 哈尔滨医科大学
	10248 上海交通大学		10246 复旦大学

续上表

评估结果	学校代码及名称
B	10487 华中科技大学
	10558 中山大学
	12121 南方医科大学
B-	10159 中国医科大学
	10183 吉林大学
	10486 武汉大学
	10631 重庆医科大学
	10698 西安交通大学
	90032 第四军医大学
C+	10063 天津中医药大学
	10114 山西医科大学
	10285 苏州大学
	10344 浙江中医药大学
	10366 安徽医科大学
	10459 郑州大学
	10598 广西医科大学
C	10081 华北理工大学
	10161 大连医科大学
	10343 温州医科大学
	10570 广州医科大学
	11065 青岛大学
C-	10184 延边大学
	10346 杭州师范大学
	10393 福建中医药大学
	10403 南昌大学
	10633 成都中医药大学
	10760 新疆医科大学

一级学科代码及名称：1201 管理科学与工程。

评估结果	学校代码及名称
A+	10003 清华大学
	10247 同济大学
	90002 国防科技大学
A	10006 北京航空航天大学
	10056 天津大学
	10213 哈尔滨工业大学
	10248 上海交通大学
	10335 浙江大学
	10359 合肥工业大学
A-	10007 北京理工大学
	10141 大连理工大学
	10286 东南大学
	10287 南京航空航天大学
	10358 中国科学技术大学
	10533 中南大学
	10561 华南理工大学
	10610 四川大学
	10698 西安交通大学
B+	10004 北京交通大学
	10079 华北电力大学
	10145 东北大学
	10173 东北财经大学
	10217 哈尔滨工程大学
	10246 复旦大学
	10251 华东理工大学
	10252 上海理工大学
	10284 南京大学
	10290 中国矿业大学

续上表

评估结果	学校代码及名称	评估结果	学校代码及名称
B+	10294 河海大学	B-	10078 华北水利水电大学
	10386 福州大学		10080 河北工业大学
	10486 武汉大学		10151 大连海事大学
	10487 华中科技大学		10183 吉林大学
	10611 重庆大学		10216 燕山大学
	10613 西南交通大学		10289 江苏科技大学
	10614 电子科技大学		10403 南昌大学
	10699 西北工业大学		10424 山东科技大学
	10700 西安理工大学		10456 山东财经大学
B	10008 北京科技大学		10491 中国地质大学
	10013 北京邮电大学		10559 暨南大学
	10038 首都经济贸易大学		10618 重庆交通大学
	10055 南开大学		10701 西安电子科技大学
	10060 天津理工大学		10703 西安建筑科技大学
	10214 哈尔滨理工大学		11845 广东工业大学
	10254 上海海事大学	C+	10002 中国人民大学
	10255 东华大学		10010 北京化工大学
	10272 上海财经大学		10030 北京外国语大学
	10280 上海大学		10034 中央财经大学
	10288 南京理工大学		10037 北京物资学院
	10299 江苏大学		10075 河北大学
	10384 厦门大学		10142 沈阳工业大学
	10421 江西财经大学		10147 辽宁工程技术大学
	10422 山东大学		10300 南京信息工程大学
	10497 武汉理工大学		10336 杭州电子科技大学
	10532 湖南大学		10356 中国计量大学
	10558 中山大学		10414 江西师范大学
	11414 中国石油大学		10445 山东师范大学
	90045 空军工程大学		10511 华中师范大学
B-	10001 北京大学		10590 深圳大学
	10070 天津财经大学		10616 成都理工大学

续上表

评估结果	学校代码及名称	评估结果	学校代码及名称
C+	10651 西南财经大学	C-	10011 北京工商大学
	10674 昆明理工大学		10022 北京林业大学
	11065 青岛大学		10107 石家庄铁道大学
C	10057 天津科技大学		10125 山西财经大学
	10058 天津工业大学		10154 辽宁工业大学
	10108 山西大学		10191 吉林建筑大学
	10291 南京工业大学		10225 东北林业大学
	10293 南京邮电大学		10240 哈尔滨商业大学
	10337 浙江工业大学		10327 南京财经大学
	10338 浙江理工大学		10378 安徽财经大学
	10353 浙江工商大学		10385 华侨大学
	10360 安徽工业大学		10427 济南大学
	10459 郑州大学		10430 山东建筑大学
	10488 武汉科技大学		10466 河南农业大学
	10495 武汉纺织大学		10536 长沙理工大学
	10520 中南财经政法大学		10592 广东财经大学
	10615 西南石油大学		10622 四川理工学院
	10617 重庆邮电大学		10704 西安科技大学
	10621 成都信息工程大学		10792 天津城建大学
	10689 云南财经大学		11799 重庆工商大学
	11075 三峡大学		11846 广东外语外贸大学
	11232 北京信息科技大学		

一级学科代码及名称：1202 工商管理。

评估结果	学校代码及名称	评估结果	学校代码及名称
A+	10002 中国人民大学	A	10055 南开大学
	10003 清华大学		10246 复旦大学
	10248 上海交通大学		10272 上海财经大学
	10558 中山大学		10284 南京大学
A	10001 北京大学		10384 厦门大学
	10036 对外经济贸易大学		10698 西安交通大学

续上表

评估结果	学校代码及名称
A-	10004 北京交通大学
	10034 中央财经大学
	10141 大连理工大学
	10173 东北财经大学
	10183 吉林大学
	10335 浙江大学
	10422 山东大学
	10486 武汉大学
	10487 华中科技大学
	10532 湖南大学
	10610 四川大学
	10651 西南财经大学
B+	10007 北京理工大学
	10038 首都经济贸易大学
	10056 天津大学
	10070 天津财经大学
	10079 华北电力大学
	10125 山西财经大学
	10140 辽宁大学
	10213 哈尔滨工业大学
	10247 同济大学
	10294 河海大学
	10337 浙江工业大学
	10353 浙江工商大学
	10358 中国科学技术大学
	10359 合肥工业大学
	10386 福州大学
	10421 江西财经大学
	10456 山东财经大学
	10520 中南财经政法大学
	10533 中南大学
	10559 暨南大学
	10561 华南理工大学
	10611 重庆大学
	10613 西南交通大学
	10614 电子科技大学
B	10006 北京航空航天大学
	10008 北京科技大学
	10011 北京工商大学
	10027 北京师范大学
	10031 北京第二外国语学院
	10080 河北工业大学
	10145 东北大学
	10214 哈尔滨理工大学
	10240 哈尔滨商业大学
	10255 东华大学
	10269 华东师范大学
	10285 苏州大学
	10286 东南大学
	10287 南京航空航天大学
	10327 南京财经大学
	10385 华侨大学
	10423 中国海洋大学
	10536 长沙理工大学
	10589 海南大学
	10673 云南大学
	10689 云南财经大学
	10730 兰州大学
	11287 南京审计大学
	11482 浙江财经大学
B-	10013 北京邮电大学
	10019 中国农业大学

续上表

评估结果	学校代码及名称
B-	10139 内蒙古财经大学
	10207 吉林财经大学
	10251 华东理工大学
	10271 上海外国语大学
	10273 上海对外经贸大学
	10280 上海大学
	10290 中国矿业大学
	10336 杭州电子科技大学
	10345 浙江师范大学
	10378 安徽财经大学
	10475 河南大学
	10484 河南财经政法大学
	10491 中国地质大学
	10497 武汉理工大学
	10590 深圳大学
	10592 广东财经大学
	10699 西北工业大学
	10700 西安理工大学
	10766 新疆财经大学
	11660 重庆理工大学
	11799 重庆工商大学
	11846 广东外语外贸大学
C+	10009 北方工业大学
	10010 北京化工大学
	10037 北京物资学院
	10052 中央民族大学
	10151 大连海事大学
	10217 哈尔滨工程大学
	10288 南京理工大学
	10295 江南大学
	10405 东华理工大学
	10427 济南大学
	10459 郑州大学
	10500 湖北工业大学
	10512 湖北大学
	10524 中南民族大学
	10593 广西大学
	10635 西南大学
	10671 贵州财经大学
	10759 石河子大学
	10856 上海工程技术大学
	11078 广州大学
	11414 中国石油大学
	11417 北京联合大学
	11560 西安财经学院
	11832 河北经贸大学
C	10022 北京林业大学
	10060 天津理工大学
	10069 天津商业大学
	10078 华北水利水电大学
	10108 山西大学
	10143 沈阳航空航天大学
	10216 燕山大学
	10252 上海理工大学
	10254 上海海事大学
	10289 江苏科技大学
	10291 南京工业大学
	10293 南京邮电大学
	10299 江苏大学
	10307 南京农业大学
	10360 安徽工业大学
	10403 南昌大学

续上表

评估结果	学校代码及名称	评估结果	学校代码及名称
C	10488 武汉科技大学	C-	10220 东北石油大学
	10504 华中农业大学		10300 南京信息工程大学
	10530 湘潭大学		10316 中国药科大学
	10560 汕头大学		10389 福建农林大学
	10596 桂林理工大学		10407 江西理工大学
	10652 西南政法大学		10431 齐鲁工业大学
	10710 长安大学		10460 河南理工大学
	11065 青岛大学		10538 中南林业科技大学
	11075 三峡大学		10554 湖南商学院
	11117 扬州大学		10615 西南石油大学
	11845 广东工业大学		10618 重庆交通大学
C-	10057 天津科技大学		10623 西华大学
	10058 天津工业大学		10636 四川师范大学
	10075 河北大学		10674 昆明理工大学
	10077 河北地质大学		10741 兰州财经大学
	10144 沈阳理工大学		11035 沈阳大学
	10146 辽宁科技大学		11535 湖南工业大学

一级学科代码及名称：1203 农林经济管理。

评估结果	学校代码及名称	评估结果	学校代码及名称
A+	10307 南京农业大学	B-	10157 沈阳农业大学
	10335 浙江大学		10193 吉林农业大学
A-	10504 华中农业大学		10389 福建农林大学
B+	10002 中国人民大学		10626 四川农业大学
	10019 中国农业大学	C+	10423 中国海洋大学
	10564 华南农业大学		10466 河南农业大学
	10712 西北农林科技大学		10520 中南财经政法大学
B	10022 北京林业大学		10537 湖南农业大学
	10224 东北农业大学	C	10020 北京农学院
	10225 东北林业大学		10086 河北农业大学
	10635 西南大学		10129 内蒙古农业大学

续上表

评估结果	学校代码及名称	评估结果	学校代码及名称
C	10758 新疆农业大学	C-	10410 江西农业大学
C-	10264 上海海洋大学		10759 石河子大学
	10341 浙江农林大学		

一级学科代码及名称：1204 公共管理。

评估结果	学校代码及名称	评估结果	学校代码及名称
A+	10002 中国人民大学	B+	10504 华中农业大学
	10003 清华大学		10520 中南财经政法大学
A	10001 北京大学		10730 兰州大学
	10307 南京农业大学	B	10034 中央财经大学
	10335 浙江大学		10036 对外经济贸易大学
	10486 武汉大学		10141 大连理工大学
	10558 中山大学		10173 东北财经大学
A-	10006 北京航空航天大学		10213 哈尔滨工业大学
	10027 北京师范大学		10226 哈尔滨医科大学
	10246 复旦大学		10272 上海财经大学
	10248 上海交通大学		10290 中国矿业大学
	10487 华中科技大学		10358 中国科学技术大学
	10610 四川大学		10422 山东大学
	10698 西安交通大学		10511 华中师范大学
B+	10019 中国农业大学		10530 湘潭大学
	10055 南开大学		10533 中南大学
	10056 天津大学		10614 电子科技大学
	10145 东北大学		90030 第二军医大学
	10183 吉林大学	B-	10052 中央民族大学
	10247 同济大学		10140 辽宁大学
	10269 华东师范大学		10286 东南大学
	10284 南京大学		10294 河海大学
	10384 厦门大学		10346 杭州师范大学
	10459 郑州大学		10403 南昌大学
	10491 中国地质大学		10421 江西财经大学

续上表

评估结果	学校代码及名称
B-	10456 山东财经大学
	10532 湖南大学
	10561 华南理工大学
	10593 广西大学
	10611 重庆大学
	10651 西南财经大学
	11482 浙江财经大学
C+	10008 北京科技大学
	10013 北京邮电大学
	10038 首都经济贸易大学
	10212 黑龙江大学
	10251 华东理工大学
	10353 浙江工商大学
	10389 福建农林大学
	10423 中国海洋大学
	10460 河南理工大学
	10488 武汉科技大学
	10537 湖南农业大学
	10559 暨南大学
	10613 西南交通大学
	10673 云南大学
C	10007 北京理工大学
	10070 天津财经大学
	10075 河北大学
	10079 华北电力大学
	10166 沈阳师范大学
C	10217 哈尔滨工程大学
	10252 上海理工大学
	10285 苏州大学
	10386 福州大学
	10410 江西农业大学
	10564 华南农业大学
	10657 贵州大学
	10689 云南财经大学
	10710 长安大学
	11078 广州大学
C-	10023 北京协和医学院
	10151 大连海事大学
	10216 燕山大学
	10224 东北农业大学
	10240 哈尔滨商业大学
	10299 江苏大学
	10315 南京中医药大学
	10366 安徽医科大学
	10378 安徽财经大学
	10475 河南大学
	10512 湖北大学
	10635 西南大学
	10652 西南政法大学
	10671 贵州财经大学
	10699 西北工业大学
	10758 新疆农业大学

一级学科代码及名称：1205 图书情报与档案管理。

评估结果	学校代码及名称
A+	10284 南京大学
	10486 武汉大学
A-	10002 中国人民大学
B+	10001 北京大学

续上表

评估结果	学校代码及名称	评估结果	学校代码及名称
B+	10055 南开大学	C+	10027 北京师范大学
	10511 华中师范大学		10288 南京理工大学
	10558 中山大学		10530 湘潭大学
B	10183 吉林大学		10610 四川大学
	10212 黑龙江大学	C	10023 北京协和医学院
	10280 上海大学		10075 河北大学
	10673 云南大学		10285 苏州大学
	90021 南京政治学院		10394 福建师范大学
B-	10269 华东师范大学	C-	10019 中国农业大学
	10307 南京农业大学		10065 天津师范大学
	10459 郑州大学		10108 山西大学
			10140 辽宁大学

一级学科代码及名称：1301 艺术学理论。

评估结果	学校代码及名称	评估结果	学校代码及名称
A+	10001 北京大学	B-	10002 中国人民大学
	10286 东南大学		10050 北京电影学院
A-	10003 清华大学		10338 浙江理工大学
	10033 中国传媒大学		10497 武汉理工大学
	10355 中国美术学院		14560 哈尔滨音乐学院
B+	10027 北京师范大学	C+	10012 北京服装学院
	10047 中央美术学院		10384 厦门大学
	10048 中央戏剧学院		10523 湖北美术学院
	10278 上海音乐学院		10590 深圳大学
	10331 南京艺术学院		10607 广西艺术学院
B	10279 上海戏剧学院		10655 四川美术学院
	10346 杭州师范大学	C	10177 沈阳音乐学院
	10586 广州美术学院		10178 鲁迅美术学院
	10610 四川大学		10255 东华大学
	10729 西安美术学院		10394 福建师范大学

续上表

评估结果	学校代码及名称
C-	10094 河北师范大学
	10285 苏州大学
	10475 河南大学
C-	10673 云南大学
	10690 云南艺术学院

一级学科代码及名称：1302 音乐与舞蹈学。

评估结果	学校代码及名称
A+	10045 中央音乐学院
	10278 上海音乐学院
A	10046 中国音乐学院
A-	10051 北京舞蹈学院
	10331 南京艺术学院
	10394 福建师范大学
B+	10028 首都师范大学
	10072 天津音乐学院
	10177 沈阳音乐学院
	10200 东北师范大学
	10587 星海音乐学院
	10654 四川音乐学院
	10728 西安音乐学院
B	10033 中国传媒大学
	10052 中央民族大学
	10319 南京师范大学
	10445 山东师范大学
	10542 湖南师范大学
	10607 广西艺术学院
	14560 哈尔滨音乐学院
B-	10209 吉林艺术学院
	10270 上海师范大学
	10345 浙江师范大学
	10384 厦门大学
	10475 河南大学
B-	10574 华南师范大学
	10690 云南艺术学院
C+	10027 北京师范大学
	10049 中国戏曲学院
	10279 上海戏剧学院
	10370 安徽师范大学
	10414 江西师范大学
	10635 西南大学
	10736 西北师范大学
C	10002 中国人民大学
	10094 河北师范大学
	10108 山西大学
	10166 沈阳师范大学
	10446 曲阜师范大学
	10476 河南师范大学
	10511 华中师范大学
	10742 西北民族大学
	11078 广州大学
C-	10165 辽宁师范大学
	10184 延边大学
	10459 郑州大学
	10602 广西师范大学
	10656 西南民族大学
	11065 青岛大学

一级学科代码及名称：1303 戏剧与影视学。

评估结果	学校代码及名称
A+	10027 北京师范大学
	10033 中国传媒大学
A-	10048 中央戏剧学院
	10050 北京电影学院
	10279 上海戏剧学院
B+	10049 中国戏曲学院
	10280 上海大学
	10331 南京艺术学院
	10355 中国美术学院
	10384 厦门大学
B	10118 山西师范大学
	10278 上海音乐学院
	10611 重庆大学
	10635 西南大学
	10690 云南艺术学院
B-	10200 东北师范大学
	10209 吉林艺术学院
	10270 上海师范大学
	10319 南京师范大学
	10394 福建师范大学
C+	10001 北京大学
	10231 哈尔滨师范大学
	10445 山东师范大学
	10636 四川师范大学
	10736 西北师范大学
C	10140 辽宁大学
	10475 河南大学
	10655 四川美术学院
	10681 云南师范大学
	11078 广州大学
C-	10165 辽宁师范大学
	10183 吉林大学
	10285 苏州大学
	10590 深圳大学
	11117 扬州大学

一级学科代码及名称：1304 美术学。

评估结果	学校代码及名称
A+	10047 中央美术学院
	10355 中国美术学院
A	10331 南京艺术学院
	10729 西安美术学院
A-	10003 清华大学
	10028 首都师范大学
	10280 上海大学
	10319 南京师范大学
	10655 四川美术学院
B+	10050 北京电影学院
	10073 天津美术学院
	10178 鲁迅美术学院
	10200 东北师范大学
	10408 景德镇陶瓷大学
	10523 湖北美术学院
	10586 广州美术学院
	10607 广西艺术学院
	10610 四川大学

续上表

评估结果	学校代码及名称	评估结果	学校代码及名称
B	10033 中国传媒大学	C+	10590 深圳大学
	10052 中央民族大学		10656 西南民族大学
	10231 哈尔滨师范大学		10703 西安建筑科技大学
	10270 上海师范大学		11078 广州大学
	10394 福建师范大学	C	10108 山西大学
	10445 山东师范大学		10135 内蒙古师范大学
	10542 湖南师范大学		10255 东华大学
	10635 西南大学		10370 安徽师范大学
	10690 云南艺术学院		10384 厦门大学
	10762 新疆师范大学		10386 福州大学
B-	10002 中国人民大学		10476 河南师范大学
	10012 北京服装学院		10611 重庆大学
	10209 吉林艺术学院		10636 四川师范大学
	10285 苏州大学		10637 重庆师范大学
	10295 江南大学		10908 山东工艺美术学院
	10345 浙江师范大学	C-	10027 北京师范大学
	10346 杭州师范大学		10075 河北大学
	10602 广西师范大学		10118 山西师范大学
	10736 西北师范大学		10165 辽宁师范大学
C+	10015 北京印刷学院		10299 江苏大学
	10094 河北师范大学		10414 江西师范大学
	10166 沈阳师范大学		10475 河南大学
	10511 华中师范大学		10673 云南大学
	10574 华南师范大学		

一级学科代码及名称：1305 设计学。

评估结果	学校代码及名称	评估结果	学校代码及名称
A+	10003 清华大学	A-	10285 苏州大学
	10355 中国美术学院		10295 江南大学
A	10047 中央美术学院		10331 南京艺术学院
	10247 同济大学		10335 浙江大学

续上表

评估结果	学校代码及名称	评估结果	学校代码及名称
A-	10532 湖南大学	C+	10022 北京林业大学
B+	10012 北京服装学院		10152 大连工业大学
	10033 中国传媒大学		10209 吉林艺术学院
	10248 上海交通大学		10288 南京理工大学
	10255 东华大学		10386 福州大学
	10408 景德镇陶瓷大学		10491 中国地质大学
	10497 武汉理工大学		10590 深圳大学
	10586 广州美术学院		10613 西南交通大学
	10655 四川美术学院		10708 陕西科技大学
	10729 西安美术学院		11535 湖南工业大学
B	10007 北京理工大学	C	10005 北京工业大学
	10178 鲁迅美术学院		10028 首都师范大学
	10213 哈尔滨工业大学		10058 天津工业大学
	10280 上海大学		10143 沈阳航空航天大学
	10286 东南大学		10279 上海戏剧学院
	10523 湖北美术学院		10403 南昌大学
	10607 广西艺术学院		10542 湖南师范大学
	10610 四川大学		10690 云南艺术学院
	10908 山东工艺美术学院		10709 西安工程大学
	11845 广东工业大学	C-	10002 中国人民大学
B-	10015 北京印刷学院		10004 北京交通大学
	10073 天津美术学院		10009 北方工业大学
	10319 南京师范大学		10183 吉林大学
	10337 浙江工业大学		10384 厦门大学
	10338 浙江理工大学		10431 齐鲁工业大学
	10487 华中科技大学		10511 华中师范大学
	10495 武汉纺织大学		10611 重庆大学
	10500 湖北工业大学		10700 西安理工大学
	10699 西北工业大学		

了解专业的途径

1. 浏览大学官方网站。
2. 查找高校招生计划。
3. 查找学科评估结果。
4. 拨打高校招生热线。
5. 参加招生现场咨询会。
6. 访谈高校教师和学长，包括在校生和毕业生。

生涯体验

专业名称抢答赛

1. 随机制作专业名称卡片多张，如“航空航天类”“电子信息类”“中国语言文学类”“机械类”“计算机类”。

2. 分好小组，选好小组长，确定一名记录员（统计各组数据）和一名计时员。

3. 带领者说明规则：

（1）每个主题只有一次抢答机会，抢答时间为两分钟。

（2）判断抢答权的获得：哪个小组率先举手，即获得本小组的抢答权。

（3）在规定的抢答时间内，小组成员可以踊跃发言。

（4）答错、多答、少答扣分（-1 分），答对加分（+1 分）。

4. 随机选取一名学生代表上台，随机抽取专业名称卡片，确定每次抢答的主题。

5. 带领者公布抢答主题，宣布抢答开始，计时员开始计时，记录员开始统计数据，计算小组得分。

6. 带领者宣布获胜小组，大家掌声鼓励。

生涯行动

专业调查

一、调查主题

深入了解意向专业。

二、调查内容

全面收集意向专业相关信息，深入了解，完成“专业调查表”。

三、调查任务

1. 自主阅读“普通高等学校本科专业目录(2024)”和“全国高校第四轮学科评估结果”，找到自己感兴趣的、有意向就读的专业和大学(可多个)。

2. 从感兴趣的专业中，选出自己最感兴趣的、最有意向就读的专业并详细了解。

四、调查步骤

1. 打开搜索网站，输入专业名称，如“自动化专业”，阅读相关网页信息，完成“专业调查表”(至少 1 个专业)。

2. “高考录取院校分数线、省排名及选科要求”可登录高校官方网站“招生就业”栏或“人才培养”栏的“本科招生”或“本科生教育”进行详细了解。

3. 保存相关文档。

专业调查表

班级		姓名		感兴趣的专业	
你最感兴趣的专业的详细调查					
专业名称			授予学位		
修学年限			学科等级		
专业定义					
培养目标					
专业要求					
课程体系					
知识技能					
实践教学					
就业方向					
考研方向					
开设院校(意向大学)					
专业评估					
高考录取院校分数线、省排名及选科要求					
相关考证					

第十四课　了解大学

生涯阅读

大学，心中的象牙塔①

2022 年 6 月，海南某高三女生，特别想去看看山东美景，不顾父母反对，坚持报考山东大学。因无法适应北方气候、饮食习惯和大澡堂，开学一周后，她瞒着父母退学，准备复读。

生涯知识

“强基计划”

2020 年教育部发布《关于在部分高校开展基础学科招生改革试点工作的意见》，启动实施“强基计划”。该计划旨在选拔培养一批有志于服务国家重大战略需求、综合素质优秀或基础学科拔尖，并对基础学科研究有志向、有兴趣、有天赋的学生。目前，“强基计划”试点高校共有 39 所，在数学、物理、化学、生物、力学、历史、哲学、古文字学、基础医学等基础学科以及核技术、生物育种等国家重大战略领域相关专业招生，实行导师制、小班化、本硕博衔接培养的模式。为了选拔具有学科突出特长的学生，2024 年部分高校设置了高考单科成绩的“破格入围”。

“强基计划”综合考生的高考成绩和校测成绩折算成综合成绩，择优录取，高考成绩所占比例不得低于 85%。校测安排在高考成绩发布前后，主要分为笔试、综合面试和体测。有些高校取消笔试，具体情况可登录大学官方网站详细了解。

① 海南一女生被山东大学录取，开学一个月选择退学，原因与洗澡相关[EB/OL].(2021-10-14)[2024-01-25]. https://www.sohu.com/a/495031075_120935730.

“强基计划”招生程序

时间	具体事项
3月至4月	高校发布“强基计划”招生简章
4月	考生网上报名
6月	考生参加统一高考
6月25日前	各省级招生考试机构向有关高校提供报名考生高考成绩(不含高考加分)
6月26日前	高校根据考生高考成绩，按招生名额的一定倍数确定参加学校考核的考生名单并公示入围标准
7月4日前	高校组织考核(自2022年起部分高校考核提前至高考成绩发布前)
7月5日前	高校将考生高考成绩、高校综合考核结果及综合素质评价情况等按比例折合成考生综合成绩，择优录取

1. 中华人民共和国教育部. 教育部关于在部分高校开展基础学科招生改革试点工作的意见. (2020-01-14)[2024-01-25]. http://www.moe.gov.cn/srcsite/A15/moe_776/s3258/202001/t20200115_415589.html.

2. 中华人民共和国教育部. 三十九所高校陆续启动今年“强基计划”报名——“强基计划”实施四年成效如何. (2024-05-13)[2024-07-13]. http://www.moe.gov.cn/jyb_xwfb/s5147/202405/t20240513_1130217.html.

2024年“强基计划”高校名单及招生专业

高校名称	所在地	招生专业
北京大学	北京	数学类、物理学类、力学类、化学类、生物科学类、历史学类、考古学、中国语言文学类(古文字学方向)、哲学类、基础医学(八年制)
中国人民大学	北京	汉语言文学(古文字学方向)、历史学类、哲学
清华大学	北京	数学与应用数学、物理学、化学、生物科学、信息与计算科学、数理基础科学、化学生物学、理论与应用力学、中国语言文学类(古文字学方向)、历史学类、哲学类
北京航空航天大学	北京	数学与应用数学、信息与计算科学、应用物理学、化学、工程力学、航空航天类(飞行器动力工程、飞行器控制与信息工程)
北京理工大学	北京	数学与应用数学、应用物理学、工程力学、智能无人系统技术、化学
中国农业大学	北京	生物科学、生物育种科学(植物育种、动物育种)
北京师范大学	北京	汉语言文学(古文字学方向)、历史学、哲学、数学与应用数学、物理学、化学、生物科学
中央民族大学	北京	历史学、哲学
南开大学	天津	数学与应用数学、物理学、化学、生物科学、历史学、哲学、汉语言文学(古文字学)

续上表

高校名称	所在地	招生专业
天津大学	天津	数学与应用数学、应用物理学、应用化学、生物科学、工程力学
大连理工大学	大连	数学与应用数学、应用物理学、工程力学、应用化学、生物工程
吉林大学	长春	数学与应用数学、物理学、化学、古文字学
哈尔滨工业大学	哈尔滨	工程力学、复合材料与工程（航天材料类）、飞行器制造工程（航天机械类）、材料科学与工程（航天材料类）、核工程与核技术、数学类（含数学与应用数学、信息与计算科学）、应用物理学
复旦大学	上海	中国语言文学类(古文字学)、历史学、哲学、数学与应用数学、信息与计算科学、物理学、化学、生物科学、基础医学
同济大学	上海	数学与应用数学、应用物理学、工程力学、海洋科学、应用化学、生物技术
上海交通大学	上海	数学与应用数学、物理学、工程力学、船舶与海洋工程、化学、生物科学、生物医学科学
华东师范大学	上海	数学与应用数学、物理学、生物科学、哲学、汉语言文学(古文字学)
南京大学	南京	数学与应用数学、信息与计算科学、物理学、化学、生物科学 汉语言文学(古文字学)、历史学、哲学
东南大学	南京	哲学、数学类、物理学类、化学
浙江大学	杭州	数学与应用数学、物理学、工程力学、化学、生物科学、生态学、生物育种科学、基础医学、哲学、历史、汉语言文学(古文字学方向)
中国科学技术大学	合肥	数学类(含数学与应用数学、信息与计算科学)、物理学类(含物理学、应用物理学)、力学类(含理论与应用力学)、核工程类(含核工程与核技术、工程物理)、化学类(含化学)、生物科学类(含生物科学、生物技术)、地球物理学
厦门大学	厦门	数学类(数学与应用数学、信息与计算科学)、物理学、化学类(化学、能源化学、化学生物学、化学测量学与技术)、生物科学类(生物科学、生物技术、生态学)、历史学、哲学
山东大学	济南	数学与应用数学、物理学、化学、生物科学、生物医学科学、汉语言文学(古文字学方向)、历史学、哲学
中国海洋大学	青岛	海洋科学、生物科学
武汉大学	武汉	哲学、汉语言文学(古文字学方向)、历史学、数学与应用数学、物理学、化学、生物科学、基础医学、地球物理学
华中科技大学	武汉	数学与应用数学、物理学、化学、生物科学、基础医学、汉语言文学(古文字学方向)、哲学
中南大学	长沙	数学与应用数学、应用物理学、应用化学、生物科学、材料科学与工程

续上表

高校名称	所在地	招生专业
中山大学	广州	汉语言文学(古文字学方向)、历史学、哲学、数学与应用数学、物理学、化学、生物科学、生态学、基础医学、理论与应用力学
华南理工大学	广州	数学类、化学类、生物技术
四川大学	成都	汉语言文学(古文字方向)、历史学类、哲学、数学与应用数学、物理学、工程力学、化学、生物科学、基础医学
重庆大学	重庆	数学与应用数学、物理学
电子科技大学	成都	应用物理学
西安交通大学	西安	数学类、物理学类、生物技术、核工程与核技术、工程力学、材料科学与工程、哲学
西北工业大学	西安	航空航天类、数学类(数学与应用数学、信息与计算科学)、应用物理学、化学类
兰州大学	兰州	化学、物理学、生物科学、数学与应用数学、草业科学(草类植物生物育种)、生态学、历史学、汉语言文学(古文字学方向)
国防科技大学	长沙	数学与应用数学、物理学
东北大学	沈阳	自动化
湖南大学	长沙	化学
西北农林科技大学	咸阳	生物育种科学

资料来源:“强基计划”39所高校本科招生网(官方)“2024强基计划招生简章”。

了解大学的途径

1. 浏览大学官方网站。
2. 利用假期实地考察喜欢的大学。
3. 访谈高校教师和学长。
4. 查看大学排行榜，了解大学的综合实力。

生涯体验

大学宣讲

一、活动准备

1. 大学卡牌多张。
2. 分好组，选好组长。

3. 组长组织本组成员了解和收集大学的相关信息，做好知识储备。

二、活动过程

1. 带领者手拿大学卡牌，随机选取一名学生抽取卡片，并向全班同学公布大学名称。
2. 抽取卡片学生所在小组的成员依次宣讲该大学，系统介绍相关信息，时间 3 分钟。
3. 按此方法随机选取 4~5 组同学进行宣讲。
4. 集体评选“最佳大学宣讲小组”，奖品为意向大学卡片。

专业 PK 大学

朱某一直想去名校读大学，在他看来，名校师资、环境、资源、发展前景都优于普通高校。高中三年，他奋发读书，高考喜得高分。但在志愿填报时，他犯难了：是去上海交通大学读一般专业，还是在本省名校读热门专业？是学校优先，还是专业优先？何去何从呢？

生涯行动

大学调查

一、调查主题

深入了解意向大学。

二、调查内容

全面收集意向大学相关信息并深入了解，完成大学调查表。

三、调查步骤

1. 百度输入意向大学的名字。

2. 点击意向大学的“百度百科”资料栏，浏览、收集相关信息，运用文档编辑功能，完成大学调查表；或者登录大学官方网站，点击“招生就业”，选择“本科生招生”栏目，详细了解相关信息。

3. 对“校徽”“校训”等校园文化，用“插入图片”的方式进行处理，格式为“浮于文字上方”。

4. 保存资料到个人文件夹。

大学调查表

<table>
<tr><td rowspan="6">基本信息</td><td>大学名称(中文)</td><td></td><td>大学名称(英文)</td><td></td></tr>
<tr><td>创办时间</td><td></td><td>办学性质</td><td></td></tr>
<tr><td>主管部门</td><td></td><td>学校类别</td><td></td></tr>
<tr><td>学校特色</td><td></td><td>学校地址</td><td></td></tr>
<tr><td>学校历史</td><td colspan="3"></td></tr>
<tr><td>知名校友</td><td colspan="3"></td></tr>
<tr><td rowspan="3">校园文化</td><td>校名</td><td colspan="3"></td></tr>
<tr><td>校徽</td><td colspan="3"></td></tr>
<tr><td>校训</td><td colspan="3"></td></tr>
<tr><td colspan="2">你感兴趣的院系和专业</td><td colspan="3"></td></tr>
<tr><td colspan="2">你感兴趣的重点学科</td><td colspan="3"></td></tr>
<tr><td colspan="2">你感兴趣的
实验室和研究基地</td><td colspan="3"></td></tr>
<tr><td colspan="2">意向专业近三年
录取平均分和省排名</td><td colspan="3"></td></tr>
</table>

第十五课　了解专业选科要求

生涯阅读

陈某从小立志成为一名人民警察，守护一方平安。高中时，他的目标大学是中国人民公安大学。选科时，他选了胜任愉快的物、生、地。高二时，他无意中得知“想从事公检法，必选政治”的消息，感觉整个人生没有希望了。他马上联系父母，请他们和学校沟通。费尽周折后，他终于转到了“物、生、政”组合的班级。此时的他，心里踏实了。

生涯知识

普通高校本科招生专业选考科目要求指引(通用版)

《普通高校本科招生专业选考科目要求指引(通用版)》(以下简称《指引》)是对《普通高校本科招生专业选考科目要求指引(试行)》和《普通高校本科招生专业选考科目要求指引(3+1+2 模式)》的整合和修订。

1. 适用范围。《指引》是高校在实施高考综合改革省份对学生提出高中学业水平考试选考科目要求的指导意见，对“3+3”选考模式和“3+1+2”选考模式的省份均适用。

“3+3”模式：前“3”为全国统考科目语文、数学、外语，所有学生必考；后“3”为考生须在物理、化学、生物、思想政治(以下简称政治)、历史、地理等科目中选择 3 科。省级招生考试机构和高校根据考生的成绩和志愿进行投档录取。

“3+1+2”模式：“3”为全国统考科目语文、数学、外语，所有学生必考；“1”为首选科目，考生须在高中学业水平考试的物理、历史科目中选择 1 科；“2”为再选科目，考生可在化学、生物、政治、地理等科目中选择 2 科。省级招生考试机构和高校按选考物理、选考历史两个类别分别公布招生计划，根据考生的成绩和志愿进行投档录取。

2. 指引结构。《指引》以本科专业类为单位设定科目范围一和科目范围二。科目范围一包括物理、历史两科，高校可提 1 科或不提；科目范围二包括政治、地理、化学、生物 4 科(在浙江可增选技术)，高校最多提 2 科或不提。

3. 设置科目要求。高校各专业要从科目范围一、二内，根据实际选择 1 科、2 科、3 科或不提。选择 1 科的专业表示考生必须选考该科目；选择 2 科或 3 科的专业，表示考生必须同时选考规定的 2 科或 3 科。未提出科目要求的，考生可根据生源省份高考综合改革方案选考 3 科。

示例：哲学类的哲学专业

A. 高校科目范围一选择“历史”，科目范围二选择“政治”，考生选考科目中必须有“历史”和“政治”2 科；

B. 高校科目范围一选择“历史”，科目范围二未提要求，考生选考科目中有“历史”即可。

C. 高校科目范围一未提要求，科目范围二选择“政治”，考生选考科目中有“政治”即可。

D. 高校科目范围一未提要求，科目范围二选择“政治”“地理”2 科，考生选考科目中必须有“政治”“地理”2 科。

E. 高校科目范围一未提要求，科目范围二也未提要求，考生根据本省高考综合改革方案选考 3 科即可。

4. 同一专业类的内设专业的选考科目要求可以相同，也可不同。如哲学类下，某高校哲学专业提“历史”“政治”2 科要求，逻辑学专业可提“物理”要求。

2021 年后新增列入《普通高等学校本科专业目录》的专业，其科目要求参照所属专业类的科目范围及要求。部分专业按试验班或专业类招生的，其选考科目要求应与该试验班或专业类包含的专业要求一致。同一高校的同一专业(类)的选考科目要求在所有实施高考综合改革的省份应当保持一致。

5. 若高校部分特色专业确有特殊选拔要求、需突破《指引》范围的，须经学校学术委员会、学校党委(常委)会审议后，向学校主管部门申请，并按程序报审。

6.《指引》的科目要求适用于普通本科专业，职业教育本科专业的选考科目要求指引另行制定。有关省级教育行政部门可参照《指引》制定所属高校高职(专科)专业的选考科目要求指引。

学科门类	本科专业类	内设专业	首选科目	再选科目
哲学	哲学类	哲学，逻辑学，宗教学，伦理学	不限	不限
经济学	经济学类	经济学，国民经济管理，资源与环境经济学，商务经济学，能源经济，劳动经济学	不限	不限
		经济统计学，经济工程，数字经济	必选物理	不限
经济学	财政学类	财政学，税收学	不限	不限
经济学	金融学类	金融学，保险学，投资学，信用管理，经济与金融，互联网金融	不限	不限
		金融工程，金融数学，精算学，金融科技	必选物理	不限
经济学	经济与贸易类	国际经济与贸易，贸易经济	不限	不限

续上表

学科门类	本科专业类	内设专业	首选科目	再选科目
法学	法学类	法学，知识产权，监狱学，信用风险管理与法律防控，国际经贸规则，司法警察学，社区矫正	不限	不限
法学	政治学类	政治学与行政学，国际政治，外交学，国际事务与国际关系政治学、经济学与哲学，国际组织与全球治理	不限	必选政治
法学	社会学类	社会学，社会工作，人类学，女性学，家政学，老年学、社会政策	不限	不限
法学	民族学类	民族学	必选历史	不限
法学	马克思主义理论类	科学社会主义，中国共产党历史，思想政治教育，马克思主义理论	不限	必选政治
法学	公安学类	治安学，侦查学，边防管理，禁毒学，警犬技术，经济犯罪侦查，边防指挥，消防指挥，警卫学，公安情报学，犯罪学，公安管理学，涉外警务，国内安全保卫，警务指挥与战术，技术侦查学，海警执法，公安政治工作，移民管理，出入境管理，反恐警务，消防政治工作	不限	必选政治
教育学	教育学类	教育学，科学教育，人文教育，艺术教育，学前教育，小学教育，特殊教育，华文教育，教育康复学，卫生教育，认知科学与技术，融合教育	不限	不限
		教育技术学	必选物理	不限
教育学	体育学类	体育教育，运动训练，社会体育指导与管理，武术与民族传统体育，运动人体科学，运动康复，休闲体育，体能训练，冰雪运动，电子竞技运动与管理，智能体育工程，体育旅游，运动能力开发	不限	不限
文学	中国语言文学类	汉语言文学，汉语言，汉语国际教育，中国少数民族语言文学，古典文献学，应用语言学，秘书学，中国语言与文化，手语翻译	不限	不限

续上表

<table>
<tr><th>学科门类</th><th>本科专业类</th><th>内设专业</th><th>首选科目</th><th>再选科目</th></tr>
<tr><td>文学</td><td>外国语言文学类</td><td>英语，俄语，德语，法语，西班牙语，阿拉伯语，日语，波斯语，朝鲜语，菲律宾语，梵语巴利语，印度尼西亚语，印地语，柬埔寨语，老挝语，缅甸语，马来语，蒙古语，僧伽罗语，泰语，乌尔都语，希伯来语，越南语，豪萨语，斯瓦希里语，阿尔巴尼亚语，保加利亚语，波兰语，捷克语，斯洛伐克语，罗马尼亚语，葡萄牙语，瑞典语，塞尔维亚语，土耳其语，希腊语，匈牙利语，意大利语，泰米尔语，普什图语，世界语，孟加拉语，尼泊尔语，克罗地亚语，荷兰语，芬兰语，乌克兰语，挪威语，丹麦语，冰岛语，爱尔兰语，拉脱维亚语，立陶宛语，斯洛文尼亚语，爱沙尼亚语，马耳他语，哈萨克语，乌兹别克语，祖鲁语，拉丁语，翻译，商务英语，阿姆哈拉语，吉尔吉斯语，索马里语，土库曼语，加泰罗尼亚语，约鲁巴语，亚美尼亚语，马达加斯加语，格鲁吉亚语，阿塞拜疆语，阿非利卡语，马其顿语，塔吉克语，茨瓦纳语，恩德贝莱语，科摩罗语，克里奥尔语，绍纳语，提格雷尼亚语，白俄罗斯语，毛利语，汤加语，萨摩亚语，库尔德语，比斯拉马语，达里语，德顿语，迪维希语，斐济语，库克群岛毛利语，隆迪语，卢森堡语，卢旺达语，纽埃语，皮金语，切瓦语，塞苏陀语，桑戈语，语言学，塔玛齐格特语，爪哇语，旁遮普语</td><td>不限</td><td>不限</td></tr>
<tr><td>文学</td><td>新闻传播学类</td><td>新闻学，广播电视学，广告学，传播学，编辑出版学，网络与新媒体，数字出版，时尚传播，国际新闻与传播，会展</td><td>不限</td><td>不限</td></tr>
<tr><td rowspan="2">历史学</td><td rowspan="2">历史学类</td><td>历史学，世界史，考古学，文物与博物馆学，外国语言与外国历史，文化遗产，古文字学</td><td>不限</td><td>不限</td></tr>
<tr><td>文物保护技术</td><td>不限</td><td>必选化学</td></tr>
<tr><td>理学</td><td>数学类</td><td>数学与应用数学，信息与计算科学，数理基础科学</td><td>必选物理</td><td>必选化学</td></tr>
</table>

续上表

学科门类	本科专业类	内设专业	首选科目	再选科目
理学	物理学类	物理学，应用物理学，核物理，声学，系统科学与工程，量子信息科学	必选物理	必选化学
理学	化学类	化学，应用化学，化学生物学，分子科学与工程，能源化学，化学测量学与技术	必选物理	必选化学
理学	天文学类	天文学	必选物理	必选化学
理学	地理科学类	地理科学，自然地理与资源环境，人文地理与城乡规划，地理信息科学	不限	不限
理学	大气科学类	大气科学，应用气象学，气象技术与工程	必选物理	必选化学
理学	海洋科学类	海洋科学，海洋技术，海洋资源与环境，军事海洋学	必选物理	必选化学
理学	地球物理学类	地球物理学，空间科学与技术，防灾减灾科学与工程	必选物理	必选化学
理学	地质学类	地质学，地球化学，地球信息科学与技术，古生物学	必选物理	必选化学
理学	生物科学类	生物科学，生物技术，生物信息学，生态学，整合科学，神经科学	必选物理	必选化学
理学	心理学类	心理学，应用心理学	不限	不限
理学	统计学类	统计学，应用统计学	必选物理	必选化学
工学	力学类	理论与应用力学，工程力学	必选物理	必选化学
工学	机械类	机械工程，机械设计制造及其自动化，材料成型及控制工程机械电子工程，工业设计，过程装备与控制工程，车辆工程，汽车服务工程，机械工艺技术，微机电系统工程，机电技术教育，汽车维修工程教育，智能制造工程，智能车辆工程，仿生科学与工程，新能源汽车工程，增材制造工程，智能交互设计，应急装备技术与工程	必选物理	必选化学
工学	仪器类	测控技术与仪器，精密仪器，智能感知工程	必选物理	必选化学

续上表

学科门类	本科专业类	内设专业	首选科目	再选科目
工学	材料类	材料科学与工程，材料物理，材料化学，冶金工程，金属材料工程，无机非金属材料工程，高分子材料与工程，复合材料与工程，粉体材料科学与工程，宝石及材料工艺学，焊接技术与工程，功能材料，纳米材料与技术，新能源材料与器件，材料设计科学与工程，复合材料成型工程，智能材料与结构	必选物理	必选化学
工学	能源动力类	能源与动力工程，能源与环境系统工程，新能源科学与工程，储能科学与工程，能源服务工程	必选物理	必选化学
工学	电气类	电气工程及其自动化，智能电网信息工程，光源与照明，电气工程与智能控制，电机电器智能化，电缆工程，能源互联网工程	必选物理	必选化学
工学	电子信息类	电子信息工程，电子科学与技术，通信工程，微电子科学与工程，光电信息科学与工程，信息工程，广播电视工程，水声工程，电子封装技术，集成电路设计与集成系统，医学信息工程，电磁场与无线技术，电波传播与天线，电子信息科学与技术，电信工程及管理，应用电子技术教育，人工智能，海洋信息工程，柔性电子学，智能测控工程	必选物理	必选化学
工学	自动化类	自动化，轨道交通信号与控制，机器人工程，邮政工程，核电技术与控制工程，智能装备与系统，工业智能，智能工程与创意设计	必选物理	必选化学
工学	计算机类	计算机科学与技术，软件工程，网络工程，信息安全，物联网工程，数字媒体技术，智能科学与技术，空间信息与数字技术，电子与计算机工程，数据科学与大数据技术，网络空间安全，新媒体技术，电影制作，保密技术，服务科学与工程，虚拟现实技术，区块链工程，密码科学与技术	必选物理	必选化学

续上表

学科门类	本科专业类	内设专业	首选科目	再选科目
工学	土木类	土木工程，建筑环境与能源应用工程，给排水科学与工程，建筑电气与智能化，城市地下空间工程，道路桥梁与渡河工程，铁道工程，智能建造，土木、水利与海洋工程，土木、水利与交通工程，城市水系统工程	必选物理	必选化学
工学	水利类	水利水电工程，水文与水资源工程，港口航道与海岸工程，水务工程，水利科学与工程	必选物理	必选化学
工学	测绘类	测绘工程，遥感科学与技术，导航工程，地理国情监测，地理空间信息工程	必选物理	必选化学
工学	化工与制药类	化学工程与工艺，制药工程，资源循环科学与工程，能源化学工程，化学工程与工业生物工程，化工安全工程，涂料工程，精细化工	必选物理	必选化学
工学	地质类	地质工程，勘查技术与工程，资源勘查工程，地下水科学与工程，旅游地学与规划工程	必选物理	必选化学
工学	矿业类	采矿工程，石油工程，矿物加工工程，油气储运工程，矿物资源工程，海洋油气工程，智能采矿工程	必选物理	必选化学
工学	纺织类	服装设计与工程，服装设计与工艺教育，丝绸设计与工程	不限	不限
		纺织工程，非织造材料与工程	必选物理	必选化学
工学	轻工类	轻化工程，包装工程，印刷工程，香料香精技术与工程，化妆品技术与工程	必选物理	必选化学
工学	交通运输类	交通运输，交通工程，航海技术，轮机工程，飞行技术，交通设备与控制工程，救助与打捞工程，船舶电子电气工程，轨道交通电气与控制，邮轮工程与管理，智慧交通	必选物理	必选化学
工学	海洋工程类	船舶与海洋工程，海洋工程与技术，海洋资源开发技术，海洋机器人	必选物理	必选化学

续上表

学科门类	本科专业类	内设专业	首选科目	再选科目
工学	航空航天类	航空航天工程，飞行器设计与工程，飞行器制造工程，飞行器动力工程，飞行器环境与生命保障工程，飞行器质量与可靠性，飞行器适航技术，飞行器控制与信息工程，无人驾驶航空器系统工程，智能飞行器技术	必选物理	必选化学
工学	兵器类	武器系统与工程，武器发射工程，探测制导与控制技术，弹药工程与爆炸技术，特种能源技术与工程，装甲车辆工程，信息对抗技术，智能无人系统技术	必选物理	必选化学
工学	核工程类	核工程与核技术，辐射防护与核安全，工程物理，核化工与核燃料工程	必选物理	必选化学
工学	农业工程类	农业工程，农业机械化及其自动化，农业电气化，农业建筑环境与能源工程，农业水利工程，土地整治工程，农业智能装备工程	必选物理	必选化学
工学	林业工程类	森林工程，木材科学与工程，林产化工，家具设计与工程	必选物理	必选化学
工学	环境科学与工程类	环境科学与工程，环境工程，环境科学，环境生态工程，环保设备工程，资源环境科学，水质科学与技术	必选物理	必选化学
工学	生物医学工程类	生物医学工程，假肢矫形工程，临床工程技术，康复工程	必选物理	必选化学
工学	食品科学与工程类	食品科学与工程，粮食工程，乳品工程，酿酒工程，葡萄与葡萄酒工程，食品安全与检测，食用菌科学与工程，白酒酿造工程	必选物理	必选化学
		食品质量与安全，食品营养与检验教育，烹饪与营养教育，食品营养与健康	必选物理	不限
工学	建筑类	建筑学，城乡规划，风景园林，历史建筑保护工程，人居环境科学与技术，城市设计，智慧建筑与建造	不限	不限
工学	安全科学与工程类	安全工程，应急技术与管理，职业卫生工程	必选物理	必选化学
工学	生物工程类	生物工程，生物制药，合成生物学	必选物理	必选化学

续上表

学科门类	本科专业类	内设专业	首选科目	再选科目
工学	公安技术类	刑事科学技术，消防工程，交通管理工程，安全防范工程，公安视听技术，抢险救援指挥与技术，火灾勘查，网络安全与执法，核生化消防，海警舰艇指挥与技术，数据警务技术，食品药品环境犯罪侦查技术	必选物理	必选化学
农学	植物生产类	农学，园艺，植物保护，植物科学与技术，种子科学与工程，设施农业科学与工程，茶学，烟草，应用生物科学，农艺教育，园艺教育，智慧农业，菌物科学与工程，农药化肥，生物农药科学与工程	必选物理	必选化学
农学	自然保护与环境生态类	农业资源与环境，野生动物与自然保护区管理，水土保持与荒漠化防治，生物质科学与工程，土地科学与技术	必选物理	必选化学
农学	动物生产类	动物科学，蚕学，蜂学，经济动物学，马业科学，饲料工程，智慧牧业科学与工程	必选物理	必选化学
农学	动物医学类	动物医学，动物药学，动植物检疫，实验动物学，中兽医学，兽医公共卫生	必选物理	必选化学
农学	林学类	林学，森林保护，经济林	必选物理	必选化学
		园林	不限	必选生物
农学	水产类	水产养殖学，海洋渔业科学与技术，水族科学与技术，水生动物医学	必选物理	必选化学
农学	草学类	草业科学，草坪科学与工程	必选物理	必选化学
医学	基础医学类	基础医学，生物医学，生物医学科学	必选物理	必选化学
医学	临床医学类	临床医学，麻醉学，医学影像学，眼视光医学，精神医学，放射医学，儿科学	必选物理	必选化学
医学	口腔医学类	口腔医学	必选物理	必选化学
医学	公共卫生与预防医学类	预防医学，食品卫生与营养学，妇幼保健医学，卫生监督，全球健康学，运动与公共健康	必选物理	必选化学
医学	中医学类	中医学，针灸推拿学，藏医学，蒙医学，维医学，壮医学，哈医学，傣医学，回医学，中医康复学，中医养生学，中医儿科学，中医骨伤科学	必选物理	不限
医学	中西医结合类	中西医临床医学	必选物理	不限

续上表

学科门类	本科专业类	内设专业	首选科目	再选科目
医学	药学类	药学，药物制剂，临床药学，药物分析，药物化学，海洋药学，化妆品科学与技术	必选物理	必选化学
		药事管理	不限	不限
医学	中药学类	中药学，中药资源与开发，藏药学，蒙药学，中药制药，中草药栽培与鉴定	必选物理	必选化学
医学	法医学类	法医学	必选物理	必选化学
医学	医学技术类	医学检验技术，医学实验技术，医学影像技术，眼视光学，康复治疗学，口腔医学技术，卫生检验与检疫，听力与言语康复学，康复物理治疗，康复作业治疗，智能医学工程，生物医药数据科学，智能影像工程	必选物理	必选化学
医学	护理学类	护理学，助产学	不限	不限
管理学	管理科学与工程类	管理科学，信息管理与信息系统，工程管理，房地产开发与管理，工程造价，保密管理，邮政管理，大数据管理与应用，工程审计，计算金融，应急管理	必选物理	不限
管理学	工商管理类	工商管理，市场营销，会计学，财务管理，国际商务，人力资源管理，审计学，资产评估，物业管理，文化产业管理，劳动关系，体育经济与管理，财务会计教育，市场营销教育，零售业管理，创业管理	不限	不限
管理学	农业经济管理类	农林经济管理，农村区域发展	不限	不限
管理学	公共管理类	公共事业管理，行政管理，劳动与社会保障，土地资源管理，城市管理，海关管理，交通管理，海事管理，公共关系学，健康服务与管理，海警后勤管理，医疗产品管理，医疗保险，养老服务管理，海关检验检疫安全，海外安全管理，自然资源登记与管理	不限	不限
管理学	图书情报与档案管理类	图书馆学，档案学，信息资源管理	不限	不限
管理学	物流管理与工程类	物流管理，采购管理，供应链管理	不限	不限
		物流工程	必选物理	不限

续上表

学科门类	本科专业类	内设专业	首选科目	再选科目
管理学	工业工程类	工业工程，标准化工程，质量管理工程	必选物理	不限
管理学	电子商务类	电子商务，电子商务及法律，跨境电子商务	必选物理	不限
管理学	旅游管理类	旅游管理，酒店管理，会展经济与管理，旅游管理与服务教育	不限	不限
艺术学	艺术学理论类	艺术史论，艺术管理，非物质文化遗产保护	不限	不限
艺术学	音乐与舞蹈学类	音乐表演，音乐学，作曲与作曲技术理论，舞蹈表演，舞蹈学，舞蹈编导，舞蹈教育，航空服务艺术与管理，流行音乐，音乐治疗，流行舞蹈，音乐教育	不限	不限
艺术学	戏剧与影视学类	表演，戏剧学，电影学，戏剧影视文学，广播电视编导，戏剧影视导演，戏剧影视美术设计，录音艺术，播音与主持艺术，动画，影视摄影与制作，影视技术，戏剧教育	不限	不限
艺术学	美术学类	美术学，绘画，雕塑，摄影，书法学，中国画，实验艺术，跨媒体艺术，文物保护与修复，漫画，纤维艺术	不限	不限
艺术学	设计学类	艺术设计学，视觉传达设计，环境设计，产品设计，服装与服饰设计，公共艺术，工艺美术，数字媒体艺术，艺术与科技，陶瓷艺术设计，新媒体艺术，包装设计	不限	不限

资料来源：《教育部办公厅关于印发〈普通高校本科招生专业选考科目要求指引（通用版）〉的通知》，教学厅函〔2021〕27 号。

临床医学专业选科要求清单

意向职业	对应的意向专业	意向大学	首选科目	再选科目
医生	临床医学（五年，八年）	中南大学	物理	化学，生物
	临床医学（5+3 一体化）	南开大学	物理	化学
	临床医学	上海交通大学	物理	化学
	临床医学	中国医科大学	物理	化学
	临床医学（5+3 一体化）	同济大学	物理	化学
	临床医学（5+3 一体化）	南京大学	物理	化学

资料来源：2024 年拟来湖南招生普通高校招生专业选考科目要求汇总表（本科）[EB/OL].（2022-01-07）[2024-01-25]. https://gaokao. chsi. com. cn/gkxx/zc/ss/202201/20220107/2156955766. html.

生涯体验

选科组合对对碰

一、活动准备

1. 标识国内大学的卡片多张，开设专业的卡片多张。

2. 班级优化大师，希沃白板 5。

3. 文件资料《2024 年拟来湖南招生普通高校招生专业选考科目要求汇总表(本科)》。

二、活动过程

1. 登录希沃白板 5，启动“随机点名”，由系统自动选定一名学生。

2. 该学生上台随机抽取大学和专业卡片各一张，说出该大学该专业的选科要求，答对加 1 分，答错扣 1 分。

3. 依此方式随机选取学生随机作答，直到各专业抽完为止。

生涯行动

意向专业选科要求清单

一、信息收集主题

意向专业选科要求清单。

二、信息收集方式

上网查找。

三、具体操作步骤

1. 百度输入“2024 年拟来湖南招生普通高校招生专业选考科目要求汇总表(本科)”，找到此文件并下载。

2. 打开此文件，选中“招生专业”一栏，点击“开始”，再点击“查找和选择”，弹出方框后，输入查找内容如“电子信息”，然后点击“查找全部”。

3. 根据页面内容自主选择和记录意向大学的专业选科要求，依次整理记录，形成意向专业选科要求清单。

4. 将此文档保存到个人文件夹。

意向专业选科要求清单

<table>
<tr><th>意向职业</th><th>对应的意向专业</th><th>意向大学</th><th>首选科目</th><th>再选科目</th></tr>
<tr><td></td><td></td><td></td><td></td><td></td></tr>
<tr><td></td><td></td><td></td><td></td><td></td></tr>
<tr><td></td><td></td><td></td><td></td><td></td></tr>
<tr><td></td><td></td><td></td><td></td><td></td></tr>
<tr><td></td><td></td><td></td><td></td><td></td></tr>
<tr><td></td><td></td><td></td><td></td><td></td></tr>
<tr><td colspan="2">你的意向专业选科要求(汇总)</td><td colspan="3"></td></tr>
</table>

第十六课　选科决策 1+2

生涯阅读

生物？地理？

小江舅舅是中南大学湘雅医院的一名外科医师，技艺精湛，临床经验丰富，是小江职业生涯的偶像。他立志报考中南大学临床医学专业，高一选科时选了自己喜欢的物理和化学。但生物和地理“二选一”时，他犹豫了：中南大学临床医学专业要求必选物、化、生，可他的地理比生物学得好；而且只要选了物、化就可以报考南开大学、上海交通大学等学校的临床医学专业，在他父母看来，这些学校都差不多，只要能考上其中一个学校就行，毕竟高考是从高分到低分依次录取。怎么选呢？他犯难了。

生涯知识

学科兴趣

学科兴趣指的是稳定的学科兴趣，即发自内心地喜欢某一学科，愿意主动投入时间、精力和物力去学习和探究，即使处于困境也百折不挠，坚持到底。这种喜欢和坚持与个人能力、接受的教育和教师以及外界奖惩无关。

学科能力

学科能力是智力、能力和特定学科的有机结合。林崇德教授认为，学科能力包含三个含义：一是学生掌握某学科的一般能力；二是学生学习某学科时的智力活动以及相关的智力与能力的成分；三是学生学习某学科的学习能力、学习策略和学习方法。如物理这一学科，要求学生具备空间想象能力、逻辑推理能力和实验操作能力，具备这三项优势智能的学生学习物理会感到胜任愉快。

整合学科兴趣和学科能力

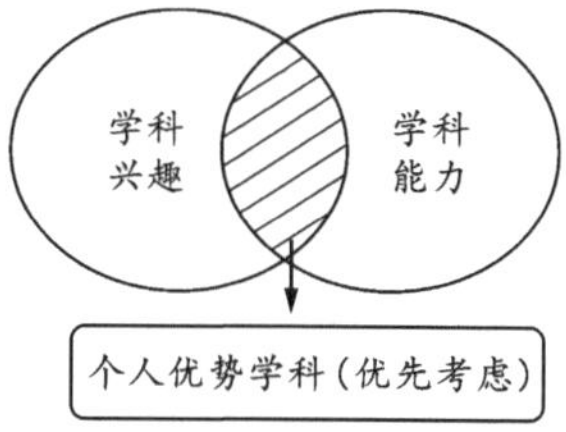

学科兴趣和学科能力关系图

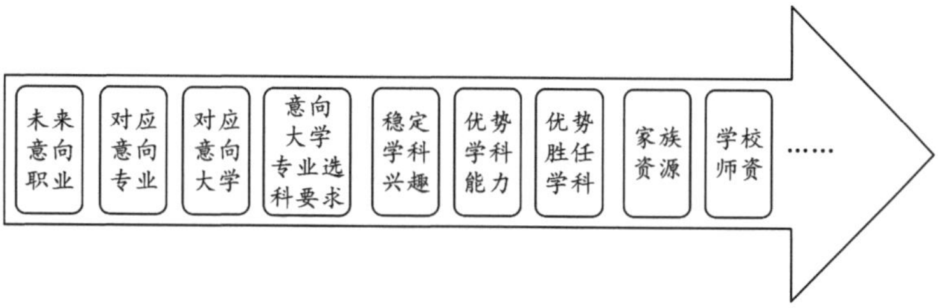

选科路径图

选科原则：①以终为始，由外到内；②多种可能性。

生涯决策平衡单

应用场景：面临抉择，踌躇不定时。

选择项目 / 加权分数 / 考虑因素	重要性的权数（1~5倍）	物理/化学/生物				历史/政治/地理			
		得+（1~5）	得分小计	失- -1~(-5)	失分小计	得+（1~5）	得分小计	失- -1~(-5)	失分小计
学科兴趣	5	5	25					-4	-20
学科能力	5	4	20					-4	-20
选科要求	5			-3	-15	3	15		
学校师资	4	5	20					-5	-20
家人期望	4	4	16					-3	-12
老师建议	3	5	15					-4	-12
持续发展	5	4	20					-3	-15
……									
加权后合计			116		-15		15		-99
加权后得失差数		101				84			

注：“得+”中的“+”仅代表“个人优势”，“失-”中的“-”仅代表“个人劣势”。

简要说明：

1. 重要性的权数指的是考虑因素在决策者心中的重要程度(从低到高为1~5倍)。

2. 得分为个人优势，计分范围为1~5分；失分为个人劣势，计分范围为-1~-5分。既不是优势也不是劣势的计0分。个人优势或劣势越明显，得分或失分就越高。

3. 计分方法：

(1)将每一项的得分或失分乘以权数，得到加权后的得分或失分；

(2)分别算出加权后的得分和失分总和；

(3)用加权后的得分总和减去加权后的失分总和，得到“得失差数”；

(4)根据“得失差数”做出决定：得失差数越大，说明此科目越适合。

生涯体验

探索学科兴趣

1. 自我评估：物、化、生、政、史、地六科中，你感兴趣的科目有哪些？理由是什么？

2. 完成学科兴趣测验。

下面有60道题，每道题有5个选项，请根据自身实际情况，选择符合的选项。

序号	项目	非常符合	比较符合	既符合又不符合	比较不符合	非常不符合
1	喜欢阅读有关物理学的报刊文摘	5	4	3	2	1
2	关注生活中的化学现象和相关知识	5	4	3	2	1
3	喜欢采集些昆虫和植物标本	5	4	3	2	1
4	对国内外发生的大事很敏感	5	4	3	2	1
5	喜欢看历史题材的影视剧	5	4	3	2	1
6	如果有外出地理考察的活动机会，会积极参加	5	4	3	2	1

续上表

序号	项目	非常符合	比较符合	既符合又不符合	比较不符合	非常不符合
7	爱思考一些物理现象背后的原理	5	4	3	2	1
8	关注化学方面的前沿知识	5	4	3	2	1
9	想参加生物兴趣小组	5	4	3	2	1
10	喜欢分析经济与政治的关系	5	4	3	2	1
11	喜爱收集某个主题的历史资料	5	4	3	2	1
12	爱观看自然界构造、地貌变迁等方面的节目	5	4	3	2	1
13	喜欢解答复杂的物理题	5	4	3	2	1
14	解答化学难题时，哪怕花很长时间也要把它做出来	5	4	3	2	1
15	对生物学前沿知识很着迷	5	4	3	2	1
16	喜欢上政治课	5	4	3	2	1
17	喜欢了解历史事件和历史人物	5	4	3	2	1
18	非常关注地球变化对人们生活的影响	5	4	3	2	1
19	喜欢用物理知识解决日常生活中的实际问题	5	4	3	2	1
20	听到与化学有关的问题，立刻来了兴趣	5	4	3	2	1
21	积极关心和支持生态保护	5	4	3	2	1
22	喜欢了解国家的法律、方针、政策等	5	4	3	2	1
23	游览名胜古迹时，常对那里的历史事件感兴趣	5	4	3	2	1
24	喜欢收集各种资料来了解地球各大洲的地理概况	5	4	3	2	1
25	爱做物理实验	5	4	3	2	1
26	关注化学学科的发展过程和趋势	5	4	3	2	1
27	喜欢上生物实验课	5	4	3	2	1
28	关心社会时事新闻	5	4	3	2	1
29	谈起历史事件会兴趣盎然	5	4	3	2	1
30	喜欢了解自己所在城市或家乡的地理环境	5	4	3	2	1
31	很喜欢上物理课	5	4	3	2	1
32	上化学课时特别高兴	5	4	3	2	1
33	喜欢观看有关生命科学的节目或书籍	5	4	3	2	1
34	喜欢和别人谈论时事政治	5	4	3	2	1

续上表

序号	项目	非常符合	比较符合	既符合又不符合	比较不符合	非常不符合
35	喜欢阅读历史类书籍	5	4	3	2	1
36	向别人谈起各国的地理位置和自然环境时，感到很开心	5	4	3	2	1
37	如果组织物理兴趣小组，一定积极报名	5	4	3	2	1
38	喜欢阅读化学类书籍	5	4	3	2	1
39	对生命起源和生物进化感兴趣	5	4	3	2	1
40	爱看有关各国政治的评论文章	5	4	3	2	1
41	关心世界各国的历史	5	4	3	2	1
42	喜欢阅读地理地质方面的书籍或杂志	5	4	3	2	1
43	关注自己感兴趣的物理领域及其最新研究成果	5	4	3	2	1
44	希望选修化学课程	5	4	3	2	1
45	喜欢观察动植物的生长变化	5	4	3	2	1
46	喜欢看报纸中的政治新闻或是国际时事版面	5	4	3	2	1
47	常用历史上发生过的事情与现实做对照	5	4	3	2	1
48	喜欢看地图，了解世界各国的地理位置	5	4	3	2	1
49	有自己崇拜的物理学家	5	4	3	2	1
50	特别崇拜化学家	5	4	3	2	1
51	对生物充满好奇，很想进行生命奥秘的探究	5	4	3	2	1
52	喜欢用政治学知识分析社会现象	5	4	3	2	1
53	能正确说出重大历史事件发生的时间、地点及主要人物	5	4	3	2	1
54	在旅行中对地形地貌很感兴趣	5	4	3	2	1
55	喜欢阅读物理学家的传记	5	4	3	2	1
56	认为从事化学分析工作很有意思	5	4	3	2	1
57	关注著名生物学家的生平及研究成果	5	4	3	2	1
58	关注自己崇拜的政治家的成长历程及成就	5	4	3	2	1
59	如果有历史兴趣小组，一定积极报名	5	4	3	2	1
60	关注著名地理学家的生平及研究成果	5	4	3	2	1

资料来源：缪仁票. 成长自己的样子：高中生生涯规划[M]. 杭州：浙江大学出版社，2018：97-100.

计分方法：

物理：1，7，13，19，25，31，37，43，49，55。（　　）
化学：2，8，14，20，26，32，38，44，50，56。（　　）
生物：3，9，15，21，27，33，39，45，51，57。（　　）
政治：4，10，16，22，28，34，40，46，52，58。（　　）
历史：5，11，17，23，29，35，41，47，53，59。（　　）
地理：6，12，18，24，30，36，42，48，54，60。（　　）

结果解释：

<table>
<tr><th>总分</th><th colspan="2">结果解释</th><th>选科建议</th></tr>
<tr><td>39 分以上</td><td>很感兴趣</td><td rowspan="2">热爱学习
有学习乐趣</td><td rowspan="2">优先考虑</td></tr>
<tr><td>32~38 分</td><td>较感兴趣</td></tr>
<tr><td>21~31 分</td><td colspan="2">一般</td><td>一般</td></tr>
<tr><td>14~20 分</td><td>不大感兴趣</td><td rowspan="2">缺乏学习热情</td><td rowspan="2">尽量避免</td></tr>
<tr><td>13 分以下</td><td>很不感兴趣</td></tr>
</table>

探索学科能力

自我评估：

1. 物、化、生、政、史、地六科中，哪些科目你学起来十分轻松容易？哪些科目学得还行？哪些科目学得不好？在此基础上，找到你的优势学科、胜任学科和弱势学科。

优势学科：________________________________

胜任学科：________________________________

弱势学科：________________________________

2. 你的优势智能与学科特殊能力匹配度如何？请独立完成下表，根据智能雷达图计算出匹配度。

个体优势智能与学科特殊能力匹配度

学科	学科特殊能力	对应的智能	个体优势智能	匹配度
物理	空间想象能力 逻辑推理能力 实验能力	空间智能 数理逻辑智能 身体运动智能		
化学	分析、推理能力 实验能力	数理逻辑智能 身体运动智能		

续上表

学科	学科特殊能力	对应的智能	个体优势智能	匹配度
生物	记忆能力 分析能力 实验能力	语言智能 数理逻辑智能 身体运动智能		
历史	记忆能力 理解与评价能力	语言智能 数理逻辑智能		
地理	记忆能力，分析能力， 空间想象能力 图像运用能力	语言智能 数理逻辑智能 空间智能		
政治	记忆能力 思辨与评价能力	语言智能 数理逻辑智能		

资料来源：缪仁票. 成长自己的样子——高中生生涯规划[M]. 杭州：浙江大学出版社，2018：101.

整合学科兴趣和学科能力

请根据你稳定的学科兴趣和学科能力评估结果，并结合意向专业的选科要求，初步确定你的选科范围。

稳定的学科兴趣	
学科能力评估结果	
意向专业的选科要求	
初步确定你的选科范围	

生涯行动

生涯决策平衡单

现在的你，是否正在纠结：选物理，还是历史？选生物，还是地理？建议使用“生涯决策平衡单”进行分析。它能帮助你理清思路、分析利弊，引导你找到心中想要的答案。

选择项目 加权分数 考虑因素	重要性的权数（1~5倍）	物理/化学/生物				历史/政治/地理			
		得+ （1~5）	得分 小计	失- -1~-5	失分 小计	得+ （1~5）	得分 小计	失- -1~-5	失分 小计
1.									
2.									
3.									
4.									
5.									
6.									
……									
加权后合计									
加权后得失差数									

生涯决策是一个动态的过程。现在的决策是根据当下的信息、个人条件和外在的环境做出的决定。未来会变化，个人兴趣、能力和价值观也会变化，生涯决策需要随之变化和调整。未来有无限可能，一切皆有可能！

第四篇

实现生涯使命

第十七课　绘制人生蓝图

生涯阅读

人生犹如一段旅程，走这段旅程之前，我们应该先了解地形，选好方向，找几位好旅伴，如此才能好好享受这段旅程，因为走到旅途的尽头，可能什么都没有。(《象与骑象人》)

人无远虑，必有近忧。(《论语・卫灵公》)

吾十有五而志于学，三十而立，四十而不惑，五十而知天命，六十而耳顺，七十而从心所欲，不逾矩。(《论语・为政》)

取法于上，仅得为中；取法于中，故为其下。(唐太宗《帝范》卷四)

少年不可怕丑，须有狂者进取之趣。此时不试为之，则后此弥不肯为矣。(《曾国藩家书》)

君子之立志也，有民胞物与之量，有内圣外王之业，而后不忝于父母之所生，不愧为天地之完人。(《曾国藩家书》)

生涯知识

目标管理

一、目标的含义

目标，本义指瞄准、观察或打击的对象，后引申为个人、部门或组织所期望得到的成果。从个体层面来看，目标是对活动预期结果的主观设想。梦想、理想本质上是目标的表现形式。

二、目标与幻想、空想的区别

目标与幻想、空想不同。目标是对现实的预测，本身包含了达到目标的手段和能力。幻想或空想不具备与现实的关联，是虚妄或荒唐的。个体过度沉溺于幻想、空想之中，会阻碍其身心健康成长，影响其生活质量。

目标分类

划分标准	目标类型
内容	学习目标、生活目标和职业目标等
目标大小和实现进度	人生目标、长期目标、中期目标、短期目标和日目标等

WSMARTN 行动计划(优化版的 SMART 目标管理原则)

项目因子	具体含义	举例说明
W(What)	梦想、理想、愿景等远期目标，或其他中期或阶段性目标，亦或其他短期目标？	想成为什么样的人？想把事业发展到什么程度？追求什么样的财富、社会经济地位等
S(Specific)	具体的短期或中期目标	每日完成学习任务，三年后考上某个大学
M(Measurable)	可衡量的	第一节晚自习完成数学作业
A(Attainable)	可达到的	当日完成当日学习任务，灵活动态调整
R(Relevant)	相关的	当日学习任务的完成关系到学科知识的消化和巩固，关系到今后的学习，关系到高考，关系到大学，关系到未来人生发展的多种可能性
T(Time-bound)	有时限的	每日睡觉前
N(Negligible)	可忽略不计的	专注于行动，而非目标；注重过程，而非结果

生涯体验

生涯幻游——畅想 20 年后的我

对于未来，你有怎样的设想？20 年后，你会过着怎样的生活？你的工作、家庭、婚姻、休闲生活会是什么样的？请跟随指导语展开想象。

指导语：

同学们，我诚挚地邀请你们参加今天的生涯幻游活动。

首先，请大家和我一起调整坐姿，将双脚平放在地上，自然张开，与肩同宽，大腿与小腿自然弯曲 90 度，双手平放/叠放在大腿或膝盖处；头部中正，双肩打开，背部挺直，保持头部、肩部、背部成一条直线，保持一个清醒、庄严、坚定、平和的状态。

现在，请你们闭上眼睛，回到自己的内心世界，问问自己想要怎样的人生，可用哪些关键词来概括。

这样的人生设想将从哪些方面来实现呢？

接下来，让我们以“当下”为始发站，以“20 年后的我”为终点站，乘坐“复兴号”时光隧道机，一起穿越到未来。

想象一下，20 年后的你，正好多少岁？那时的你，拥有什么样的生活？在哪个国家、哪个城市发展？居住在什么地方？从事什么样的工作？担任什么职务？薪水如何？工作内容是什么？工作对象是什么呢？

你的人生伴侣是什么样的？你和他/她的感情如何？你们相处的方式是怎样的？你们组建的家庭氛围如何？有几个孩子？家人之间是怎样相处的？你的爸爸妈妈呢？他们过得怎么样？你会以什么方式表达对他们的感恩和报答？

工作之余，你会从事哪些活动进行休息和放松？周末和假期会怎样度过？

你会拥有多少个朋友？和朋友主要通过什么方式联络感情？

你对自己 20 年后的生活满意吗？满意的是什么？你憧憬和向往那样的生活吗？

同学们，畅想未来的时间已到。现在，让我们一起乘坐“复兴号”时光隧道机，返回到当下的现实生活，回到我们的教室，回到我们的课堂。现在，请同学们慢慢睁开眼睛，回到现实生活中来。用图画、语言或其他形式呈现“20 年后的我”的工作和生活图景。

20 年后，______________的工作和生活图景

生涯故事——下一个目标做总统

阿诺德·施瓦辛格 10 多岁时，身体非常瘦弱，却在日记里立志将来要当美国总统。

如何才能实现这样的宏伟目标呢？经过缜密思考，他拟定了一系列目标：想当美国总统，首先要当州长；竞选州长需要雄厚的财力支持，要获得财力支持必须融入财团；要融入财团最好娶一位豪门千金，要娶一位豪门千金必须成为名人；而成为名人的快速途径就是做影视明星；要成为影视明星，就得练好身体，练出阳刚之美。

按照这样的思路，他开始行动：健身和健美。在坚持三年的刻苦训练后，他练就了一身发达的肌肉，并于 16 岁参加全国健美比赛，36 岁在国际健美比赛中获得“健美先生”称号。22 岁时，他进军好莱坞，利用自身优势，着力塑造震撼人心的“硬汉形象”，经过近 10 年努力，在演艺界声名鹊起。在电影事业如日中天时，他于 39 岁娶了肯尼迪总统的外甥女玛利亚·施莱沃。2003 年，57 岁的他弃影从政，成功竞选美国加州州长，而他的下一个目标就是美国总统。

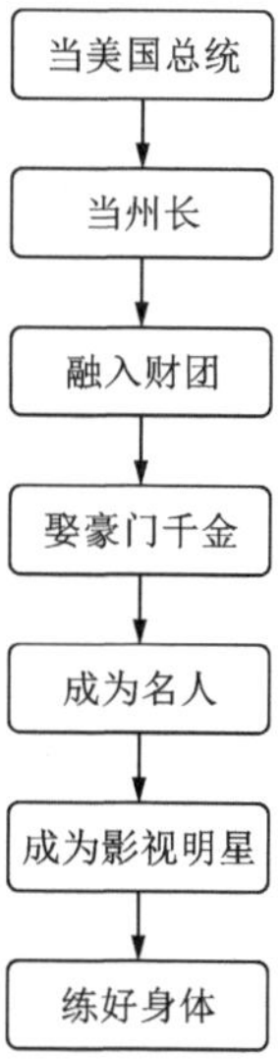

施瓦辛格的人生规划路线

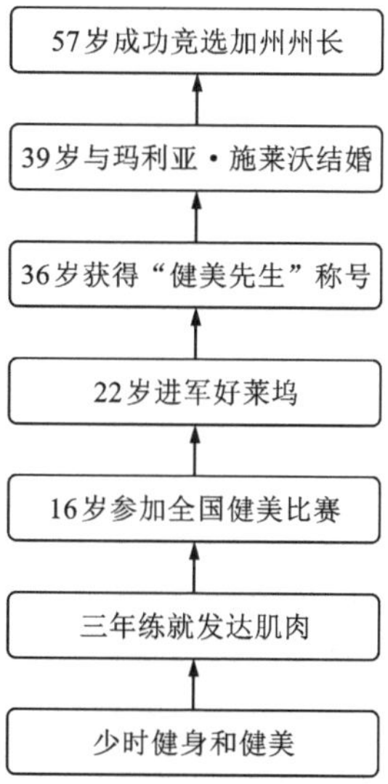

施瓦辛格的行动路线

生涯路径——具象化“20 年后的我”

参考阿诺德·施瓦辛格的职业生涯规划思路，把你未来 20 年的人生规划路线和具体的行动路线一步步呈现出来。

具象化“20 年后的我”

人生规划路线：　　　　　　　　　　行动路线：

生涯行动

同学们，有了人生规划，就有了人生方向。如何把梦想一步步变成现实呢？这需要你们通过实际行动，以行生慧，逐步实现人生的积累和蜕变，谱写人生新篇章。在此，老师以《劝学》激励大家学习，学习，再学习；实践，实践，再实践！

劝　学

［战国］荀子

积土成山，风雨兴焉；积水成渊，蛟龙生焉；积善成德，而神明自得，圣心备焉。故不积跬步，无以至千里；不积小流，无以成江海。骐骥一跃，不能十步；驽马十驾，功在不舍。锲而舍之，朽木不折；锲而不舍，金石可镂。

第十八课 时间管理

生涯阅读

洗手的时候，日子从水盆里过去；吃饭的时候，日子从饭碗里过去；默默时，便从凝然的双眼前过去。我觉察他去的匆匆了，伸出手遮挽时，他又从遮挽着的手边过去，天黑时，我躺在床上，他便伶伶俐俐地从我身上跨过，从我脚边飞去了。等我睁开眼和太阳再见，这算又溜走了一日。我掩着面叹息。但是新来的日子的影儿又开始在叹息里闪过了。（朱自清《匆匆》）

一年之计在于春，一生之计在于勤，一日之计在于寅。春若不耕，秋无所望。寅若不起，日无所办。少若不勤，老无所归。（明无名氏《白兔记·牧牛》）

生涯知识

时间管理四阶段论

阶段	特点
第一代	注重便条与备忘录，将目标细化，提醒和督促个体执行
第二代	强调运用计划和日程表，提高个体自制力和效率
第三代	根据事情的轻、重、缓、急来安排先后顺序，强调优先原则
第四代	以个体人生目标和价值追求为依据，判断事情的“重要性”，强调“要事第一”。根据“重要性”和“紧迫性”两个因素，将日常事务划分为ABCD四种类型： A类：重要、紧迫之事　　B类：重要、不紧迫之事 C类：不重要、紧迫之事　　D类：不重要、不紧迫之事

时间管理的具体实施策略

1. 设定目标、分解目标：将长期、中期和短期目标细化为月目标、周目标和日目标。

2. 遵循“要事第一，留有余地”原则：根据第四代时间管理理论和四象限法则安排每日事务，制定“日行动安排表”，注意精力分配（二八法则），留有弹性时间，以应对突发事件。

3. 执行并优化：执行计划，找到自己的“生物钟”，在此基础上优化每日行动安排表。

4. 动态调整：在实施过程中，根据外界情况灵活调整和变更，保障事务顺利完成。

5. 番茄工作法：选择一个任务，将番茄时间设定为 25 分钟，专注于工作，中途不允许做任何无关的事，直到番茄时钟响起，短暂休息 5 分钟，再开始下一个番茄钟。每 4 个番茄钟后，休息 15~30 分钟。

适用对象：①心乱、心散之人；②注意力集中和持久时间短暂之人。

适用时期：调整工作或学习状态的初始阶段。

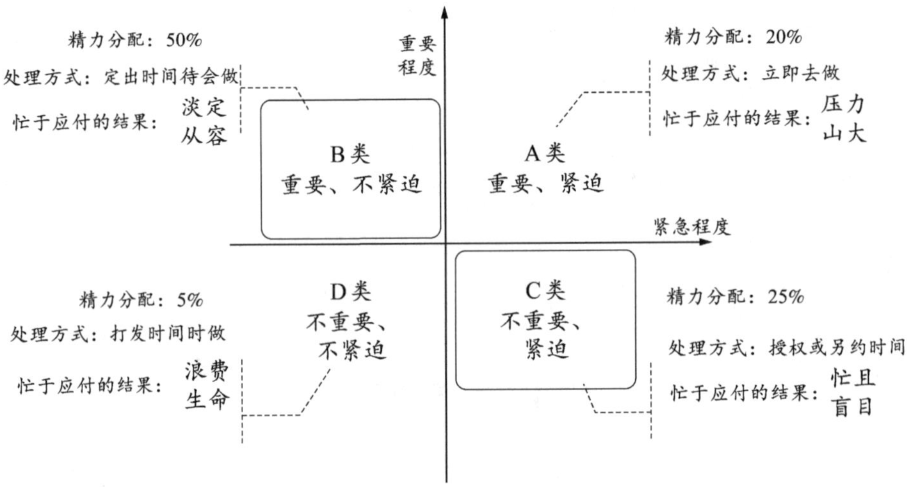

时间管理四象限法则

生涯体验

时间都去哪儿了

反观自身：你每天的生活是怎样度过的？请将你从事的活动、花费的时间整理成清单。

__________的时间流水账

生活事件	花费的时间
1. 睡眠(含午睡)	
2. 个人卫生(含洗漱、洗头发、洗澡、洗脚、洗衣服等)	
3. 上课	
4. 做作业、考试等	
5. 晨读、午读、背诵、默写等	
6. 发呆、走神、讲话、做小动作、吃东西、做白日梦等	
7. 休息、运动、聊天、赏花、投入大自然等	
8. 阅读、写日记等	
9. 上网聊天，玩游戏，看短视频、电影、电视剧等	
10. 独立思考、自我反思、独处等	
……	
总计	24 小时

时间管理统计图

以时间饼图或柱形图的方式呈现你每天的时间花费情况。时间饼图和柱形图样例如下。

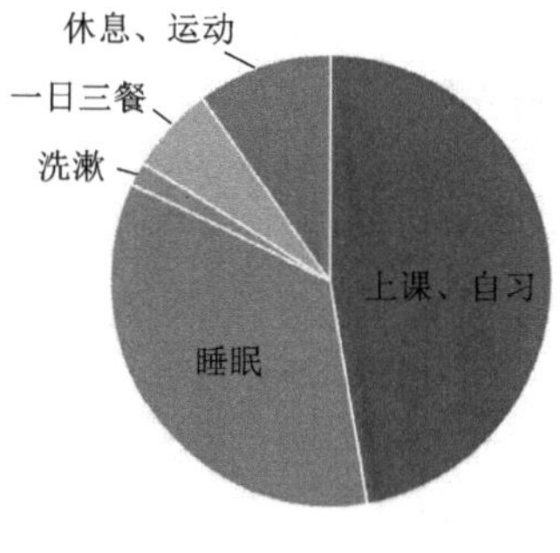

某高中学校学生日常作息时间分配统计图

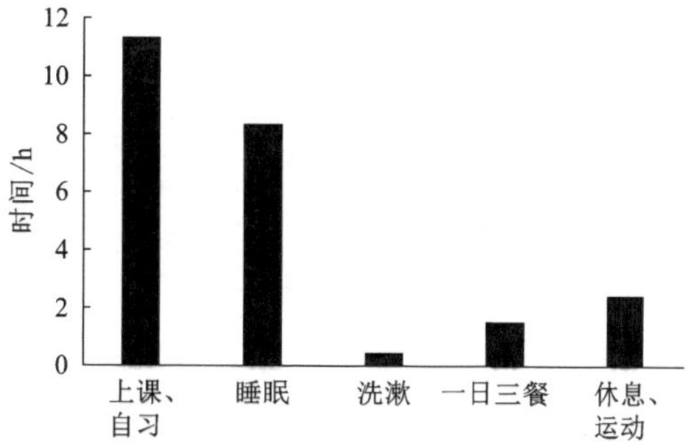

某高中学校学生日常作息时间分配统计图

______的时间管理统计图

自我反思

1. 你每天的时间主要花费在哪些事务上？找到花费时间多的前三样事务，并用符号标记。

2. 在这些事务上花费了如此多的时间，它们给你带来了哪些收益，创造了哪些价值？值得吗？

3. 你的时间管理能力如何？哪些方面需要改进？

______的自我反思

生涯行动

优化时间管理

学以致用：根据时间管理理论和策略，你打算从哪些方面改进时间管理，以做到充分、有效运用时间，提高学习效率和生活质量？

寻找“生物钟”

请根据下表找出你的“生物钟”。

时间段	精神状态，注意力、思维、记忆力特点	适合从事的学习和生活事务

续上表

时间段	精神状态，注意力、思维、记忆力特点	适合从事的学习和生活事务

持续记录 7~14 天，你发现：

1. 一天中精力充沛、头脑清醒、思维活跃的黄金时间段是________，适宜安排的学习任务是________。

2. 一天中记忆力最佳的时间段是________，适宜安排的学习任务是________。

3. 一天中精力不济、状态不佳的时间段是________，适宜安排的学习和生活事务是________。

4. 一天中休息、放松和运动效果最佳的时间段是________，主要从事的休闲活动是________。

第十九课　学会倾听，建立关系

生涯阅读

一个半朋友

有一个人喜欢结识天下豪杰。临终前，他告诉儿子，自己生平结交的人不计其数，其实只交了“一个半”朋友。儿子不解，父亲对他耳语，交代一番，叮嘱道：“你按我说的去做，见见这一个半朋友，自然就会明白。”

儿子先去了他父亲认定的“一个朋友”那里，表明身份后说道：“我现在被人追杀，走投无路，特来投奔您，恳请您救救我！”这人一听，忙叫来自己的儿子，喝令自己的儿子将衣服换下，以救朋友之子。

此时，儿子明白了：在生死攸关的时刻，那个舍命搭救你的人，是你的“一个”朋友。

儿子又去了他父亲说的“半个朋友”那里，把同样的话说了一遍。这“半个朋友”说道：“孩子，此等大事我可救不了你，我给你备些盘缠，你快点远走高飞吧，我保证不会告发。”[《生涯体验——生涯发展与规划(第三版)》]

生涯知识

罗杰斯：与朋友相处之道的四点原则

一、真诚(genuineness)

在和朋友交往的过程中，个体要忠于自己的感受，并且勇于面对这些感受。只有彼此真诚，才能建立并维持关系。

二、温暖(warmth)

在友谊形成的过程中，无论对方好与坏，你都能温和地对待，平静地接纳或接受，始终如一，不离不弃。罗杰斯称这种温暖的接纳为无条件的正向关怀。

三、同理心(empathy)

同理心，亦叫共情、换位思考、将心比心、以心换心，指细心地去倾听对方说些什么，体会对方感受到些什么，进入对方的内心世界，和他/她同喜同悲、同忧同乐、同频共振。

四、自我表露(self-disclosure)

自我表露是判断友谊深浅的一项指标。愿意向值得信赖的朋友坦陈心事的人，比较容易拥有知心朋友。

马斯洛需要层次理论

人本主义心理学家马斯洛(A. H. Maslow)认为，人的需要分为五个等级：生理需要、安全需要、归属和爱的需要、尊重的需要、自我实现的需要。后续研究中，他将五阶段模型扩大为八阶段模型，增加了认知需要、审美需要和超越需要。其中，关系到个体生存的需要称为缺失性需要(deficiency need)；与人的健康、长寿、生活质量和幸福指数相关的需要称为生长需要(growth need)。

生理需要(physiological need)，指个体对食物、水分、空气、睡眠、性的需要等。生理需要在人的需要中最重要、最有力量。

安全需要(safety need)，表现为人们要求稳定、安全、受到保护、有秩序、能免除恐惧和焦虑等。

归属与爱的需要(belongingness and love need)，指与他人建立感情或关系的需要等，如结交朋友、追求爱情、参加社团、融入集体等。

尊重的需要(esteem need)，包括自尊和希望受到他人尊重。尊重需要的满足能使人更自信，更有创造性；反之，则会使人感到自卑，从而畏惧、退缩、逃避、拖延等。

认知需要(cognitive needs)：人类对自身和外在生活环境进行探索、学习、认识和了解以及解决问题的需要，如好奇心、求知欲、创造力等。

审美需要(aesthetic needs)：对美的事物的欣赏、追求、创造和享受的需要，如欣赏或创造音乐、艺术、文学，欣赏自然等。

自我实现的需要(self-actualization need)：个体充分发挥自身潜能，实现人生理想和使命，实现人生价值的需要。如自我完善、自我成长、自我表达等。

自我超越的需要(transcendence needs)：个体超越物质自我，开启灵性觉

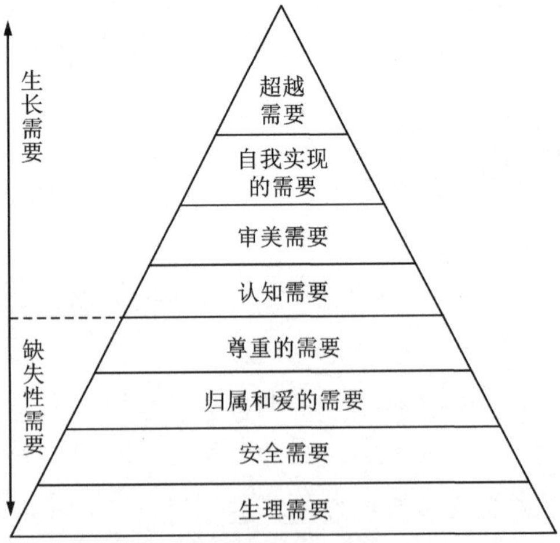

马斯洛需要层次理论图

醒，追求灵性，追求人生最高境界，追求人生意义的需要，如无私帮助他人、为人类社会谋福祉、无我等。此类个体拥有无私、富有创造力、开放、真实、接纳、独立、勇敢等品质，如革命战争时期为实现共产主义理想而不怕牺牲的无数革命烈士，和平年代为国家富强而默默耕耘数十载的科学家。

以“同理心”倾听和回应

同理意味着以尊重的态度来了解他人的体验。庄子认为，真正的同理需要全身心地倾听，需要全然地放空感官，如此便能直接感知在你面前的人、事、物。

1. 要同理他人，必须完全卸下对他人“先入为主”的成见和评判，保持与“他”同在的状态——“临在”，全然地与他人以及他们当下的体验同在，用心和眼前的人连接。“不去做什么，只是在那里。”

2. 倾听并专注于他人话语背后的感受和需要，如“看上去你不高兴，是因为你需要……”

3. 以提问的方式复述我们的理解，如“听起来，你很伤心，你希望自己的努力能得到肯定，是吗？”特别注意要运用探询式的语气，以确认我们的理解是否到位，而不是下结论。一般来说，说话者情绪强烈，反馈他们的情绪会让他们感到欣慰。

4. 持续同理他人。持续关注他人内心世界，让他人有机会充分探索和表达自己。判断依据：对方感到轻松，安静下来，停止说话；自己也不再那么紧绷。如果不能确定对方是否充分表达了自己，不妨问一句：“还有什么想要说的吗？”

5. 当意识到自己处于辩解防卫的状态或痛苦得无法同理时，可以选择停顿，深呼吸，同理自己；也可以使用“非暴力呐喊”调整自己的状态，如“我现在很难受，不想管你们了，我想安静一会儿”（这时对方可能会反过来同理你）；还可以选择暂时离开现场，等到心境调整好了后再回去。

生涯体验

人际关系现状调查

同学们，你在班上的人际关系如何呢？我们来做个自我评估吧。

一、评估内容

1. 认识本班同学的人数（以能叫出名字的为准）。
2. 共同活动的同学人数。
3. 有共同兴趣爱好、玩到一块儿的同学人数。
4. 能分享交流、坦陈心事的同学人数。
5. 相识、相知、相惜的同学人数。

二、自评等级

差，比较差，一般，比较好，好。

三、自我反思

这样的人际关系现状是什么因素导致的呢？

角色扮演："你说我听"

一、第一次体验

(一)活动形式

两人一组。一个人扮演A(讲述者)，一个人扮演B(倾听者)。

(二)活动内容

A向B讲述一件事，内容不限，想到什么说什么。B不搭理，可以东张西望、摆弄东西、转移话题、做作业、读书、唱歌等，做一切你想做的事情。总之一句话，什么都可以做，不必听他说。

(三)活动时间

每人一分钟，共两分钟。

(四)活动要求

1. 学生自由组合，确定合作伙伴。
2. A必须全程保持绅士风度，无论B如何反应，都不能失风度。
3. B全程不能与A目光交流，不能互动，必须视而不见、听而不闻。
4. A与B互换角色体验。

(五)分享交流

在刚才的角色扮演中，你扮演A和B时的感受和想法分别是什么？

二、第二次体验

(一)活动形式

两人一组，最好是先前的搭档。一个人扮演A(讲述者)，一个人扮演B(倾听者)。

(二)活动内容

A向B讲述一件事，内容不限，想到什么说什么。B认真倾听。

(三)活动要求

1. 身体前倾，目光柔和，关注对方的眼神，可在对方的三角区域(以两眼为底线、唇心为下顶点形成的倒三角形区域)自然移动。

2. B 用心倾听，感受 A 的情绪情感变化，表达同理。如果 A 高兴，便报以会心的微笑；如果 A 悲哀，便垂下眼帘；如果 A 落泪了，便温柔地递上纸巾；如果 A 久久沉默，便和 A 一起默默静坐……

3. A 和 B 互换角色体验。

(四)活动时间

每人一分半钟，共三分钟。

(五)分享交流

1. 在刚才的角色扮演中，你扮演 A 和 B 时的感受和想法分别是什么？

2. 比较前后两次的“你说我听”体验活动，你突出的感受是什么？从中悟到些什么？

三、小组合作学习

日常生活中，你认为怎样倾听才是一个合格的倾听者呢？

生涯行动

学以致用

根据倾听方法和技巧，加强与人的日常交流，提高自己的倾听能力和社交能力。

第二十课　非暴力沟通

生涯阅读

善与慈悲

我渴望我的生命活出善意和慈悲(compassion)，由衷的给予在你我之间流动。

是什么让我们背离了天性中的善，做出暴力与毁灭性的行为?

又是什么使得有些人即使在极度恶劣的环境下，依然与天性中的善相连?

就像艾提·海勒申(Etty Hillesum)那样的人，纵然面对德国集中营的恶劣条件，也依然保有慈悲之心。她在日记中这样写道：

我并不那么害怕，不是我勇敢，而是因为我清楚，站在我面前的是人。我想要尽我所能去理解任何人做的任何事，就像在今天早晨，一位心情不佳的年轻盖世太保冲着我大骂，我并未生气，油然而生的是一份真切的慈悲之情。我甚至想问他："你的童年过得不开心吗？女友的言行令你失望了吗?"他看上去那么烦躁、紧张、阴沉且虚弱。我早该善意地对待他，这般可怜的年轻男子一旦放纵自己将有多么危险。(《非暴力沟通》)

生涯知识

非暴力沟通

人与人之间相互联结是人类的天性。

非暴力沟通(nonviolent communication，NVC)帮助我们在表达自己和聆听他人时，将注意力聚焦在彼此的观察、感受和需要上，带着尊重和同理心对待他人，深度聆听，听见自己和他人心灵深处的呼声，让"由衷的给予"(慈悲心)在彼此之间流动。

要让"由衷的给予"在自我对话、与人互动和团体交流中发生，实现非暴力沟通，需要关注以下四个方面：

一是不带评论地观察。不论他人的言行是否有益于我们，我们都只是去观察，纯粹地观察，不夹杂任何评判。如“我看到你一边听课，一边写作业”。

二是体会与表达感受。允许自己表达感受，袒露脆弱。觉察并如实表达内心的感受，而不是自己的想法。如“我进来的时候，你没和我打招呼，我感到失落”。

三是看见感受背后的需要。我们越能够直接说出自己的感受与需要，他人就越有可能对我们做出善意的回应。如“他们在背后议论我，我感到很伤心，因为我希望得到欣赏和肯定”。

四是提出明确的请求。使用正向的语言，向他人提出清晰、具体、可行的请求、希望、愿望或期待。如“请你答应我，进我的房间前先敲门”。

人类共有的基本感受

需要得到满足时的感受	需要未得到满足时的感受
惊奇，舒服，自信，急切，振奋，满足，高兴，希望，鼓舞，好奇，喜悦，感动，乐观，自豪，释然，亢奋，惊喜，感恩，触动，信任	生气，恼火，忧虑，困惑，失望，灰心，痛苦，尴尬，泄气，无助，无望，急躁，愤怒，孤独，紧张，惊慌，迷惑，勉强，悲伤，不安

人类共有的基本需要

自主选择(autonomy)	
选择人生梦想、目标和价值	选择实现人生梦想、目标和价值的方法
内外一致(integrity)	
真实，真诚，创造力	意义，自我价值
庆祝/哀悼(celebration/condolence)	
庆祝人生梦想的实现	亲人离世、梦想破灭等
相互依存(interdependence)	
接纳，欣赏，亲近，共享，体贴，服务生命(通过有益于生命的奉献来锻炼自己的能力，丰盈生命)，心理安全，换位思考	诚实(有力量的诚实，可以让我们从自身的局限中得以学习)，爱，安心，尊重，支持，信任，理解，温暖
精神交融(spiritual communion)	
美，和谐，灵感	秩序，和平
玩耍(play)	
乐趣	欢笑
滋养身体(physical nurturance)	
空气，食物，水，运动，锻炼，个人防护，免受病毒、细菌、昆虫、食肉动物的威胁	休息，住所，性表达，抚爱

练习非暴力沟通

如果你想让“由衷的给予”在人际互动中发生，可以在日常生活中有意识地练习非暴力沟通。

第一步：请告诉我，作为你的朋友，我做的哪件事让你的人生一点也不美好？

第二步：当我做某事时，你有什么感受？

第三步：你的哪些需要没有得到满足？

第四步：现在，请你告诉我，我能做些什么来帮助你美梦成真？或者让彼此的人生更丰盈？

表达感谢(欣赏)的练习：

1. 对方做了什么事，让自己的人生更丰盈(欣赏对方)。
2. 我对此有什么感受。
3. 对方的行动让我的哪些需要得到了满足。

疏离生命的语言/暴力沟通

1. 道德评判。他人行为与个体的价值观不符，个体便认为这个人是错的或恶的。指责、侮辱、贴标签、批评、比较、分析都是评判的方式。如“你太自以为是了”“她要求太多，太黏人”等。

2. 进行上行比较。这是评判的另一种形式，如“别人家的孩子”。

3. 推卸责任。常以“不得不”和“让人感到”的表达方式淡化和回避为自己的感受、想法和行为所负的责任。如“有些事情不管你喜不喜欢，你非做不可，比如作业，你不得不按时完成”“你让我感到惭愧”。

4. 以“要求”的方式表达自己的诉求。这实际上是在或明或暗地指责或惩罚那些不配合我们的人。如“你必须在15分钟内打扫好房间”“这是你的家务活儿，为什么不做？”

生涯体验

非暴力沟通练习一：观察还是评论

下列哪些句子只是描述观察而不是评论？请你找出来，“是的”在括号里打“√”，“不是的”在括号里打“×”，并把这些句子修改为不带评论的、描述观察的句子。

1. 某某老师上课时，无缘无故冲我们发脾气，真是莫名其妙。 (　　)
2. 我看到你昨天放学后在校门口站了很久，是在等人吗？ (　　)
3. 晚自习放学回来后，你一直一边听歌，一边做作业，这是在认真学习吗？ (　　)
4. 你真的太好了。 (　　)

5. 他和我说起学校里的事情时，一直在抱怨。（　　）
6. 如果你们经常熬夜学习，身心健康就会受到影响。（　　）

非暴力沟通练习二：区分感受和想法

阅读下列句子，有哪些是在表达自己的感受呢？请你标出来，“是的”在括号里打“√”，“不是的”在括号里打“×”，并把这些句子修改为表达感受的句子。

1. 我觉得我的未来充满希望。（　　）
2. 物理这一学科常常让我很挫败。（　　）
3. 爸妈又要外出务工了，我很伤心，舍不得他们走。（　　）
4. 你真让人喜欢。（　　）
5. 一到上课，我就精神焕发，头脑清醒，聚精会神，全神贯注。（　　）
6. 你进来的时候，没和我打招呼，我感到一点点失落。（　　）
7. 想到你们送给我的生日祝福，内心充满了温暖、感动和喜悦。（　　）

非暴力沟通练习三：体会需要

下列句子中，表达者清楚自己的内在需要吗？请你标出来，“清楚的”在括号里打“√”，“不清楚的”在括号里打“×”，并把这些句子修改为表达内在需要的句子。

1. 看到你们把新领的书本直接放在地面上，我有点儿生气，因为我希望你们能爱护好书本。（　　）
2. 课堂上，我踊跃发言，同学们却嘲笑我，说我“张扬、爱表现”，这让我很难过。（　　）
3. 运动会你获得了长跑冠军，我很开心，因为我一直希望你的实力能得到认可。（　　）
4. 班上有些同学总喜欢背后议论他人，这让我很害怕，平时小心翼翼地，生怕得罪他们，被他们议论。（　　）
5. 你们来参加我的生日聚会，我太高兴了，心里一直盼着你们来呢。（　　）
6. 这次放假妈妈竟然同意我玩手机，这太出人意料了！当时的我欣喜若狂、手舞足蹈，这是我渴望已久的啊。（　　）

非暴力沟通练习四：表达请求

仔细阅读下列句子，找出清晰、具体、可行的表达请求的句子，在对应括号中打“√”，对其他句子进行修改，把请求具体化。

1. 我希望你能理解我。（　　）
2. 我希望你能好好说话。（　　）
3. 老师，我们想拥有更长的假期。（　　）

4. 老师，作业能少布置些吗？ （ ）

5. 我希望你们能尊重我的隐私，进我房间时先敲门，想要了解什么情况直接和我说，请你们不要乱翻我的东西。 （ ）

6. 我不想要你们管着我，请你们同意吧。 （ ）

生涯行动

请你根据非暴力沟通四要素“观察、感受、需要、请求”和“我觉得……，是因为……，我希望……”的形式与同学、家人、朋友沟通交流，提升沟通能力。

非暴力沟通练习

情境一：放假回家想要玩手机，和爸妈沟通，获得许可。

情境二：和班主任协商，争取放假期间各科作业布置合理。

情境三：运动会项目报名时，劝说好友多报项目，挑战自己。

情境四：班上一同学伤心哭泣时，去陪伴、安慰、开导他/她。

第二十一课　了解和识别身体语言

生涯阅读

“快乐脚”

朱莉是一家大公司的人力资源主管，负责选聘海外任职人员。有次招聘时，她发现一名应聘者的脚开始变得活跃，“快乐脚”(高兴时双腿和双脚一起摆动或颤动)出现了。

她问道：“你愿意到海外任职吗？”

“嗯嗯。”应聘者微笑着点头。

“你要去的地方是印度孟买。”

应聘者的双脚同时停了下来。

“你为什么不愿去孟买呢？”

应聘者十分惊讶地问道：“我没有说什么啊，你怎么知道的？”

朱莉笑了笑，答道：“我能感觉到你不太愿意去那个地方。”

应聘者回应道：“是的，我以为是去香港，那边有很多朋友。”(《FBI 教你读心术》)

生涯知识

身体语言

身体语言，亦称肢体语言(body language)，是指经由身体的各种动作，代替语言达到传递信息、表情达意的沟通目的，即通过面部表情、手势、身体移动、身体距离、身体接触、姿势，饰品、服饰、珠宝、发型、纹身，甚至语调、音色、音量等反映个体的思想、感觉、意图、行为和真诚度。

麦拉宾法则/梅拉比安沟通模型/73855定律

美国心理学家和传播学家艾伯特·麦拉宾(Albert Mehrabian)研究发现，人与人之间沟通的效果55%来自表情、动作、姿势等非语言信息，38%来自语音、语调、语速等非语言信息，仅有7%来自语言信息。这意味着在沟通中，重要的不是你说话的内容，而是你用何种方式表达。

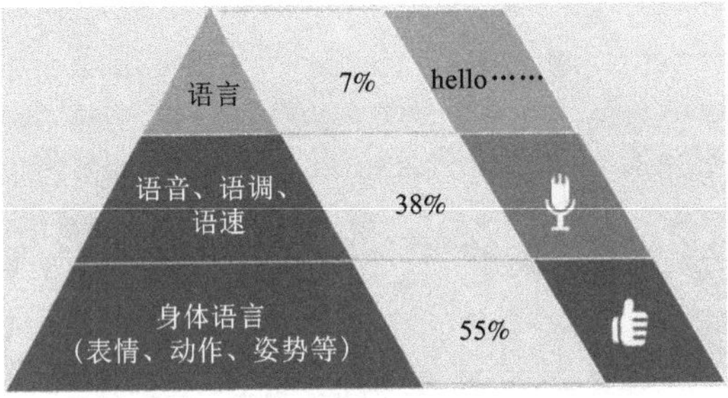

麦拉宾法则/梅拉比安沟通模型/73855定律

“十大准则”帮你解密身体语言

成功解读一个人的身体语言，需要不断地深化学习和实践。美国FBI情报员乔·纳瓦罗总结了“十大准则”，可以帮助你熟练掌握相关技巧。

准则一：做个称职的观察者。利用你所有的感官(眼、耳、鼻、舌)用心观察。

准则二：在环境中观察。观察个体表现出来的言行举止与当时所处的背景是否一致。

准则三：认识普遍存在的非语言行为。

准则四：解密特异的身体语言。想要识别这些特异信号，需要仔细观察周围人的行为方式。如考前挠头、咬嘴唇——十分紧张，或准备不充分，缓解压力。

准则五：与他人互动时寻找基线行为。要了解一个人的基线行为，必须注意观察他们的常态，包括坐姿、手和脚放置的位置、面部表情、头的倾斜度，甚至包括放置物品的位置等。只有多对正常情况进行观察，才能识别和分辨出不正常的信息。

准则六：坚持不懈，获取多种信息。

准则七：关注个体行为的变化，捕捉其思想、情感、兴趣和意图，能帮助我们预测即将发生的事。

准则八：学会发现虚假的或误导性的非语言行为，准确识别。

准则九：区分舒适行为(满足感、幸福感或松弛感)与不适行为(如不高兴、不幸福、有压力、忧虑或紧张)，可以帮助你找到译解非语言行为的侧重点。

准则十：观察时不要引起别人注意。最好的状态是你在观察别人，别人却不曾察觉。

身体会说话

非言语行为	传达的身体语言
揉眼	惊愕、怀疑或意见相左
用手掩盖颈窝	感到不安、不适、恐惧或忧虑，或说谎，或隐瞒重要信息
摩擦前额	举棋不定，或感到某种不适
触摸脸、头、颈、肩、手臂、手或腿、衣服或领带、珠宝和头发	缓解紧张、焦虑、恼怒或忧虑时的一种自我安慰方式
鼓起脸颊，再轻轻地呼一口气	释放压力和自我安慰
触摸、抚摸或按摩颈部	缓解不安或不适，缓解压力，安慰自己
一只手(或双手)放在一条腿(或双腿)上，沿着大腿向下搓至膝盖，反复多次	感到压力或紧张时的自我安慰行为，缓解不适或不安，消除紧张感
手臂交叉并反复用双手摩擦肩膀	自我保护，自我安慰
双手交叉于胸前，身体后倾，并表现出挑衅的神情	感到不适，防御
谈话中一方将脚移开并指向一侧，或双手按住膝盖并将重心放于脚上，或将脚从水平状态抬升至“起跑”姿势	想要离开，而要去的地方正是脚的指向
脚趾或脚掌向上翘起	情绪不错，正听到或想到令自己开心的事
双腿交叉	感到舒适，放松
双脚紧锁	感到不自在或不安全
当一个人的脚突然由左右轻摇转向上下踢动	感到很不舒服，看到或听到了什么消极或不高兴的事情
身体倾向对方	感到舒适，喜欢对方，或观点相同，赞同对方
身体侧向相反一侧	遇到不喜欢的人、事、物，或意见不相同
身体展开，坐在椅子上	捍卫领地，霸道，对抗，不尊重他人，漠视权威
突然摘掉帽子，或脱掉衬衫	打斗可能即将开始
轻度(局部或单肩)耸肩	缺乏担当，或没有安全感，所传达的信息是不可信的
大幅度耸肩，或双肩耸动	对某事物不了解，或怀疑
肩部收缩，肩膀慢慢上升至耳朵高度，类似乌龟缩头动作(乌龟效应)	缺乏信心，处于弱势，感到不自在，情绪低落，无安全感
收回手臂，限制手臂动作，垂直搭在一边，或交叉于胸前	受到伤害、威胁、虐待，或感到焦虑、担心
双手放在背后(帝王的站姿)	不要靠近我，我想和你保持距离

续上表

非言语行为	传达的身体语言
双手叉腰，拇指朝后	领地宣言，声明统治权或维护权威
双手叉腰，拇指朝前	感到好奇或担心
大口喘气	可能正在承受巨大的压力
眯眼	遮挡光线，或实时反映某种消极思想和情感
弓形的眉毛	高度自信和积极的感觉
压低的眉毛	低度自信和消极的感觉，弱势或心神不安

资料来源：乔·纳瓦罗，马文·卡尔林斯. FBI教你读心术[M]. 王丽，译. 长春：吉林文史出版社，2011，4：73-77.

生涯体验

身体认字

一、活动规则与要求

1. 自由组合，2~3 人一组。

2. 组内成员协商确定要用身体语言表达的“字”（2 个），不能选择过于简单或过于复杂的字，最好是需要两三个人合作才能完成的“字”。

3. 组内成员自主排演 3 分钟。

4. 各组成员班内展示身体语言表达的“字”，表达过程中不能使用语言。

5. 其他同学认真观看并猜测，猜对了奖励。

二、活动场地

室内、室外均可。

三、分享交流

（一）表达者

1. 你们是如何确定想要表达的“字”的？
2. 这些“字”和你们的生活经历有什么关联？
3. 你们是如何完成的？
4. 这次活动带给你们什么启发？

（二）观看者

你从哪些方面来猜测表达者所表达的“字”？猜中了吗？有什么感悟？

模仿不“NG”

一、活动准备

组织者事先写好要“模仿”的事物，难度依次加大。

二、活动规则与要求

1. 分组，6 人一组，每组确定 1 名观察员和 1 名带领者。各带领者互相调换到其他组。
2. 小组 4 名组员横向排成一排，观察员站在他们对面。
3. 带领者（其他组的）在观察员身后展示要“模仿”事物的词语。
4. 组员思考 30 秒，第一名组员开始表演并以身体雕塑形状定格，模仿事物或事物的某个属性，但不进行语言交流。第一名组员表演完后用手势“OK”表示已完成。
5. 第二名组员开始表演，依次进行，直到其他组员表演结束，呈现 4 个身体雕塑形状。
6. 观察员猜测他们表演的事物是什么，猜对了组员为他/她“点赞”。

三、分享交流

（一）表演者

1. 你在“模仿”事物时，想到了什么？用这个姿势想表达什么含义？
2. 你和这个被“模仿”的事物之间有关联吗？关联之处在哪里？

（二）观察员

1. 你在观察的过程中，看到了什么？感受如何？
2. 观察过程中，触动你的是什么？你特别在乎的是什么？请详细说明。

寻找“读心”时刻

日常生活中，你是否曾通过解读他人身体语言来获得信息、做出判断和行为反应？请搜寻你的记忆，并把它们整理出来。

生活事件	捕捉的非语言信息	你的解读	事后检验结果
1.			
2.			
3.			

生涯行动

观察和记录一个人的基线行为

具体的肢体动作	传递的信息和表达的含义
1.	
2.	
3.	
4.	
5.	
6.	
7.	
8.	

第二十二课　情绪的自我调节

生涯阅读

情绪不稳定，怎么办？

进入高中后，李亚轩觉得自己变得易怒，脾气暴躁，易冲动，情绪不稳定，和周围同学相处不太融洽。一些同学认为他很凶，古怪，不好相处。他想克制自己不发火，可一遇到事，他那暴脾气马上就来了。他常常为此后悔、自责和懊恼，难以静下心来听课、做作业，学习和生活受到影响，人也没以前那么开朗了。

生涯知识

情绪

情绪(emotion)是人对客观事物的态度体验及相应的行为反应，是个体带着个人愿望和需要体验外界客观事物或情境时产生的反应，如考上理想大学时感到自豪，帮助他人时感到快乐，被人误会时感到伤心。

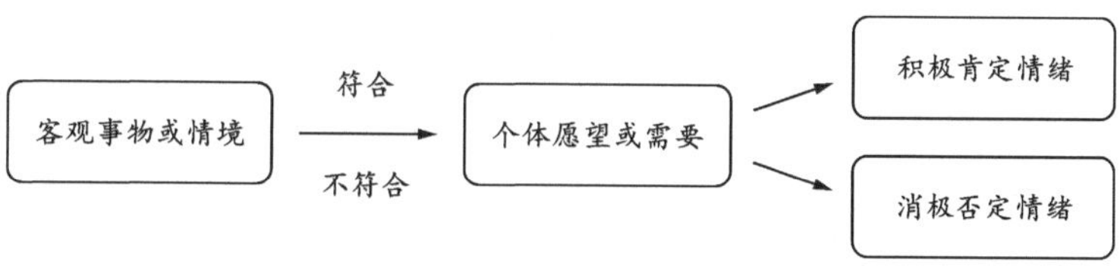

情绪反应

情绪由主观体验、外部表现和生理唤醒组成。当个体经历“兴奋”的情绪体验时，可能会伴随着快乐的面容、欢呼雀跃的肢体动作、高昂的语调、飞快的语速、心跳加速、呼吸加快等反应。任何情绪都有情景性、激动性和暂时性特点，而且会随着情景的改变和个体需要的满足而逐渐减弱或消失。情绪的信号功能让人类得以生存下来。在人与人的交往中，情绪充当着桥梁的作用，可以传递信息、表达心声。除此之外，情绪还能影响人们看待世界的方式和从事活动的动机和效率。

高中生的情绪发展特点

处于青春期的高中生开始克制和忍耐冲动情绪，稳定性日益增强，文饰性成了这一时期的主要特征，主要表现为表里不一，如明明心里不高兴却假装若无其事，甚至开怀大笑；情绪反应相对持久，时间延长，出现心境化趋势，如和同学闹矛盾后会为此郁闷一段时间；情绪体验更深刻，情感更细腻、敏感；对未来充满憧憬，在憧憬中夹杂些许忧伤，有时会感到莫名的空虚和孤独；复杂情绪体验增多，如愤怒可能含有羞耻、生气、难过、痛苦、自责、愧疚等多种成分；表情认知功能得到发展，会通过肢体语言、面部表情等非语言形式表达心声。总之，高中生的情绪发展仍有强烈性、爆发性、多变性和冲动性的特点，但会一直朝着稳定、丰富、深刻的方向发展。

情绪调节方法

一、情绪宣泄法

1. 向朋友、家人、老师、同学倾诉。
2. 痛快哭一回。
3. 郁闷就喊出来。
4. 写出自己的不快。
5. 笑一笑，十年少。
6. 哼唱好处多。
7. 大声朗读诗歌或课文。

二、注意转移法

1. 增加运动，有效缓解焦虑。
2. 多动手，少动脑(画画、手工活等)。
3. 倾听音乐。
4. 欣赏校园风光，种植花草。
5. 阅读报刊、漫画。
6. 看动画片或喜剧片。
7. 逛街购物或吃零食,但忌暴饮暴食和疯狂购物。

三、深呼吸法

第一步：全身放松，闭目静心。

第二步：嘴巴微微张开，慢慢地、轻轻地呼气，尽量把身体内的二氧化碳呼出来。

第三步：慢慢地、轻轻地深吸一口气（吸至腹部，可将手放在腹部，感受腹部的隆起），吸满。

第四步：屏住气，憋 4~5 秒钟。

第五步：慢慢地、轻轻地呼气，呼气的同时体会肩膀、背部、手臂放松的感觉。

第六步：按上述步骤重复 4~5 次。

四、想象放松法

闭目，静坐或静卧，全身放松，对下列某个意境进行想象：

1. 春、夏、秋、冬中任一个你喜爱的风景。

2. 风景名胜之地。

3. 最愉快、最成功的时刻。

若想达到好的效果，可结合深呼吸法。

五、情绪聚焦疗法

1. 觉察。当个体感觉到愤怒时，暂停一切活动，对自己或周围人说："现在我想静一静。"

2. 接纳。允许愤怒情绪出现，不压抑、不抗拒、不逃避，与它同在，"就让它发生好了"。

3. 感受。把注意力带到身体上，真切感受"愤怒"能量的存在。整个过程只是纯粹地去感受，不评判。感受"愤怒"中自己的身体肌肉、面部表情、肢体动作是什么样的。

4. 识别。探索自己产生愤怒的原生情绪是什么，是因生气而愤怒、被伤害而愤怒，还是因羞耻、难过、害怕、痛苦或自责而愤怒。

5. 评估。评估这些情绪反应是否为健康的、适应性的。如果是不健康的、不适应性的，则需进行调控和改变。

6. 调控。意识到愤怒情绪需调控后，做几次深、慢呼吸，让自己平静下来，把注意力转移到呼吸上，吸气，呼气，感受自己的呼吸，感受气流的进和出。条件许可的，在吸气、呼气时可"吐纳"，感受"吐纳"后的身心变化，如"心里轻松多了"。

随着内心的平静，把注意力转移到内心深处，找到一个平静点，花点时间去感受它的存在。你可能会感觉到清凉、宁静。这时，请慢慢地感受这股宁静的能量扩散至全身。

留意身体肌肉的变化，你可能会感到脸部肌肉开始柔软，肩背部有些僵硬、疼痛，手脚无力。适当舒展身体部位，活动筋骨，让身体回归到自然、放松的状态。

7. 认知调整。带着新生的积极情绪，寻找"愤怒"背后的不合理认知。通过搜集证据，找到其他可能性，建立合理认知。

如"愤怒"背后的不合理认知为"我付出了这么多，每天努力学习、做作业，竟然考得这么惨！真是没用！……我该怎么和爸爸妈妈说这件事呢？我怎么面对他们？他们对我那么好，而我却考得一塌糊涂。我对不住他们，无脸见他们，也不敢面对他们"时，可进行认知重建："我只是这次考得不好，一次不好并不能说明我不行。一直以来我的成绩都靠前，说明我是有实力的。爸爸妈妈知道我学习努力，前段时间见我压力大，还说要我去放松，和同学玩，别天天读书，不要把高考太当回事了。他们会理解我的。我还是尽快把状态调整好，投入到学习中吧。反正这次已经考完了，下次考好就行！”

温馨提示：日常练习可根据个人偏好灵活运用，只需把握好情绪的“到达”和“离开”。

生涯体验

你演我猜

1. 两人一组。

2. A 同学通过表情、肢体动作随机表达一种情绪，可以是当下的实时感受，也可以是随机想到的某种情绪。

3. B 同学猜测 A 同学表达的情绪，猜对了奖励。

4. 互换角色体验一遍。

5. 思考并分享：你是从哪些方面准确地猜到对方的情绪的？

情绪动态图

1. 请同学们拿出一张白纸，画出你今天的情绪体验过程。

2. 留意并觉察自己的情绪情感变化、想法和念头的出现情况以及身体部位的变化，并记录下来（以关键词、图画、符号、线条、表情包、表格等形式）。

3. 扪心自问：我为什么会产生这些情绪情感？

________的情绪动态图

情绪的自我调节

小组合作学习：
在现有条件下，你会用什么方法及时、有效地调节情绪，适应当下生活？
温馨提示：情绪自我调节的原则——不伤人不伤己。

________的情绪调节方法

生涯行动

情绪调节打卡表

生活事件	当时的情绪体验	运用的调节方法	调节效果
1.			☆☆☆☆☆
2.			☆☆☆☆☆
3.			☆☆☆☆☆
4.			☆☆☆☆☆
5.			☆☆☆☆☆
6.			☆☆☆☆☆

第二十三课　学习乐观的 ABCDE 技术

生涯阅读

为了你好

妈妈得知女儿降职，开始冷嘲热讽。母女俩开始了一场激烈的对话。

妈妈（阴阳怪气）："改做地勤了啊，这倒是一件令人惊喜的事。"

女儿（讨厌被妈妈控制的感觉）："谁让你进我房间了？"

妈妈（执意要求女儿换工作）："赶紧跟我回去，准备司法考试好吗？"

女儿："不，你想都别想。我不会辞职的，你别想控制我。还有，没有我的允许，你别进我的房间。"

妈妈："程霄，我告诉你，我这么做都是为了你好，为了你好！"

女儿："我很好，不用你为我。"

妈妈："你怎么天天就想着跟我作对啊？你多大了，是不是应该成熟一些了？"

女儿："你也知道我现在很大了，不用你管，不用你来控制我，我有自己的思想。"

妈妈气到无语，嘴唇直哆嗦，无言地闭上了眼睛。（选自《向风而行》电视剧片段）

生涯知识

ABC 理论

ABC 理论是合理情绪疗法的核心。A（activating events）代表诱发事件；B（beliefs）代表个体对诱发事件的看法、解释和评价，即信念；C（consequences）代表诱发事件发生时，个体的情绪反应和行为结果。

埃利斯认为情绪困扰或行为不良并非由外部诱发事件 A 所引起，而是由个体对这些事件的评价和解释 B 造成的。它是个体颓丧、放弃或振作、再尝试的关键。这些不合理信念

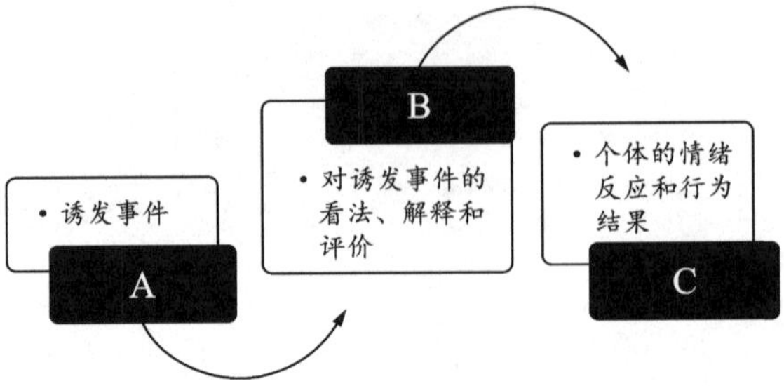

ABC 理论

主要有三大特征：①绝对化要求，如“必须”“应该”“一定”；②过分概括化/以偏概全，如“一无是处”“毫无价值”“没用”；③糟糕至极，如“一切都完了”“我一定要考上某个大学，要不然这么多年书就白读了，这一辈子没什么出息，这一生就完了”。

解释风格

积极心理学之父马丁·塞利格曼认为，你对发生在你身上的大小不幸事件的习惯性看法可称为个人特有的“解释风格”。它是一种习惯性的思维方式，是你在童年期或青少年期养成的。解释风格有三个维度：永久性(permanence)、普遍性(pervasiveness)和人格化(personalization)。你的解释风格表明了你是乐观的还是悲观的。

一、永久性——永远到底有多远

你认为发生在自己身上的坏事是永久的，“永远”“一直”“总是”“从来”是你常用的词语。或者你认为发生在自己身上的坏事是暂时的，“偶尔”“最近”“有时候”“现在”是你常用的词语。

例：永久的(悲观型)　　暂时的(乐观型)
　　你总是很唠叨。　　我一不做作业，你就会唠叨。
　　你从来不跟我交流。　最近，你没怎么跟我聊天。

二、普遍性——打击面的大小

你对不好的事的解释只限定在某些领域内，如“这方面”“某某人”。或者你对不好的事的解释扩大到了许多不同的情境中，如“所有”“完全”“都是”。

例：普遍的(悲观型)　　特定的(乐观型)
　　我什么都学不好。　　我只是数学学得不好。
　　我是个令人讨厌的人。　他/她不喜欢我。

三、人格化——都是我的错

人格化决定着你如何看待自己和对自己的感觉，如“自我感觉良好”(乐观)和“自我感觉不好”(悲观)。当不好的事情发生时，悲观的人怪罪自己，乐观的人怪罪旁人或环境。当好事发生时，悲观的人归功于运气、环境或他人，乐观的人归功于自己。

例 1：坏事发生时

内在的(悲观型)	外在的(乐观型)
我没有打篮球的天分。	打篮球时，你们不配合我。
我又做错了。	你怎么总是怪我？

例 2：好事发生时

外在的(悲观型)	内在的(乐观型)
这次考试考得好完全是运气。	这是我努力的结果。
大家都喜欢我。	我很讨人喜欢。

学习乐观的 ABCDE 技术

塞利格曼借用了埃利斯的 ABC 理论，并在该理论中增加了两个因素 D 和 E。D(disputation)反驳，指反对自己想法 B 的辩论；E(energization)激发，指反驳后带来的情绪与行为结果。

有效反驳的四大基石：

1. 搜集证据。找到有效反驳的事实依据。

2. 找到其他可能性。列出不好事件的其他解释，从多个角度看问题，找到其他可能性。

3. 化解灾难。正确评估不好事件的影响，找到三种可能发生的情况：可能发生的最坏情况、可能发生的最好情况、最可能发生的情况。

4. 发展反攻计划。将精力投到最可能发生的情况的反攻计划上，为最好及最坏的情况做好打算。

生涯体验

盘点 ABC

请同学们补充下列情境故事。

情境一：

事件A：好朋友没有回你的电话。

想法B：

情绪和行为C：你一整天都情绪低落。

事件A：好朋友没有回你的电话。

想法B：

情绪和行为C：你没有因此而不快，继续做自己的事。

情境二：

事件A：你和父母吵架了。

想法B：我总是做不好。

情绪和行为C：

事件A：你和父母吵架了。

想法B：他 / 她今天心情不好。

情绪和行为C：

事件A：你和父母吵架了。

想法B：我一向可以化解误会。

情绪和行为C：

通过以上练习，你发现事件 ABC 三者之间的关系是____________________。

整理“我”的 ABC

生活中哪些事情让你产生了不愉快的体验？请你回顾最近几天生活中发生的 ABC，捕捉这些体验并整理出来。

不好的事 A	当时的想法 B	当时的情绪体验和行为反应 C
1.		
2.		
3.		

学习乐观的 ABCDE 技术

案例：

不好的事 A：英语考试我又得了 B^-，没有拿到 A。

当时的想法 B：英语成绩拿不到 A，就不能进入年级前十。进不了年级前十，就没有资格获得清华大学自主招生机会。裸分上清华，有难度，有挑战，结果不明朗。清华大学，你是我初高中的梦想，已经准备五年了，不想因英语而错失机会。

当时的情绪和行为结果 C：心里很失落、沮丧，提不起兴致继续学习英语，看到英语书和英语作业就烦，不想听英语课。

反驳 D：咦，等一下，我的反应是不是过激了一点？几个 B^- 并不意味着自己就没机会了。理科是我的强项，最近几次考试成绩都是 A^+，这个是不用担心的（证据）。英语不好是因为自己不重视，没把它当回事，花费的时间和精力太少了（可能性）。估计它最差也就这样了（灾难）。接下来的时间里，我坚持每天做一篇英语阅读、一篇完形填空，早晨读 20 分钟英语、记 10 个单词，背熟短语和句型，相信到本期末，英语成绩可以提高到 B^+ 甚至 A^-（反攻计划）。只要英语提上去了，年级前十和清华自主招生机会就如囊中取物一般，稳当得很。

激发 E：心情好些了，有点跃跃欲试的冲动。我又看到了希望，对自己充满了信心。

不好的事 A：

当时的想法 B：

当时的情绪和行为反应 C：

反驳 D：

激发 E：

生涯行动

驳斥不合理信念

不合理信念	驳斥不合理信念
1. 我必须和所有人相处融洽，得到大家的喜欢和认可	
2. 他/她总是对我很冷漠，肯定是我说错了话，做错了事。我是个令人讨厌的人	
3. 班上有个同学心情不好，一直在哭泣，其他同学看到了，却视而不见，真是太冷漠了，太没人情味了	
4. 他/她就是针对我，故意这么说，故意这么做的。他/她就是想让我出丑，让我难堪，让我颜面扫尽，让我在大家面前抬不起头	
5. 我对他/她掏心掏肺，把他/她当成最好的朋友，他/她竟然撇下我，和其他同学玩得那么开心，气死我了，我要和他/她绝交	
6. 我必须考上某个大学，要不然我的人生就完了，一辈子碌碌无为。我也对不起所有关心和帮助过我的家人、老师、朋友和同学	
7. 计划总是赶不上变化，我把每天要做的事情安排得妥妥的，结果……又把我的计划打乱了，烦死了，不订计划了，随波逐流吧	
8. 我今天变成这个样子，都是你们造成的，都是你们的错。我是个受害者，你们必须为自己的行为付出代价	

第二十四课　压力管理

生涯阅读

投射测验

测试图

1. 第一眼看到此图，你觉得它处于什么状态？

2. 如果你看到图片处于动态，那么图片运动的速度如何？

结果解释：

静止状态，说明当下的你毫无压力。

运动状态，说明当下的你有压力，压力大小与你看到的图片运动速度呈正相关。你看到的图片运动得越快，说明你当下的压力越大。

生涯知识

压力和压力源

压力(stress)，又称为应激，是指个体为了适应环境刺激而产生的一种非特定性反应，主要通过心理和生理反应表现出来的持续唤醒的身心紧张状态。

压力源，指能引发个体产生压力并出现应激反应的刺激物，包括现实的或虚拟的人、事、物。

压力源主要分为三种类型：①重大生活变故或突发意外事件，如失业、亲人去世、天灾人祸等；②长期处于某种压力环境之中，如经常参加体育比赛、高压学习等；③日常小麻烦，如未完成作业、考试失利等。

不同发展阶段个体面临的压力源

发展阶段	压力源
儿童期	学业压力、被忽视、交往冲突、被成人指责、人身安全、环境变化
青少年期	升学竞争、人际交往、情感的独立、生理变化、生活自理
成人期	就业压力、经济压力、恋爱婚姻、家庭维系、子女教育、成就期望、专业发展、社会地位
老年期	不被尊重、收入减少、健康问题、没选择权、心灵孤独、子女婚姻、孙辈出生

压力反应的表现形式

压力反应表现形式		
	生理方面	肌肉紧张，身体颤抖，筋疲力尽，心慌，心悸，胸闷，胸痛，头晕，偏头痛，腰酸背疼，慢性疼痛，尿频尿急，盗汗，腹泻，恶心或呕吐，噩梦，哮喘，过度换气，溃疡，胃炎，高血压，免疫力降低，易感冒，红斑狼疮，荨麻疹，神经性皮炎，甲亢等
	情绪方面	紧张、兴奋、烦躁、急躁、焦虑、易怒、害怕、恐惧、忧虑、忧伤、内疚、自责、无助、崩溃、冷漠等
	认知方面	认知不合理，思维混乱，意识模糊；注意力难以集中，记忆力下降，健忘；判断力下降，难以做出选择，易被干扰；信任感、安全感和控制感降低，负向自我对话，自我否定，自我怀疑，自信心下降，自尊丧失
	行为方面	退缩，回避，拖延，迟到，旷课，逃学，厌学，缺考，摆烂，躺平，过度使用手机，过度学习，过度刷题；指责，批评，挑剔，攻击行为，损坏财物；入睡困难，早醒，失眠；暴饮暴食，或厌食；药物滥用等

压力反应模式

个体面对压力时，主要有三种反应模式：

1. 积极行动模式，即想方设法采取行动，解决当下面临的压力事件，以解决问题为导向。

2. 积极认知模式，即通过积极的认知调整，适应外在环境要求，以积极心态调整为导向。

3. 消极逃避模式，即通过转移注意力、忽视、临阵逃脱、过度思考、物质滥用或其他方式逃避或摆脱压力事件及相应的消极情绪。

压力事件	积极行动模式	积极认知模式	消极逃避模式
考试成绩不理想	认真修改错题，归纳易错知识点	反思，找到失利原因，调整心态	把试卷藏起来，不让任何人看见，不想学习，不想做作业，不想听课，害怕考试，缺考，厌学，批判教育制度
与朋友发生冲突	主动和朋友沟通，化解冲突	分析冲突产生的原因以及各自该承担的责任	不再理朋友，到网上交友
失恋	释放自己的痛苦和悲伤，和这段感情告别，将生活重心转移到学习上	目前彼此都不成熟，没有能力承担感情的责任，交往下去不会有好结果	消沉、摆烂、疯狂玩游戏、暴饮暴食或不吃不喝，嗜睡，作息紊乱，甚至旷课、逃学

压力管理的具体策略与方法

一、增压方法

1. 生涯规划。树立人生理想和目标，找到人生方向，进行人生规划、职业规划、专业规划和学业规划。

2. 目标分解。将人生目标分解，根据长中短期目标制订并优化具体可行的行动方案。

3. 实施计划。执行计划，根据自身实情和外界情况动态调整，灵活应变。

4. 即时强化。设立奖惩机制(物质奖励和精神奖励)，及时肯定、奖励新行为、新变化，不断激励自己朝着良好的状态发展。

5. 获得支持。与家人、同学、朋友互动，获得情感支持，获得前进的力量。

6. 树立榜样。从名人或身边人中找到学习榜样，学习榜样的精神，不断激励和鞭策自己。

二、减压方法

1. 调整目标。将奋斗目标分解到个体当下能够承受的范围(最近发展区)。

2. 碎片化运动。每天坚持有氧或无氧运动 20~30 分钟，如慢跑、快走、游泳、骑行、散步等，利用碎片化时间进行。

3. 陶冶放松。通过琴、棋、书、画等艺术活动陶冶情操，愉悦心灵。

4. 吸收大自然能量。亲近大自然，赏花赏月、晒太阳、呼吸新鲜空气、吹风、爬山、赤脚走在泥土上，吸收天地能量，疗愈身心。

5. 放松训练。专门花时间做一些放松练习，如渐进式肌肉放松训练、想象放松、观呼吸练习、腹式呼吸、冥想、蝴蝶拍技术等。

6. 化解执念。反思执念背后的心理需求，找到其他满足方式，接纳不足，接受真实的自己。

7. 关系赋能。从人际关系中获得放松，获得情感支持。

蝴蝶拍技术

引导语：

这是帮助增加安全感、保持情绪稳定、保持积极感受的方法之一。

胸前交叉双臂，抱着自己的臂膀；想象一个过去生活中给我们带来积极感受的情境或画面，把自己置身其中，再次体验这种积极的感受，留意身体某个部位感到了这种美好的体验；带着这种美好的感受，双手轮流慢慢轻拍；左一下、右一下为一轮，连续轻拍 4 ~ 12 轮为一组。如果美好的感受不断增加，可以继续下一组蝴蝶拍，直到这种美好的体验更为强烈；如果出现负面的体验，请提醒自己现在只关注美好的体验，这些负面的体验以后再处理。

把刚才想到的积极美好的事件用一个词来形容，想着这个形容词，再做一组蝴蝶拍。在进行蝴蝶拍的时候，速度要慢，就好像孩提时期妈妈安慰弱小的你一样，轻柔而缓慢。在这种安抚的体验中，身心会得到放松，并慢慢进入稳定的状态。

现在，请大家带着这种美好的体验慢慢回到现实生活中来。

生涯体验

现场体验“端水杯”

一、活动准备

每人准备一个水杯，杯子分别装水 1/2 杯、3/4 杯、1 杯。

二、活动规则与要求

1. 选一个舒适、放松的姿势，站着或坐着。
2. 带领者向同学们讲解端水杯的要求，并和他们共同商定端水杯的时间。
3. 带领者宣布活动开始，启动计时功能。
4. 第一次活动结束后，带领者统计数据，掌声肯定挑战成功的同学。

5. 按 1 至 4 的步骤和方式开始第二次、第三次“端水杯”活动，看哪些同学能坚持到最后，掌声肯定。因为他们是承受能力比较强的人。

温馨提示：“端水杯”练习可以随机变换，如“背书包”练习等。

三、分享交流

1. “端水杯”过程中，你体验到了什么？产生的想法有哪些？

2. 活动过程中，你感受到身心状态的变化了吗？具体是一个怎样的变化过程？

寻找“压力源”和应对资源

引导语：现在，请同学们闭上眼睛，伴随着音乐，慢慢平静下来。

打开记忆之门，回忆最近一周、一个月、半年、一年内让你感到有压力的生活事件，想想当时的你经历了什么？在经历此事时，你的身心状态如何？它给你带来了什么样的影响？请你把自己带回到当时的情境中，再次感受当时体验到的一切。如果有些感受和想法让你感到不舒服，请允许它们出现，让这一切自然而然地发生，没什么大不了的。

现在，请你慢慢地睁开眼睛，回到现实中来，回到我们的课堂中来。请你从中挑选 1~2 件压力生活事件进行梳理，完成下面的相关内容。

压力事件：

压力程度评分(从最低至最高为 1~5 分)：

当时的身心状态：

带给你的影响：

应对方法：

运用的资源：

取得的效果：

获得的经验教训：

了解压力反应模式

结合压力反应模式的类型和特点，思考：

1. 你在上述压力事件中采用的是哪种类型的反应模式？
2. 在你看来，此压力反应模式合适吗？理由是什么？你还想尝试哪些压力管理方法？
3. 如果不合适，你觉得可从哪些方面进行调整？

应付方式问卷

指导语：

1. 本问卷评定的时间范围是近两年来个体的应付行为状况。请你仔细阅读每个条目，根据自身实际情况如实作答。答案没有好坏对错之分。

2. 每个条目有两个答案“是”和“否”。如果你选择“是”，请对此应对方式的效果做出评估，在“有效”“比较有效”“无效”相对应的栏内打“√”。如果你选择“否”，请继续回答下一个条目。

条目	是	否	有效	比较有效	无效
1. 能理智地应对困境					
2. 善于从失败中吸取经验					
3. 制定一些克服困难的计划并按计划去做					
4. 常希望自己已经解决了面临的困难					
5. 对自己取得成功的能力充满信心					
6. 认为“人生经历就是磨难”					
7. 常感叹生活的艰难					
8. 专心于工作或学习以忘却不快					
9. 常认为“生死有命，富贵在天”					
10. 常常喜欢找人聊天以减轻烦恼					
11. 请求别人帮助自己克服困难					
12. 常只按自己想的做，且不考虑后果					
13. 不愿过多思考影响自己的情绪的问题					
14. 投身其他社会活动，寻找新寄托					
15. 常自暴自弃					
16. 常以无所谓的态度来掩饰内心的感受					
17. 常想“这是不是真的就好了”					
18. 认为自己的失败多系外因所致					
19. 对困难采取等待观望、任其发展的态度					
20. 与人冲突，常是对方性格怪异引起					
21. 常向引起问题的人和事发脾气					
22. 常幻想自己有克服困难的超人本领					
23. 常自我责备					
24. 常用睡觉的方式逃避痛苦					
25. 常借娱乐活动来消除烦恼					
26. 常爱想些高兴的事自我安慰					
27. 避开困难以求心中宁静					
28. 为不能回避困难而懊恼					
29. 常用两种以上的办法解决困难					
30. 常认为没有必要那么费力去争成败					
31. 努力改变现状，使情况向好的一面转化					
32. 借烟或酒，或手机，或游戏，或小说，或短视频等消愁					

续上表

条目	是	否	有效	比较有效	无效
33. 常责怪他人					
34. 对困难常采用回避的态度					
35. 认为“退后一步自然宽”					
36. 把不愉快的事埋在心里					
37. 常自卑可怜					
38. 常认为这是生活对自己不公平的表现					
39. 常压抑内心的愤怒和不满					
40. 吸取自己或他人的经验去应对困难					
41. 常不相信那些对自己不利的事					
42. 为了自尊，常不愿让人知道自己的遭遇					
43. 常与同事朋友一起讨论解决问题的办法					
44. 常告诫自己“能忍者自安”					
45. 常祈祷神灵保佑					
46. 常用幽默或玩笑的方式缓解冲突或不快					
47. 自己能力有限，只有忍耐					
48. 常怪自己没出息					
49. 常爱幻想一些不现实的事来消除烦恼					
50. 常抱怨自己无能					
51. 常能看到坏事中有好的一面					
52. 自感挫折是对自己的考验					
53. 向有经验的亲朋好友、师长求教解决问题的办法					
54. 平心静气，淡化烦恼					
55. 努力寻找解决问题的办法					
56. 选择职业不当，是自己常遭遇挫折的主要原因					
57. 总是责怪自己不好					
58. 经常看破红尘，不在乎自己的不幸遭遇					
59. 常自感运气不好					
60. 向他人诉说心中的烦恼					
61. 常自感无所作为而任其自然					
62. 寻求别人的理解和同情					

资料来源：汪向东，王希林，马弘. 心理卫生评定量表手册[M]. 中国心理卫生杂志社，1999，12：109-115.

计分方法：

分量表	分量表条目构成编号	分量表条目总得分	分量表因子分
1. 解决问题	1，2，3，5，8，-19，29，31，40，46，51，55		
2. 自责	15，23，25，37，39，48，50，56，57，59		
3. 求助	10，11，14，-36，-39，-42，43，53，60，62		
4. 幻想	4，12，17，21，22，26，28，41，45，49		
5. 退避	7，13，16，19，24，27，32，35，44，47		
6. 合理化	6，9，18，20，30，33，38，52，54，58，61		

说明：1. 各分量表的计分均为选择“是”，得 1 分，选择“否”，得 0 分。

2. 条目前有“-”者，选“否”得 1 分，选“是”得 0 分。

3. 将每个分量表的条目得分相加，得到该分量表的量表分，即条目总得分。

4. 计算各分量表的因子分，计算公式为：分量表因子分＝分量表条目总得分/分量表条目数。

结果解释：

Vaillant（1975）等人研究应付时，认为应付行为可分为自恋型、不成熟型、神经症型和成熟型。如果以“解决问题”表示成熟的应付方式，“求助”与“合理化”因与“解决问题”呈正相关也归为成熟应付方式类，“退避”则表示不成熟的应付方式。不同类型的应对行为可以反映人的心理发展成熟的程度。

研究结果还表明，个体应付方式的使用一般在一种以上，有些人甚至在同一应激事件上使用的应付方式也是多种多样的。但每个人的应付行为类型仍具有一定的倾向性，这种倾向性构成了不同形式的组合。这些不同形式的组合与解释为：

1.“解决问题——求助”：成熟型。个体在面对应激事件或环境时，常能采取“解决问题”和“求助”等成熟的应对方式，较少使用“退避”“自责”和“幻想”等不成熟的应对方式，在生活中表现出一种成熟稳定的人格特征和行为方式。

2.“退避——自责”：不成熟型。个体在生活中常以“退避”“自责”和“幻想”等方式应对困难和挫折，较少使用“解决问题”这类积极的应对方式，其情绪和行为缺乏稳定性。

3.“合理化”：混合型。“合理化”应付因子既与“解决问题”“求助”等成熟应付因子呈正相关，也与“退避”“幻想”等不成熟应付因子呈正相关，反映个体的应付方式集成熟与不成熟于一体，在应付行为上表现出一种矛盾的心态和两面性的人格特点。

生涯行动

压力适当论

日常生活中，当你感觉到压力过大、影响正常的学习和生活时，宜通过多种方式减压；当你轻松甚至无聊，感觉不到任何压力时，需给自己增压。压力是一把双刃剑，应根据个人实际情况进行动态调整，以保持适度压力，促进自己进步。

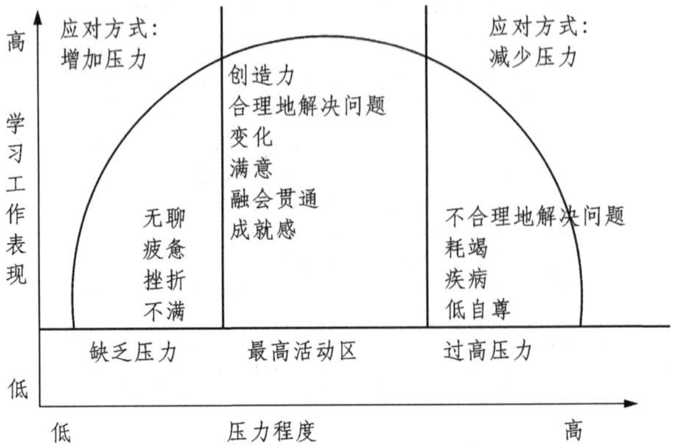

压力适当论(Anderson)

第五篇

体验式全程生涯教育综合实践活动

活动一　生涯规划书

____________的生涯规划书

<table>
<tr><td rowspan="13">认识自我</td><td rowspan="3">气质与职业</td><td>气质类型：</td></tr>
<tr><td>气质类型特点：</td></tr>
<tr><td>适合从事的职业：</td></tr>
<tr><td rowspan="3">兴趣与职业</td><td>霍兰德兴趣类型：</td></tr>
<tr><td>霍兰德兴趣类型特点：</td></tr>
<tr><td>适合从事的职业：</td></tr>
<tr><td rowspan="3">能力与职业</td><td>优势智能：</td></tr>
<tr><td>优势智能在日常生活中的表现：</td></tr>
<tr><td>适合从事的职业：</td></tr>
<tr><td rowspan="3">价值观与职业</td><td>你看重的价值观(1~5 个)：</td></tr>
<tr><td>日常生活中的具体表现：</td></tr>
<tr><td>适合从事的职业：</td></tr>
<tr><td colspan="2">整合你的气质、兴趣、能力和价值观适合从事的职业，你发现优先考虑(即重复出现)的职业有：</td></tr>
</table>

<table>
<tr><td rowspan="4">认识外部世界</td><td>感兴趣的职业：</td></tr>
<tr><td>感兴趣的专业：</td></tr>
<tr><td>感兴趣的大学：</td></tr>
<tr><td>感兴趣的专业的选科要求：</td></tr>
<tr><td rowspan="4">生涯决策</td><td>能保持稳定的学习兴趣的学科（物、化、生、政、史、地）：</td></tr>
<tr><td>优势学科和胜任学科（物、化、生、政、史、地）：</td></tr>
<tr><td>整合你的学科兴趣和学科能力，你发现优先考虑的学科是：</td></tr>
<tr><td>整合你感兴趣的职业、专业、大学、专业选科要求、稳定的学科兴趣、优势学科以及学校师资等因素，你最终的选科结果（1+2）：</td></tr>
</table>

活动二　体验式全程生涯教育寒假实践活动

职业访谈

一、职业访谈对象

学生未来有意向从事的职业的从业人员，或愿意了解但不一定会从事的职业的从业人员。

二、职业访谈数量

一个。

三、职业访谈要求

1. 放假后与家长协商，确定要访谈的职业与对象，然后与访谈对象取得联系，约好访谈时间和地点。

2. 参考“职业访谈提纲”，制定个人访谈提纲，设计访谈流程，准备好笔记本和笔。

3. 选择安全可靠的交通工具，提前 10 分钟赶到预约地点等候。

4. 开展访谈时，衣着整洁，大方自然，精神饱满，彬彬有礼。

5. 与职场人士见面时，先问候对方，再介绍自己的身份和此次访谈的目的（详见指导语）。这样做是为了活跃气氛，拉近彼此距离，得到访谈对象的理解和支持，创设良好的环境，顺利开始访谈。

6. 访谈过程中，要做好记录，以便整理资料和撰写职业访谈报告。

7. 访谈过程中，可请人拍照，并保存照片。

8. 访谈时间不宜过长，60 分钟为宜。

9. 访谈应一次性完成，不宜分段分时进行。

10. 如果觉得获得的信息不充足，可以向访谈对象补充提问，或请他推荐同事、相关网站、书籍等，以便全方位了解自己感兴趣的职业信息。

11. 访谈结束后，要向职场人士诚挚地表达谢意。

职业访谈提纲

指导语(建议用生活化的语言表达):

先生/女士:

新年好! 祝您和家人春节愉快, 幸福安康!

非常感谢您接受此次职业访谈。此次访谈的目的是了解您所从事职业的具体情况, 以便于我明确自己是否适合从事该职业。访谈中获得的数据和信息仅用于课堂学习交流, 恳请您在访谈中提供真实、有效的信息。

再次感谢您的支持和合作!

<table>
<tr><td>访谈对象</td><td></td><td>性别</td><td></td><td>年龄</td><td></td></tr>
<tr><td>访谈时间</td><td colspan="3"></td><td>访谈地点</td><td></td></tr>
<tr><td>从事的职业</td><td colspan="3"></td><td>从业时间</td><td></td></tr>
<tr><td>所在岗位和
担任职务</td><td colspan="5"></td></tr>
<tr><td rowspan="4">职业基本
信息</td><td colspan="5">工作环境:</td></tr>
<tr><td colspan="5">薪资待遇:</td></tr>
<tr><td colspan="5">加班情况:</td></tr>
<tr><td colspan="5">休假情况:</td></tr>
<tr><td>职业
典型的一天</td><td colspan="5">工作时间和工作内容:
上午:
中午:
下午:
晚上:</td></tr>
<tr><td>职业优势</td><td colspan="5">该职业的优点:</td></tr>
<tr><td>职业劣势</td><td colspan="5">该职业的缺点:</td></tr>
<tr><td rowspan="3">职业要求</td><td colspan="5">学历与专业要求:</td></tr>
<tr><td colspan="5">职业素养要求(兴趣、性格、能力、价值观):</td></tr>
<tr><td colspan="5">需要的职业技能证书、资格证书:</td></tr>
<tr><td rowspan="5">职业未来
发展趋势</td><td colspan="5">社会发展给该职业带来的机遇:</td></tr>
<tr><td colspan="5">社会发展给该职业带来的挑战:</td></tr>
<tr><td colspan="5">该职业的发展前景:</td></tr>
<tr><td colspan="5">该职业的晋升发展路径:</td></tr>
<tr><td colspan="5">该职业的未来人才供需情况:</td></tr>
<tr><td>入职原因</td><td colspan="5">选择该职业的原因:</td></tr>
<tr><td>职业满意度</td><td colspan="5">对该职业的满意程度:</td></tr>
</table>

职业访谈报告

<table>
<tr><td>访谈者</td><td></td><td>班级</td><td></td><td>性别</td><td></td><td>年龄</td><td></td></tr>
<tr><td>访谈对象</td><td colspan="3"></td><td>性别</td><td></td><td>年龄</td><td></td></tr>
<tr><td>访谈时间</td><td colspan="5"></td><td>访谈地点</td><td></td></tr>
<tr><td>从事的职业</td><td colspan="5"></td><td>从业时间</td><td></td></tr>
<tr><td>所在岗位和
担任职务</td><td colspan="7"></td></tr>
<tr><td>访谈过程中
的氛围描述
（图片+文字）</td><td colspan="7"></td></tr>
<tr><td rowspan="4">职业基本
信息</td><td colspan="7">工作环境：</td></tr>
<tr><td colspan="7">薪资待遇：</td></tr>
<tr><td colspan="7">加班情况：</td></tr>
<tr><td colspan="7">休假情况：</td></tr>
<tr><td>职业
典型的一天</td><td colspan="7">工作内容和工作时间：
上午：
中午：
下午：
晚上：</td></tr>
<tr><td>职业优势</td><td colspan="7">该职业的优点：</td></tr>
<tr><td>职业劣势</td><td colspan="7">该职业的缺点：</td></tr>
</table>

<table>
<tr><td rowspan="3">职业要求</td><td>学历与专业要求：</td></tr>
<tr><td>职业素养要求(兴趣、性格、能力、价值观)：</td></tr>
<tr><td>需要的职业技能证书、资格证书：</td></tr>
<tr><td rowspan="5">职业未来
发展趋势</td><td>社会发展给该职业带来的机遇：</td></tr>
<tr><td>社会发展给该职业带来的挑战：</td></tr>
<tr><td>该职业的发展前景：</td></tr>
<tr><td>该职业的晋升发展路径：</td></tr>
<tr><td>该职业的未来人才供需情况：</td></tr>
<tr><td>入职原因</td><td></td></tr>
<tr><td>职业满意度</td><td></td></tr>
<tr><td>访谈收获和感悟</td><td></td></tr>
<tr><td rowspan="4">职业访谈
结束后的
自我评估
(SWOT 分析)</td><td>未来从事该职业的个人优势(strengths)：</td></tr>
<tr><td>未来从事该职业的个人劣势(weaknesses)：</td></tr>
<tr><td>未来从事该职业可能带来的外在机遇(opportunities)：</td></tr>
<tr><td>未来从事该职业可能面临的外在挑战(threats)：</td></tr>
<tr><td>今后生活中
需做的准备</td><td></td></tr>
</table>

体验式全程生涯教育寒假实践活动
欢欢喜喜过大年

亲爱的同学们：

你们好！

紧张、忙碌而又充实的学习生活即将结束，寒假生活即将来临。新年之际，老师想邀请你们返回故里，和家乡的亲人们欢欢喜喜过大年。和父母一起忙碌，做中学，玩中学，错中学，体悟父母多年来默默无闻地操劳与付出，以实际行动表达感恩之情；孝敬长辈，照顾老人，共享天伦之乐；走亲访友，联结他人，增进亲情；亲近大自然，吸收天地之能量，自然疗愈。

请同学们认真完成寒假实践活动，撰写好寒假实践活动报告(电子稿)，并上传至省综合素质评价平台。

活动主题：欢欢喜喜过大年

活动内容：

1. 孝敬长辈，照顾老人：包括父母、爷爷奶奶、外公外婆，照顾他们的饮食起居，给他们洗脚、捶背，陪他们聊天，关心关爱老人，共享天伦之乐。

2. 备年货，大扫除，制作过年食品，做家务活。

3. 春节期间走亲访友，共叙家常，联结他人，增进亲情。

4. 亲近大自然，感受乡村景色的清新与静谧，身心放松，吸收天地之能量，自然疗愈。

要求：体验过程中拍照，记录活动过程，认真撰写寒假实践活动报告。

体验式全程生涯教育寒假实践活动报告

姓名		班级		年级	
寒假实践活动时间					
寒假实践活动地点					
寒假实践活动主题和内容					
寒假实践活动中印象深刻、感触最深的内容、过程和瞬间(图片+文字 200 字)					
寒假实践活动结束后的体悟					
自我评价					
家长评价					

活动三　体验式全程生涯教育暑假实践活动

亲爱的同学们：

你们好！

暑假即将来临，你们对暑假生活有什么期待呢？希望你们能充分利用这个假期，走向生活、走向社会、走进大学、走进大千世界，进行实地体验，感受真实的生活世界和职业世界；感恩长辈们的辛勤操劳和任劳任怨，传承祖辈们的古老手艺，并用自己喜欢的方式表达对长辈们的感恩之情；发扬中华民族“天下一家亲，互帮互助互爱”的精神，尽己所能帮助留守儿童；了解大学，感受大学的人文环境及所在城市的文化氛围，结合自身志向，询问自己是否发自内心地热爱所挑选的专业和大学，在此基础上确立或调整生涯发展方向。在研学、职业体验等实践活动中，发现自己的潜能和优势，明白自己的兴趣所在，培养综合素养，树立人生理想和奋斗目标。

根据体验式全程生涯教育体系内容（黄天中，2022），结合大家实际情况，暑期实践活动安排如下。同学们可根据自身需求和个人偏好，自主安排实践活动，撰写实践活动报告，并上传到省综合素质评价平台。

一、活动主题与内容

（一）亲情与感恩体验（必修）

1. 家里有田土的：

（1）耕读文化体验——割稻、收稻、插秧、收谷、筛谷、入仓等项目。

（2）家务活体验——做饭菜、打扫房屋、洗衣等。

2. 家里无田土的：

（1）家务活集中体验七天：准备一日三餐，清扫房屋、拖地，收拾整理房间，洗衣、收衣、叠衣等。

（2）到亲戚家去体验“双抢”。

（3）“我是小家长”，持家七天。

3. 孝敬长辈

长辈包括父母、爷爷奶奶、外公外婆，照顾他们的起居生活，给他们洗脚、捶背，陪他们聊天。

（二）大学与专业体验（选修）

研学实践活动：

1. 学校组织的研学活动。

2. 亲子研学。

（三）区域文化与经济体验（选修）

1. 乡村旅游/周边游服务业体验：担任导游、农产品销售，参加环境清洁和保护志愿活动。

2. 食品制作：向长辈和邻居学习并动手制作当地农产品，如辣酱、剁辣椒、干菜、酸菜等，传承祖辈手艺，培养生存能力。

（四）志愿服务与社区服务（选修）

1. 关爱留守儿童，陪伴成长：可和同学结伴联系，或和家长共同联系所在地的社区、村级组织活动中心、农家书屋等负责人，志愿辅导本村（社区）的留守儿童学习、作业和阅读，和他们一同学习、一同玩耍，陪伴他们成长。

2. 陪伴孤寡老人：去养老院、光荣院等机构进行志愿活动，关爱孤寡老人，倾听他们的生命故事，陪伴他们慢慢老去。

（五）职业体验——跟岗学习实践活动（选修）

1. 活动准备：①有条件的同学可请父母联系职业体验单位和具体岗位（依个人生涯发展方向而定），确定职业指导老师；没有条件的同学可寻求同学、朋友、亲戚和老师的帮助，请他们代为联系职业体验单位和具体岗位。②与职业体验指导老师见面，互相认识，确定跟岗学习的起止时间，了解相关要求和注意事项，熟记于心，落实在实际行动中。

2. 活动时间：跟岗学习 1~7 天。

3. 活动要求：与指导老师同步走，深入体验相关岗位的各项内容，检验自己是否适合从事此类工作。

（六）防溺水安全教育实践活动（选修）

1. 了解国家、省、市、县各级政府以及教育部等相关部门对防溺水工作的重视，比如专题会议、相关文件、视察、巡查等，收集并学习相关文件、新闻报道等资料。

2. 了解防溺水安全教育“七个一”“六不两会”的具体内容。

3. 了解学校、所在班级、所在村委（社区）针对防溺水安全教育开展的工作，主动参与到所在班级、社区（村委）防溺水安全教育志愿工作中，出一份力，尽一份心。

4. 了解周围邻居对下河（塘）洗澡、游泳以及溺水事故的看法和态度，评估他们的风险意识，普及正确的自救和救人方法，对一些不合理的认知进行干预，减少认知和操作方面的误区，提高警惕性和敏锐性，严防死守，做好防溺水安全教育的宣传普及工作。

二、活动要求

1. 实地体验活动须有照片（记录活动过程瞬间、片段）。

2. 实地体验活动过程中忌一人单独行动，要结伴而行，提高安全意识。

3. 禁止下江河、湖泊游泳洗澡，珍爱生命，珍爱家人，珍惜家庭生活。

亲情与感恩体验记录表

姓名		班级		年级	
亲情与感恩体验时间					
亲情与感恩体验地点					
亲情与感恩体验内容					
亲情与感恩体验中印象深刻、感触最深的内容、过程、瞬间					
亲情与感恩体验结束后的收获					
你的领悟					
自我评价					
家长评价					

体验式全程生涯教育暑假实践活动报告

<table>
<tr><td>姓名</td><td></td><td>班级</td><td></td><td>年级</td><td></td></tr>
<tr><td>实地体验指导
老师姓名和
联系电话</td><td colspan="2"></td><td>实地体验指导
老师所在单位
和职务</td><td colspan="2"></td></tr>
<tr><td>实地体验
主题</td><td colspan="5"></td></tr>
<tr><td>实地体验
起止时间</td><td colspan="5"></td></tr>
<tr><td>实地体验
地点</td><td colspan="5"></td></tr>
<tr><td>实地体验
主要内容</td><td colspan="5"></td></tr>
<tr><td>实地体验中印
象深刻、感触
最深的内容、
过程、瞬间
（图片+
文字 200 字）</td><td colspan="5"></td></tr>
<tr><td>实地体验结束
后的收获</td><td colspan="5"></td></tr>
<tr><td>你的发现、
思考和领悟</td><td colspan="5"></td></tr>
<tr><td>实地体验指导
老师评价</td><td colspan="5"></td></tr>
<tr><td>自我评价</td><td colspan="5"></td></tr>
<tr><td>家长评价</td><td colspan="5"></td></tr>
</table>

主要参考文献

[1] 田国秀. 团体心理游戏实用解析[M]. 北京：学苑出版社，2019.
[2] 许海文. 留守与非留守初中生的心理适应调查[J]. 教学研究，2011：67.
[3] 林崇德，杨治良，黄希庭. 心理学大辞典(上卷)[M]. 上海：上海教育出版社，2003.
[4] 金树人. 生涯咨询与辅导[M]. 北京：高等教育出版社，2007.
[5] 缪仁票. 成长自己的样子：高中生生涯规划[M]. 杭州：浙江大学出版社，2018.
[6] 黄天中. 体验式全程生涯规划[M]. 4 版. 北京：高等教育出版社，2022.
[7] 程雪峰，等. 生涯规划(高中)[M]. 杭州：浙江教育出版社，2017.
[8] 草场一寿. 生命的奇迹：通向未来[M]. 陈晓丽，译. 北京：东方出版社，2018.
[9] 朱丽霞，吴棒. 论马克思主义生命观融入高校体育课程思政的价值意蕴及实践路径[J]. 武汉体育学院学报，2022(11)：54-60.
[10] 唐浩明. 唐浩明评点曾国藩家书(上)[M]. 长沙：岳麓书社，2002.
[11] 崔以泰，黄天中. 临终关怀学理论与实践[M]. 北京：中国医药科技出版社，1992.
[12] 史维帅. 狄尔泰生命哲学对于当代审美观念的意义[J]. 文化集萃，2022(45)：51-53.
[13] 王弼. 诸子集成(三)[M]. 北京：团结出版社，1996.
[14] 彭聃龄. 普通心理学[M]. 4 版. 北京：北京师范大学出版社，2012.
[15] 张拓基，陈会昌. 关于编制气质测验量表及其初步试用的报告[J]. 山西大学学报，1985，4：74-76.
[16] 张万兴. 学生心理健康辅导完全手册(第三册)[M]. 北京：中央民族大学出版社，2002.
[17] 申继亮，方晓义. 中学生成长导航[M]. 北京：中国轻工业出版社，2002.
[18] 郭念锋. 心理咨询师(三级)[M]. 北京：民族出版社，2005.
[19] 蔡晓东，杨文芝. 高中生涯规划[M]. 北京：北京师范大学出版社，2015.
[20] 叶奕乾，等. 普通心理学[M]. 上海：华东师范大学出版社，2004.
[21] 朱凌云，等. 中小学生涯教育理论与方法[M]. 北京：北京师范大学出版社，2015.
[22] 曹新美，刘翔平，蒋曦宁，等. 积极心理学中流畅感理论评介[J]. 赣南师范学院学报，2007(4)：25-29.
[23] 杨敏毅，等. 中小学心理游戏设计与实操[M]. 武汉：长江文艺出版社，2022.
[24] 塞利格曼. 真实的幸福[M]. 洪兰，译. 沈阳：万卷出版公司，2010.
[25] 徐辉. 试论在职业锚理论指导下开展大学生创业教育[J]. 黑龙江高教研究，2009，8：102-104.
[26] 张仰飞，王育荣，聂邦军，等. 基于职业锚理论的大学生创业动机实证研究[J]. 江苏高教，2022，5：101-104.
[27] 斯奈德，洛佩斯. 积极心理学——探索人类优势的科学与实践[M]. 王彦，等译. 北京：人民邮电出版社，2013.
[28] 黄天中. 生涯体验——生涯发展与规划[M]. 3 版. 北京：高等教育出版社，2015.

[29] 海特. 象与骑象人[M]. 李静瑶，译. 杭州：浙江人民出版社，2012.
[30] 杨伯峻. 论语译注[M]. 北京：中华书局，2012.
[31] 唐浩明. 唐浩明评点曾国藩家书(下)[M]. 长沙：岳麓书社，2002.
[32] 荀子[M]. 方勇，李波，译注. 北京：中华书局，2015.
[33] 卢森堡. 非暴力沟通[M]. 刘轶，译. 北京：华夏出版社，2021.
[34] 卢森堡. 非暴力沟通实践篇[M]. 梁欣琢，译. 南京：江苏人民出版社，2014.
[35] 纳瓦罗，卡尔林斯. FBI 教你读心术[M]. 王丽，译. 长春：吉林文史出版社，2011.
[36] 张文新. 青少年发展心理学[M]. 济南：山东人民出版社，2002.
[37] 许海文. "降服"愤怒[J]. 高中生，2021(4)：26-27.
[38] 塞利格曼. 活出最乐观的自己[M]. 洪兰，译. 沈阳：万卷出版公司，2010.
[39] 塞利格曼. 教出乐观的孩子[M]. 洪莉，译. 沈阳：万卷出版公司，2010.
[40] 樊富珉，张秀琴，张英俊. 团体辅导与危机心理干预[M]. 北京：机械工业出版社，2021.
[41] 汪向东，王希林，马弘编. 心理卫生评定量表手册[M]. 中国心理卫生杂志社，1999.
[42] 黄天中. 体验式全程生涯规划(第四版)[M]. 北京：高等教育出版社，2022.

图书在版编目(CIP)数据

高中生生涯规划与发展／许海文编著. —长沙：中南大学出版社，2024.7(2024.12重印)

ISBN 978-7-5487-5729-0

Ⅰ. ①高… Ⅱ. ①许… Ⅲ. ①高中生—职业选择 Ⅳ. ①G635.5

中国国家版本馆CIP数据核字(2024)第041124号

高中生生涯规划与发展

GAOZHONGSHENG SHENGYA GUIHUA YU FAZHAN

许海文 编著

□**出 版 人** 林绵优
□**责任编辑** 彭辉丽
□**责任印制** 唐 曦
□**出版发行** 中南大学出版社
社址：长沙市麓山南路 邮编：410083
发行科电话：0731-88876770 传真：0731-88710482
□**印 装** 湖南至尚美印数码科技有限公司

□**开 本** 787 mm×1092 mm 1/16 □**印张** 20.5 □**字数** 493千字
□**版 次** 2024年7月第1版 □**印次** 2024年12月第2次印刷
□**书 号** ISBN 978-7-5487-5729-0
□**定 价** 49.00元

图书出现印装问题，请与经销商调换